协同治理

实现公共目标的新方式

THE DRAGON, THE EAGLE, AND THE PRIVATE SECTOR

Public–Private Collaboration in China and the United States

[美] 翁笙和　Karen Eggleston
　　约翰·多纳休　John D. Donahue　著
　　理查德·泽克豪泽　Richard J. Zeckhauser

刁琳琳　译

中信出版集团 | 北京

图书在版编目（CIP）数据

协同治理/（美）翁笙和，（美）约翰·多纳休，（美）理查德·泽克豪泽著；刁琳琳译. -- 北京：中信出版社，2024.1

书名原文：The Dragon, the Eagle, and the Private Sector: Public-Private Collaboration in China and the United States

ISBN 978-7-5217-5948-8

Ⅰ.①协… Ⅱ.①翁…②约…③理…④刁… Ⅲ.①社会管理-研究 Ⅳ.①C916

中国国家版本馆 CIP 数据核字（2023）第 203524 号

This is a simplified Chinese translation of the following title published by Cambridge University Press: The Dragon, the Eagle, and the Private Sector, ISBN978-1-108-83707-1.
© Cambridge University Press 2021.
This simplified Chinese translation for the People's Republic of China (excluding Hong Kong, Macau and Taiwan) is published by arrangement with the Press Syndicate of the University of Cambridge, Cambridge, United Kingdom.
© Cambridge University Press and CITIC Press Corporation 2024.
This simplified Chinese translation is authorized for sale in the People's Republic of China (excluding Hong Kong, Macau and Taiwan) only. Unauthorised export of this simplified Chinese translation is a violation of the Copyright Act.
No part of this publication may be reproduced or distributed by any means, or stored in a database or retrieval system, without the prior written permission of Cambridge University Press and CITIC Press Corporation. Copies of this book sold without a Cambridge University Press sticker on the cover are unauthorized and illegal.

本书封面贴有 Cambridge University Press 防伪标签，无标签者不得销售
本书仅限中国大陆地区发行销售

协同治理

著者：　［美］翁笙和　约翰·多纳休　理查德·泽克豪泽
译者：　刁琳琳
出版发行：中信出版集团股份有限公司
　　　　　（北京市朝阳区东三环北路 27 号嘉铭中心　邮编　100020）
承印者：　北京通州皇家印刷厂

开本：787mm×1092mm　1/16　印张：20.5　字数：268 千字
版次：2024 年 1 月第 1 版　印次：2024 年 1 月第 1 次印刷
京权图字：01-2024-0347　书号：ISBN 978-7-5217-5948-8
　　　　　　　　　　　　定价：88.00 元

版权所有·侵权必究
如有印刷、装订问题，本公司负责调换。
服务热线：400-600-8099
投稿邮箱：author@citicpub.com

目 录

"CIDEG 文库"总序　V

第一部分　基础框架

第一章　私营部门在中美公共目标中的作用　003
　　　　定义和差异　007
　　　　为什么要采用协同治理？　015
　　　　两个国家，两种体制　020
　　　　本书概览　024

第二章　概念和背景　031
　　　　通向协同治理的决策路径　033
　　　　委托代理理论：承包、协作、委托　040
　　　　分析、指派、设计和评估　044
　　　　存在并不代表合理　047
　　　　协作流程的参与者　049
　　　　美国的民间社会及私人非营利部门发挥的作用　052

中国的行政发包体系、私人参与和国有企业　057

协同治理的消极面：收益裁量权、偏好裁量权和腐败　064

第二部分　政策领域

第三章　兴邦定国的铁路工程　069
美国的铁路发展史　071

中国推广和监管铁路的历程　087

公私协作的发展简史　103

第四章　房地产业错综复杂的公私纷争　106
美国房地产　107

中国房地产　123

有家可归　144

第五章　独一无二的比赛　146
举办奥运会　146

近年来美国承办的奥运会　150

北京承办两次奥运会　155

第六章　最真实的国家财富　171
公私协作在美国教育中发挥的作用　173

中国的情况　203

未来的方向　230

第七章　让我来保障你的健康　232
为什么医疗体系在本质上具有协作性？　245

提供医疗服务　247

监管和竞争　254

　　美国的医疗保健体系　257

　　中国的医疗体系　273

　　治病救人　286

第三部分　前进的方向

第八章　势在必行的透明度要求　291

　　中国式协同治理　311

　　展望未来　315

致　谢　318

"CIDEG 文库"总序

2006年，CIDEG（清华大学产业发展与环境治理研究中心）文库在时任CIDEG主席陈清泰等人的领导下设立。目前CIDEG文库已经连续出版了17年，主要讨论许多国家工业化发展的经验，以及处理经济成功实现快速发展带来的环境影响和其他重要议题的方法。

CIDEG文库第一任联合主编青木昌彦教授（于2015年故世）与吴敬琏教授，以及CIDEG领导团队的其他成员一起为广大读者，包括学生、学者、官员、企业家和所有对此感兴趣的人，精心挑选了相关书籍，旨在从比较的视角理解不同经济制度的发展过程，从过去的经验中汲取教训，并以此为未来工业发展和环境治理政策提供信息。

对于我们两人来说，能够继续青木教授和吴教授开创的宝贵事业，是一种莫大的荣幸。客观地理解不同经济制度的演变、从具有不同历史经验的经济体汲取适当的政策教训，这一点的重要性非但没有减弱，相反，在这个日益分裂和孤立的世界，努力实现不同经济制度之间的相互理解比以往任何时候都更加重要。

我们希望CIDEG的研究，尤其是CIDEG文库，能在深化我们对不同经济制度的理解方面继续发挥作用。经济上的差异反映了各种历史偶然和经验，但这些并非一成不变。用一种普遍的理性框架来理解这些差异，我们可以努力在全世界鼓励有益的制度变革。

江小涓

星岳雄

2023年8月

第一部分　基础框架

第一章 私营部门在中美公共目标中的作用

龙作为神秘物种，其种类多种多样。在西方传统中，龙是口吐火焰、凶残骇人的生物，这与东方传统截然不同。即使在西方文化中，不同的龙差别也很大，特别是它们的大小。事实上，在任何一座自持身份的欧洲城市里，都有一座艺术博物馆展示中世纪的圣乔治屠龙作品。无论在哪个国家的版本里，圣乔治的形象都大同小异，而龙的大小却沿着从南欧至北欧的路线大幅减小：在西班牙或葡萄牙的作品中，龙的大小类似鲸鱼，而在挪威或瑞典，龙的大小则相当于中等身材的杜宾犬。到了中国，龙成为一种完全不同的生物，它灵巧优雅、头脑灵活，虽然危险但不乏仁慈之心。在中国古代神话中，神龙降下甘霖，滋养生命。若人们对它心存不敬，那么旱灾就会降临人间。在20世纪末和21世纪初，中国巨龙迅速崛起，重新站上全球领先的位置。在此过程中，中国屡屡展现出西方龙的特质，发出令人生畏的怒吼，在与其他国家的博弈中也暗流涌动。随着中国在全球领导者的位置上信心不断增强，逐渐适应过去那种惊人的增长率一去不返的现实后，中国巨龙正在回归理智的东方龙模式。

白头鹰是美国的标志，它的战斗力很强，能够一飞冲天。在二战结束后的几十年里，美国一直扮演着全球领袖的角色，因此将美国比喻为"白头鹰"再合适不过。不过在20世纪末，这种卓越的鸟类濒临灭绝，其代表的国家也进入艰难时期：美国制造业失去光环，在2008年至2009年受到金融危机和经济危机的严重冲击，近年来美国的政治环境恶化，应对新冠疫情不当产生的毁灭性影响使其处境雪上加霜。白头鹰在灭绝的边缘走了一遭后再度恢复生机，美国的爱国者应该把这个轨迹视为民族复兴充满希望的征兆。

在未来几十年里，中美两国注定要继续引领世界。只有在历史的画卷完全展开之后，它们分别扮演的角色才会浮现，两国关系中的友善和敌意、相互依存和竞争冲突哪方面占主导才能展现。本书探索了双方为本国民众创造光明前景时共同具备的一个重要特点：利用公私协作实现部分最为重要的集体目标（或许人们会对此感到震惊）。本书努力实现双重目标：首先，描述"公私协作"的定义、原则和解决方案，帮助决策者理解这种服务公众的特殊模式并以睿智的方式使用它；其次，探究中美两国的公私协作在五个政策领域中的演进过程，为公私互动的模式提供广泛丰富的选项。

尽管本书选择中美两国作为研究对象的部分原因在于两国的人口总数在全球占比极高，两国在全球经济中的比重也遥遥领先，不过仍然需要更多理由解释为什么要将它们进行对比。事实上，从很多方面来说，这两个国家迥然不同，而且在某些方面的差异极其显著。虽然美国的不平等水平持续上升，但它仍然是富裕国家，2007年其人均收入达到59 000美元左右。中国只用了数十年时间就取得了卓越的成就，帮助本国人民摆脱贫困（中国人口在全球人口中的占比不低），但相对而言，它仍属于低收入国家，2017年其人均GDP勉强超过8 800美元。① 此外，中国也受到不平等问题的困扰。两国的经济繁荣程度不是它们之间唯一的显著差异。全世界都明白中国正在迅速崛起，而美国有时似乎躺在功劳簿上不思进取，甚至对本国的衰退不以为然。从官方口径来说，中国仍然是社会主义国家，而美国视自由企业神圣不可侵犯。

政治结构上的差异或许是各国政府实现公共目标的过程显著不同的重要原因之一。截至目前，中国共产党员的人数只占本国人口的约7%（尽管其规模已经相当于美国总人口的约四分之一），但中国共产党以纪律严明的方式管理着中国。它自1949年起已经执政70余年，并获得了巨大优势，但同时也有不利的一面。它可以相对轻松地扭转政策方向。2008—2009年全球金融危机时，中国在短短几个月里就调动了超过GDP10%的资源。中国政府将相当于GDP若干个百分点的资源投入"中国制造2025""战略性新兴产业发展规划"和"一带一路"等雄心勃勃的政府计划，巴里·诺顿（Barry Naughton，2019）将其称为"大掌舵"，尼古拉斯·拉迪（Nicholas Lardy，2019）认为这代表着国家的角色再次复兴。② 在与新冠疫情抗争的过程中，中国政府要求民众居家隔离，根据需求随时利用大数据掌握民众行程，并且与企业合

---

① 两国的人均GDP使用美元计价，数据来源于世界银行（http://data.worldbank.org/indicator/NY.GDP.PCAP.CD，访问于2018年10月）。

② Barry Naughton, "Grand Steerage: The Temptation of the Plan"，选自Thomas Fingar and Jean C.Oi,eds., *Fateful Decisions: Choices That Will Shape China's Future*. Stanford University Press, 2020:51; Nicholas R. Lardy, *The State Strikes Back: The End of Economic Reform in China?* Peterson Institute for International Economics, 2019。

作以加速疫苗研发。尽管中国的应对方式较为偏激且成本高昂，但在此次新冠疫情中，中国每百万人的死亡率远远低于很多高收入国家的水平。

美国是一个喧嚣的民主国家。中国共产党在中国的执政时间超过70年，同期，美国的两大政党不断重复赢得或失去总统宝座及参众两院控制权的过程。美国政府处于分裂状态的时间远远超过其团结一致的时间，这是因为任何一党都无法同时控制三个权力中心。四分五裂的政府会努力制衡各方权力，这是美国最宝贵的特点之一，不过几乎在所有极端情况下都阻碍政策发挥作用。这两个超级大国在以上领域的差异极其显著，不过表现出的相似之处也多到令人咋舌，只是有时不易被察觉而已。本书各个章节将对此进行深入分析。尽管两国在形式上遵守的经济教条和事实上采纳的法治体系迥然不同，但在实践层面，驱动两国经济不断向前发展的都是企业家精神。[①] 谈及中美两国实现具体目标的组织形式，可以观察到务实的折中主义贯穿了其整个发展历程。与本书主题密切相关的是，中美两国面对的公共需求都超出了本国政府能力的范围。对它们来说，合理的公共目标永无止境，但手头的资源常常捉襟见肘。两国社会都不能承受忽略任何一项合理的

---

① 举例来说，马云等企业家的表现远远超出很多传统企业的管理者。中国以专利数量为代表的创新能力大幅上升，而且一项严谨的实证研究表明其专利质量也在提高（如中国授予的专利数量从1995年的45 064件上升到2014年的1 302 687件，美国专利商标局授予中国公司的专利在2005年至2014年间上升了38%）。该研究的作者总结称，"无论从数量还是质量看，中国的专利发展状况都很鼓舞人心……这有助于中国成功地转向创新型增长模式"（Shang-Jin Wei, Zhuan Xie, and Xiaobo Zhang, 2017, "From 'Made in China' to 'Innovated in China': Necessity, Prospect, and Challenges," *Journal of Economic Perspectives*, 31(1), 49 – 70; quote on page 68）。

公共目标所造成的代价。因此，它们力求与私营部门分担职责和自由裁量权，以创新的方式创造公共价值。本书将这个过程称为"协同治理"。白头鹰和巨龙是两种截然不同的生物，但它们之间的差异并不能阻挡两国认真严肃地审视双方目标、结构和功能相互重叠的领域。

定义和差异

笔者对"协同治理"提出了一个合理、具体的定义，即私营部门承担公共任务，而且前提条件是公共部门及私营部门共同拥有自由裁量权。它在公私互动的"频谱"上占据了至关重要的中间地带，这个"频谱"的一端是严格的政策管控，另一端是私营部门志愿服务。鉴于其他学者已经采用同样或类似的术语，但准确性略显不足，所以本书将深入解释它的定义，并且先从理解相关术语和定义入手。此外，在开篇处确定部分至关重要但总体上（或者说完全）不属于本书研究范畴的政治和体制元素，也会对本书的讨论大有裨益。

首先，本书开展比较评估时不会关注两国公共部门和私营部门在经济总量中的相对规模。中国已经在大幅清除计划经济体制的影响，向市场经济转变，但中国政府仍然保留了自己独特的作用，在部分关键性经济部门中再次强调国有企业的价值（请参见第二章）。或许让人们感到意外的是，按照官方定义，中美两国的政府支出在GDP中的比重大体相当。后文将详细讨论这种现象。不过两国对"公共"和"私营"的定义截然不同，而且中国对它们的定义不断变化，很难找到公认的稳妥方法来对比这两个部门的规模。之后的分析采用的"公共"和"私营"定义包括很多灰色地带，如政府部门和公共机构（公立学校等事业单位）显然属于"公共部门"，"私营部门"则涵盖了从公司化的国有企业到社会组织的所有非国有参与者以及其他非营利性实体，而不仅仅指非营利性公司。①

从更广泛的角度看，公共机构和私营组织之间是否保持适宜的平衡，取决于一个冗长且相互关联的因素清单，如价值观、偏好和能力。即使没有遇到难以克服的概念障碍和实证障碍，用这个清单本身做判断也无法对"哪个国家更接近'正确'答案"这个问题得出任何有意义的结论。尽管本文避免探讨公共部门或私营部门的绝对规模等问题，但广泛研究了与"比较优势"有关的问题，即在公共部门和私营部门的职责清单上，某项特定功能应该放在靠前还是靠后的位置。我们没有关注它们在实践中采用的清单到底有多长（请参见图2.2）。

协同治理并不仅仅指将公共服务承包给私营供应商，虽然本书偶尔会谈及承包这种公私互动形式，但它甚至不是协同治理的首要方式。不完善的承包合同事实上可能包括分享自由裁量权的元素。这类安排或许会演变成甲乙双方积极分享自由裁量权的关系。将政府服务承包给私营机构的实践在中美两国都相当广泛：美国的实践停滞在相对较高的水平止步不前；中

---

① 拉蒂（Lardy，2019）和其他学者认为"私营部门"涵盖的机构如下：唯一所有者、多数股份所有者或占主导地位的所有者不是中央政府、地方政府或农村集体经济组织的企业，非政府组织（NGO）和社会组织构成的"第三部门"；"公共部门"通常指传统的国有企业和公司化的国有企业，在这类企业中，国家是占主导地位的利益相关方（有时此类企业包括双方股份各占一半的合资企业）。当人们认为公司化的国有企业更接近"私营"企业而不是传统的国有企业，从而有别于政府部门时，本文才会偏离以上定义。

国虽然起步的水平较低，但发展势头极为迅猛。进入21世纪后，如果把美国的医疗保险计划和医疗补助计划包括在内，那么私营部门提供的服务在支出上略高于政府服务支出的40%；如果把这些规模庞大且严重依赖承包的医疗计划排除在外，那么私营部门提供的服务占比略高于30%。[1] 研究人员沿用了估算美国政府服务外包情况时使用的机会测量策略，对中国的公共服务外包情况开展了同样的估算，发现其增长迅速，目前占到政府服务支出的三分之一左右。[2] 值得注意的是，尽管两国的起点完全不同，但它们的服务外包情况逐步趋同。

中国政府还推广了"公私合作"（PPP）模式以满足在基础设施、污水处理、能源供应、环境保护等领域的融资需求。PPP与我们探讨的资源型协同治理概念有相似之处，但又不完全相同。这些项目从世界银行等各种利益相关者长期倡导的实践中汲取了经验。[3] 中国的统计数据显示，截至2016年底，中国共有11 000个PPP项目，它们在数量和效果上都表现出巨大的区域差

---

[1] Minicucci and Donahue 2004, esp. Table 5, p. 505. S. Minicucci and J. D. Donahue, 2004, "A Simple Estimation Method for Aggregate Government Outsourcing," *Journal of Policy Analysis and Management*, 23(3), 489–507.

[2] Yijia Jing, 2008, "Outsourcing in China: An Exploratory Assessment," *Public Administration and Development: The International Journal of Management Research and Practice*, 28(2), 119–128; D. H. Rosenbloom and T. Gong, 2013, "Coproducing 'Clean' Collaborative Governance: Examples from the United States and China," *Public Performance & Management Review*, 36(4), 544–561.

[3] 请参见www.worldbank.org/en/topic/publicprivatepartnerships（访问时间：2020年8月14日）。

异。① 传统意义上的 PPP 代表了协同治理的一种特殊形式，目标是用私营部门的资源来补充政府支出，我们称之为"资源型协作"（请见后文有关"资源"的章节）。②

　　显然协同治理和服务承包密切相关，但它们的关系更像表亲，而不是亲生的兄弟姐妹。这两种模式都表明政府希望充分利用私营部门在各类活动中普遍表现出的效率优势，并对此充满雄心壮志。中美两国皆依赖于多元化、充满活力的私营经济：美国拥有私营经济的历史由来已久，中国的民营经济也在以惊人的速度蓬勃发展，它们都需要完善的法律和所有权体系来明确和保障相关权利义务。如果想让以上任何一种授权私营部门提供服务的形式实现预期效果（从肤浅的层面考虑，这似乎是一个悖论），那么这将完全取决于政府是否具备高超的治理能力。如果政府人才匮乏而无法娴熟地构建和管理与私人供应商（无论是承包商还是合作者）之间的关系，那么就无法有效地指派任务，至少无法以有效和可追责的方式为私营部门提供服务。笔者希望阐明的一点是，承包和合作在公私协作中都有一席之地。在许多情况下，承包更为简便易行，所以优于公私协作。本书将在多个章节讨论这个问题。

---

① 譬如，请参见 Zhirong Jerry Zhao, Guocan Su, and Dan Li, "The Rise of Public-Private Partnerships in China," Chapter 29 in Jianxing Yu and Sujian Guo, eds., *The Palgrave Handbook of Local Governance in Contemporary China*. Palgrave Macmillan, 2019: 617–636. 另请参见清华大学研究人员根据政府管理能力、财务支持力度及其他指标开发的绩效指标，"2017年度中国城市PPP发展环境指数"（www.ppp.tsinghua.edu.cn/chengguo/results/0468724f-98b8-4c91-8dde-c13faf5e45b6.html，访问日期：2019年1月28日）。

② 譬如，有一种定义称，"公私合作项目指（那些）商业机构补充公共投资不足的部分，以换取过路费等收费权的项目"。Elyse Maltin, "What Successful Public-Private Partnerships Do," *Harvard Business Review*, January 8, 2019, https://hbr.org/2019/01/what-successful-public-private-partnerships-do.

它们之间的关键区别完全取决于自由裁量权的典型特征。在承包模式中，政府围绕承包内容对其私营代理人发出明确指示，而且坚持认为代理人必须严格遵守这些指示，至少这些合同按照合理的方式执行时，应该达到这些要求。私营供应商按政府的指令行事后取得报酬，拥有的自由裁量权少之又少，甚至完全没有自由裁量权。从定义看，协同治理的模式与它恰好相反。在这种模式里，公共部门和私营部门都在一定程度上行使了有意的自由裁量权，如对项目投入、执行过程或结果进行选择。

最后，本书用排除法阐述了协同治理不包含的内容，以进一步明确它的内涵和外延。志愿活动、慈善事业或企业社会责任没有纳入协同治理的范畴，这并不是因为笔者认为私营部门很少主动采取热心公益的行动，或者认为这些行动微不足道或不受欢迎。相反，私营部门开展的志愿活动是集体行动中一个庞大且关键的类别。本书为了方便研究而采用了宽泛的定义，将慈善事业和企业社会责任也包括在内。笔者仅仅希望说明，志愿活动从本质上完全不同于协同治理。在承包模式中，公共部门独占了自由裁量权（或者说几乎总是如此），在志愿活动中，私营部门独占了自由裁量权。在协同治理模式中，公共部门和私营部门共同分享自由裁量权。

美国和中国似乎都在向承包模式趋同，但涉及志愿活动在本国社会经济中发挥的作用时，两国的情况仍然相去甚远。托克维尔时代以后的观察家们评论称，美国人倾向于用既不依赖政府指导，也不依赖利润激励的方式组织自己的行动。时至今日，这个传统仍然长盛不衰，美国继续在志愿活动的实践方面引领全球。在1988年至2015年间，符合501(c)(3)条款的机构数量从124 000个左右增长到209 000个左右［符合501(c)(3)条款的机构包括宗教团体和慈善机构，是美国"公民社会"（civil society）中规模最庞大的机构］，它们的总资产从大约5 000亿美元增长到近4万亿美元。①

中国的过去和现在形成了鲜明的对比。无论在古代社会还是现代社会，中国民众都不曾像美国民众那样厌恶政府。这个原因本身就可以大幅缓解重要的非营利性部门所承受的压力。美国的情况已经证实了这一点。本书第二章将重点讨论这个问题。不过，非营利性组织在中国发挥的作用很有限，而造成这种局面的因素之一是政府占据大部分空间，受到绝对的尊重，给新型组织留下的发展空间较小。中国政府在部分领域有限度地开展志愿活动和公民活动，在一定程度上可能是出于稳定的考虑。但在医疗保健和教育领域，中国政府不仅允许出现私人非营利性组织，而且大力倡导其发展。此外，尽管社会组织和慈善活动在中国发展迅猛，公益创投领域里的创新活动此起彼伏，但与美国的民间社会相比仍存在巨大反差（详情参见第二章）。譬如，以每万人拥有的社会组织数量为例，在2006—2016年，中国每万人拥有的社会组织数量从2.7个增长至5.1个，而美国每万人拥有的社会组织数量始终保持在67.8个。② 同期，中国慈善捐赠的GDP占比从0.05%迅速攀

---

① 数据来源于IRS网站（www.irs.gov/uac/SOI-Tax-Stats-Charities-and-Other-Tax-Exempt-Organizations-Statistics, Form 990 Data, Tables 1 and 3），访问时间为2018年10月。

② See p. 253 of Ming Wang and Shuoyan Li, "The Development of Charitable Organizations in China Since Reform and Opening-Up and a New Layout for State-Society Relations,"Chapter12 in Jianxing Yu and Sujian Guo, eds., *The Palgrave Handbook of Local Governance in Contemporary China*. Palgrave Macmillan, 2019: 245–266.

升至0.16%，不过仍远远低于美国的比重（0.6%）。[1]

如前所述，协同治理占据了政府和私营部门关系"频谱"的中间地带，即双方共享自由裁量权。这个频谱的一端是合同承包，另一端是志愿活动。公共部门和私营合作者对于执行任务的方式以及在许多情况下定义任务的方式等细节都有重要的发言权。协同治理不是政府直接行动的全新替代品，也并非全面优于政府直接行动。它更不可能在私营部门已经参与的情况下代替承包活动、志愿服务或慈善事业。首先，协同治理并非新鲜事物。随后几章会清楚地表明，以共享自由裁量权为特点的公私合作拥有非常悠久的历史。它没有取代其他形式的公私互动，而是增加了双方互动的形式，并且完全契合其特有的名称。总有一些任务适合采用传统的政府行动，有一些任务适合采用简单的承包服务或志愿活动。不过还有一些服务于公共目的的任务需要公共部门和私营部门共同确定合作内容及实现目标的方式，其中不乏相当重要的任务。这类任务在中国和美国越来越普遍。

后文的深入讨论表明，协同治理在中美两国至关重要，但两国都没有就其目前表现出的重要性开展太多研究，特别是对它的潜力关注不足。相关研究提出的核心解决方案没有被付诸实施也就在情理之中。因此，一些应该交给私营部门的任务没有交给它们，而其他不应该交给私营部门的任务却委托给它们。有些任务委托给私营部门是合适的，但委托方式效率不高或不合理，譬如应该采用志愿活动模式时使用了承包模式，或者对某些需要政府保留适当管控权以强化问责力度的慈善活动却放任自流。

---

[1] 在以色列和英国等国家，社会捐赠在GDP中的占比更高（Wang and Li, 2019, 第253页）。

政府直接采用协同治理模式时，经常会没有章法地与私营部门分享自由裁量权，而不是采取战略性的手段，这样做会产生不必要的成本。[①]第二章的深入讨论表明，共享自由裁量权时总是会产生某些成本，并表现为两种主要形式：私营合作者将公共收益揣进自己腰包时，会出现收益裁量权，腐败是这方面的突出范例；当私营部门合作者用自己的偏好取代整个社区的偏好时，会出现偏好裁量权。

总体上说，本书不会讨论哪个国家能够更稳妥地确定正确的公共目标：是在政治上两极分化的美国，还是采用中央集权的中国？本书探究的是两国实现特定公共目标（如青年教育、为穷人提供住房和举办奥运会）时可以选择的方式，如承包、协作或简单的委托任务（详情请见第二章）。笔者认为如果以深思熟虑的方式采用协作模式，并且在公私互动的不同形式中做出更具战略意义的选择，那么允许私营部门享有自由裁量权后，可以在它产生的收益和成本之间建立起更有利的平衡。

本书提出五大主题并对这些主题进行了鞭辟入里的分析。其中部分主题针对中美两国，其他主题则更适用于全球各国对公私互动的分析。

- 中国和美国的社会、经济和政府体系相去甚远，但在追求公共目标时都极其依赖私营部门。
- 公私互动的形式至少与深入程度同等重要。
- 协同治理是公共部门和私营部门完成特定任务的特殊形式。

[①] 譬如，欧盟近期发布的报告评估了9个PPP项目，其中7个项目未能按时完成并超出预算。关于欧洲和美国的其他案例，请参见Maltin的"What Successful Public-Private Partnerships Do"。

它有别于我们更熟悉的公私互动模式，如承包和志愿活动。
- 中美两国定期开展协同治理实验，然而都没有充分研究协同治理的区别性特征，也没有理解其具备的优势和面对的挑战。
- 谨慎地定义协同治理，充分提供相关例证并为其面对的问题找到稳妥的解决方案，对中美两国及其他国家的决策者都大有裨益，能够帮助它们在更加广泛的领域里，合理有效地利用这种特殊策略创造公共价值。

为什么要采用协同治理？

协同治理要求私营部门参与政府项目，允许其享有自由裁量权，而不是通过政府直接行动或志愿行动这两个极端形式实现目标。采用协同治理的主要原因通常有四个，即私营部门在生产率、信息、合法性和资源方面的优势能够大力推动公共部门达成使命。另外一个更加深入的重要条件是只有在公私双方分享自由裁量权时，才能充分有效地激发这些优势。本节将逐一介绍这些理由，然后用案例对其进行充分阐述。

生产率。人们倡导协同治理的最常见理由是私营部门在生产率方面占有优势。这个优势并非放之四海而皆准，但得到了广泛认同。笔者在几年前完成的一本著述中专门探讨了美国的协同治理，其中不少案例都涉及生产率。本书第四章引用了美国管理航天飞机的知名案例。在这个案例中，美国政府充分利用了美国航天企业的生产率。[1]

---

[1] 如果现在重新撰写这一章，那么其篇幅将大幅扩张，因为才华横溢的企业家杰夫·贝佐斯（Jeff Bezos）和埃隆·马斯克（Elon Musk）都成立了大型太空探索公司，并与美国国家航空航天局（NASA）开展合作。这两家公司都在卡纳维拉尔角建造了不少航空设施。

在中国，极其活跃的房地产开发行业也展示了公私部门为提升生产率而相互协作的过程（详情请见第五章）。在技术层面，尽管中国政府拥有全国所有的土地，而且承担着对势头迅猛且规模庞大的城镇化进程进行管理的职责，但由于缺乏房地产开发的专业知识和娴熟的管理技巧，所以必须与私营部门开展协作。在土地使用权日益多元化的背景下，私营部门在开发城市土地方面具备的生产率优势相当突出。不幸的是，与土地使用有关的众多丑闻为公私协作蒙上了阴影（如为了推动城镇开发和经济发展而征用农地），而且人们认为大量房地产企业的杠杆率过高。此外，中央政府的目标是提供更多的经济适用房，而这需要协调地方政府和私营开发商的激励。对地方政府来说，将土地用于商业用途可以获得更多税收；对私营开发商来说，经济适用房项目的利润率不能超过上限，但参与开发保障性住房可以赢得政府好感和经营合法性。本书分析了如何以这个行业为例展示"中国式协同治理"[①]，譬如何利用高度不完备的合同将承包变成实质性协作。本书采用的概念框架阐述了中国和其他国家如何通过私营部门参与房地产开发获得更多益处，同时压低其成本、风险和负面效应。

　　信息。除了生产率优势以外，私营部门掌握的信息往往多于政府。无论在中国还是美国均是如此。在很多情景下，政府可能需要很高的成本才能获得信息，而私营部门拒绝分享自己掌握的部分关键信息。另外一种可能是这些信息深深地植根于私营机构内部，很难脱离这一背景提供给外部人员或在外部进行解读。如果确实如此，那么即使乐于配合政府的私营参与者也无法充分可

[①] "中国式/中国化"或"中国特色"等修饰语在中国的政策文件和社会科学论述中非常普遍，反映了中美两国的一个共同点：中国和美国都认为自己独树一帜。

靠地将这些信息分享给政府。譬如，如何从安全性、功效和成本等角度，比较人群Y使用信使核糖核酸（mRNA）疫苗与腺病毒载体疫苗治疗疾病X的效果。中美两国政府都有强烈的动机与掌握大量信息的私营部门合作来共同回答以上问题。

人们承认私营部门在某个领域掌握的信息和专业知识超过政府，由此驱动双方达成很多协作安排。美国政府通常在员工培训和工作场所安全等领域与私营部门开展协作，因为后者更容易获得相关信息。同样，中国在人力资本开发（请参见第六章）以及应对科技和环境挑战等领域采用公私协作的策略。譬如，中国政府动员百度、腾讯和阿里巴巴等头部私营企业参与"人工智能国家队"。第二章的深入研究表明，中国国有企业和政府研究机构的衍生企业在这类协作项目中发挥的作用非常突出。譬如，在政府指定的某个人工智能合作机构中，项目负责人表示："我创办云从科技以前没有意识到自己具备的优势……我们是由中国科学院孵化的，所以国有银行和公安系统对我们的技术和产品更有信心。"[①] 中国与特定私营企业积极开展协作来大力推动产业政策，导致其他国家不满，抱怨中国利用产业政策支持公司参与国际竞争。不过产业政策不在本书的讨论范围之内。我们关注的是信息领域里的公私协作能在多大程度上推动教育和健康等公共目标。

这方面的典型案例是中国利用公私协作成功开发了新冠疫苗和之前的埃博拉疫苗（请见第七章）。正如科兴控股生物技术有限公司首席执行官尹卫东评论他们生产和分销新冠疫苗的计划

---

① Tony Peng (April 20, 2018). China's "National AI Team" Gets Busy (https://syncedreview.com/2018/04/20/what-is-chinas-national-ai-team/) .

时说道：“政府给予我们巨大支持。北京市政府将我们纳入（北京）宏大的战略布局和疫苗研发计划，给我们提供了近70 000平方米的土地……我们在进行临床研究的同时为量产做准备，疫苗生产车间也在日夜不停、紧锣密鼓的建设中。"[1] 这个案例展示了中国地方政府在应对公共卫生危机等民众集体面对的挑战时，如何与私营部门共享土地等资源，通过协作获取信息并提高生产率。

合法性。合法性是一个主观性问题。由于美国长期尊崇私营企业，常常对集体主义怀有偏见，所以美国的观察者倾向于认为私营部门的合法性更强。从这个角度看，美国属于国际社会的异类。在对外援助、医疗保健和资助大学教育等政策领域，美国政府常常会把私营企业拉入政府项目，利用这种方式提高项目在政治层面的可接受度。即使私营部门参与某些领域的项目不具备实际优势，它们仍然成为公私协作项目的一部分，为此有时会牺牲项目的效率或问责制。

中国的观察者则对私营部门的合法性抱有偏见。事实上，中国的私营企业会通过与政府合作提升自己的合法性。[2] 中美之间显然存在相似之处，即两国都有大量为了提高合法性而开展的协作，证明双方有机会交流自己在这方面的经验教训。

---

[1] 李玉坤，"专访科兴董事长尹卫东：新冠病毒灭活疫苗7月份试生产"，《新京报》，2020年5月10日（http://www.bjnews.com.cn/news/2020/05/10/725904.html）。

[2] 事实上，116家与上海市政府签署合作协议的非营利性机构表示，"提高机构声誉和品牌"是与政府合作最重要的原因，其重要性超越了融资等其他因素。Jing, Yijia, and Bin Chen, 2012, "Is Competitive Contracting Really Competitive? Exploring Government-Nonprofit Collaboration in China," *International Public Management Journal*, 15(4), 405–428.

资源。政府与私营部门结成伙伴关系后，可以吸纳那些对特定公共事业感兴趣的私营企业的资源，以提升政府自身的资源状况。这种兴趣可能具有商业性（如为了加快美国监管机构的新药审查流程，制药公司付费请病人试用新药），也可能是为了服务社区（如美国富人资助特许学校）。除了资金以外，双方合作的目标资源可以表现为多种形式，如特定地区缺乏的人力资本和专业技术。

所有到纽约市旅游的游客都可以欣赏到美国公共部门和私营部门开展资源合作的著名范例，即在20世纪最后20年成功复兴的中央公园。当时纽约市政府资金紧张，所以授予私人团体"中央公园保护协会"（Central Park Conservancy）自由裁量权，允许其为了使中央公园正常运转而动用大量私人资源。时至今日，中央公园保护协会全权管理中央公园，纽约市政府只进行适度监督，并提供少许资金。中国推出的各类环境保护和绿色增长举措与此大同小异。

在中国，地方政府通过与非国有机构合作来获取多种资源。中国各地的经济发展水平差异显著，如北京的人均收入是甘肃人均收入的4.5倍（甘肃是2017年全国最贫困的省份）。此外，由于地方财政收入占到财政支出的80%左右[1]，所以无论中央转移支付还是规模仍然有限的慈善捐赠都不能填补贫困地区的财政缺口。资源合作有时能帮助地方政府解决这些困难。

教育是另一个资源驱动型协作大有可为的领域，也是马云

---

[1] Christine Wong, 2019, "Public Policy for a Modernising China: The Challenge of Providing Universal Access to Education under Fiscal Decentralisation," in Kim, J. and S. Dougherty eds., *Fiscal Decentralisation and Inclusive Growth in Asia*, OECD Publishing, Paris, https://doi.org/10.1787/68248dec-en.

离开阿里巴巴后表示最有兴趣投入时间和财富的舞台。Coursera 等许多美国公司也为中美两国建立21世纪科技驱动型教育体系发挥了作用。与马云的努力相似的是，慈善事业使美国部分特许学校可以动用的资源大大增加，还在新冠疫情暴发后缩小了它们在线上学习领域与其他地区的差异。在中国，民办学校作为公共部门与私营部门开展资源合作的形式之一由来已久，可以追溯到毛泽东时代。近年来私立学校和大学在中国发展迅猛，不少慈善家慷慨解囊，为教育事业投入大量资源（请见第六章）。

当然，以上激励公私协作的因素不一定相互排斥。我们可以认为这四个因素都激励了某种协作安排，如两国都在努力通过研发和分销疫苗来克服新冠疫情。这类协作需要谨慎地管理收益裁量权带来的风险。它可能产生的危害性在2018年夏天中国的疫苗事件中已经一览无余（请参见第七章）。

两个国家，两种体制

本书不想夸大中国和美国的相似性。协同治理在中国的表现形式往往与在美国的表现形式相去甚远。虽然两国都依赖公私合作，但政府结构和政治文化体系明显不同，所以影响到公私合作的结构。总体而言，中国政府更有可能选择隶属于国家的机构来实现公共目标。譬如在中国，高等教育和医疗保健服务主要由政府提供，而在美国，这些服务主要由私营实体提供。美国与中国对竞争的态度不同。

相较于美国政府，中国政府与私营部门开展合作时往往保留更多权力。如前文所述，美国认为私营部门参与公共任务提高了任务的合法性，而中国通常会把两者的逻辑关系颠倒过来。在中国，私营企业往往通过与政府合作获得合法性。政府在中国社会占据了主导地位，在创造机遇的同时也带来隐患。在资源型协作中，中国私营机构把满足公共需求作为与政府机构建立联系的一种手段。一旦发生冲突，产权不清晰以及政府主导司法和立法部门的现状会剥夺私营机构的法律追索权。因此，尽管中国政府有较强的激励与私营部门开展合作，用私营部门的资源补充政府资源，但中国的私营机构愿意承担风险为公共事业提供资源的激励或许弱于美国同行。

此外，中国对私营部门的态度表明，近年来它在从计划经济向市场经济转型的过程中迈进了中等收入国家行列。尽管市场在大部分领域发挥了主导作用，但政府仍占据主导。中国的政策在许多方面与美国这个有着悠久资本主义传统的高收入国家形成鲜明对比。国有企业在中国发挥的作用至关重要，在美国的角色则微不足道。私营企业在这两个国家都很重要。美国官方宣称自己是资本主义，所以私营企业发挥的作用大于其在中国发挥的作用，但1978年中国推行改革开放以后，私营部门在中国的作用大幅上升。非营利组织在美国的重要性大大高于同类组织在中国的地位。尽管非营利组织是中国一股冉冉上升的力量，但它发挥的作用仍然相对次要。

中国和美国对协同治理正当性的关注点也有所不同。生产率和信息领域的公私协作对两国都至关重要。不过，中国的资源型协作更多一些，特别是在欠发达地区，在合法性方面的合作则少得多。此外，笔者与敬乂嘉合作开展的治理研究发现，随着时间的推移，提供社会服务等性质的公共任务可能会从资源协作转向信息和生产率协作，而两国在协作方法上的差异主要由地方政府的能力差异驱动。①

一项针对中国17个中型城市的调查表明,"私营部门参与社会服务的概率在低收入和高收入地区较高,在中等收入地区的概率较低。针对这种现象,一种可能的解释是在欠发达城市,政府在缺乏必要的资源时就会出现'默认委托'。在另一个极端……较发达地区的地方政府委托项目时秉承清晰的战略意图,为私营合作伙伴构建起丰富的生态系统,而且有完善的制度监督私营部门的工作,因此能够以简单或复杂的形式开展协同治理实验,并采用简单的承包模式。有理论称中国的协同治理采用两种模式:基本模式和复杂模式。或许最终事实会证明这个理论驱动了如今的公私协作范式,但无论是否如此,政策在制定初期表现出的高度多元性会在未来产生红利。当最有希望成功的方法不断扩大推行范围和规模时,最佳政策实践持续加速发展,而效率较低的模式日渐式微。(此外,协作的方法对社会服务尤其重要,因为)在合同承包模式中,政府保留了自由裁量权,私营部门代理只是按报酬行事。不过为诸多社会服务编制足够翔实具体的承包合同并非易事,承包模式的发展因此受到限制。在志愿型慈善事业中,私营部门大力推动公共利益,政府对它们的项目几乎没有任何裁量权。总体上说,这类项目受到的掣肘是非营利部门不够健全,特别是慈善事业没有取得长足的发展。因此,笔者预计中国将成为协同治理中间地带的实验室,公共部门和私营部门将在这片土地上开展大量实验,为提升社会服务而尝试

---

① Jack Donahue, Karen Eggleston, Yijia Jing, and Richard J. Zeckhauser, "Private Roles for Public Goals in China's Social Services," chapter 12 in Karen Eggleston ed., *Healthy Aging in Asia*, Stanford University Walter H. Shorenstein Asia-Pacific Research Center series with Brookings Institution Press, 2020: 199 – 215.

各种共享自由裁量权的模式。全世界都会认真观察其进展，从中汲取经验教训"[1]。

重要的是，我们要认清两国的真实差异，不要让这些差异掩盖协同治理在两国日益重要的作用。

尽管部分中国特色阻碍了中国采用美国式公私协作模式，但中国仍然有不少特点有利于推进协同治理。或许其中最重要的是，协同治理不同于社会创业和公司社会责任等模式，它维护了政府确立公共目标的特权地位。这种设想与中国的历史经验和领导层产生了共鸣。

长期以来，中国一直依靠"摸着石头过河"的方法检验政策，随后再将成功的试点推而广之，就像在改革开放初期建立经济特区的做法一样。自建立经济特区以来，政府提倡大胆开展实验，为中国面对的众多严峻、棘手的挑战找到解决办法。由于中国的公私机制仍然在不断完善的进程中，所以分享自由裁量权带来的风险或许超过这种模式在美国引发的风险，不过它提供的潜在回报更为丰厚。

接下来，本书将具体阐述"协同治理"这个术语在中国背景下的含义。它指的不是欢迎企业家加入现行政策，也不是个人或具体机构通过委托和控制商业协会来建立国家法团主义。关注中国公私关系的政治学家已经对以上所有问题开展了深入的研究。此外，协同治理无法给中国创造出充足的公共价值。本书重点关注了政府如何利用私营部门的能力来推进具体的公共使命。

和其他国家一样，尽管中国和美国存在巨大的差异，但面对的挑战并无本质区别：两国必须找到具有可持续性的创新途径为

---

[1] Donahue, Eggleston, Jing, and Zeckhauser（2020, pp. 211-212）.

本国民众提供福祉。两国政府的资源和能力都不足以使它们独力完成这项任务,因此可能会日益仰仗私营部门的协助,并且在这个过程中自觉或不自觉地以战略手段或毫无章法的方式分享自由裁量权。两国对协同治理的理解都较为有限,因此没有充分理解它所发挥的作用。最后,两国政府没有认识到协同治理与承包及志愿活动的区别,所以协同治理未能充分发挥潜力也就在所难免。

笔者力求为协同治理领域的研究补充一个全新的视角。本书首先清晰地阐述了合理采用协同治理的总体概念框架,随后记录了协同治理机制在中美这两个完全不同的国家平行演进的进程。本书评估了中国的公私协作范例,解读美国在该领域的经验,展示了这两个大国致力于为民众创造更多价值时共同面对的机遇和挑战。为此,笔者在分析过程中没有严格遵循平行时间顺序,而是聚焦于两国的各个发展阶段(这些阶段决定了它们现在采用的协同治理方法在路径依赖上的演进进程)和中美两国及其他国家可能学到的教训。[①]

本书概览

第二章"概念和背景"深入阐述了笔者使用的概念框架以及影响中美两国承包和协作手段的机制背景。这一章大体上按照笔

[①] 笔者并非第一个开展此类研究的学者。譬如,Ming Wang 和 Shuoyan Li 称,"当前公共服务和慈善活动在中国的蓬勃发展与美国在20世纪初的情景极其相似"(Ming Wang and Shuoyan Li, "The Development of Charitable Organizations in China since Reform and Opening-Up and a New Layout for State-Society Relations," chapter 12 in Jianxing Yu and Sujian Guo, eds., *The Palgrave Handbook of Local Governance in Contemporary China*. Palgrave Macmillan, 2019, 245—266,尤其是第252页)。

者绘制的"委托决策树"一步步讨论如何确认何时开展协同治理是实现公共目标的最佳途径。决策树的每个分支都回答了一个关键问题。从树的左侧开始，这些问题依次为：完成特定使命或提供特定服务的任务应该完全由政府承担还是由个人完成？如果这个问题的答案是"政府"，那么下一个问题是：政府应该自己提供服务，还是把部分或全部任务委托给私营部门完成？如果采用委托的方式，那么应该采用承包模式来明确所有工作内容，还是采用完全灵活的志愿服务（慈善也包括在内）？政府与私营实体是否共享自由裁量权？如果双方共享自由裁量权，那么这种形式就是本书所说的"协同治理"。如果双方采用协作模式，那么私营合作者应该以营利为目标，还是不以营利为目标？本书绘制出决策树的框架后，深入研究了颗粒度更细的协同治理策略，并重点突出"四步骤"周期，即分析—指派—设计—评估。这个分析框架的适用范围非常广泛。我们认为用它分析中美两国后得出的经验教训同样适用于其他运用实用手段创造公共价值的国家。

第二章的第二部分用以上通用概念框架分析了中美两个大国在五个具体政策领域里的公私互动发展过程。为此，笔者简要描述了这个过程的参与者，随后介绍了两国的具体背景，如民间社会和私人非营利性组织在美国发挥的作用，地区差异、地方官僚和国有企业在中国发挥的核心作用。这一章在结尾逐一列出公私协作给两国治理带来的最大风险和最严重的消极影响。

本书第二部分重点分析了五项具体的公共目标，也是全书最重要的部分。我们对比了私营部门在铁路运输、房地产开发、承办奥运会、教育和医疗保健领域发挥的历史作用和当前地位。

第三章讲述了中美两国在铁路领域开展公私协作过程中发生的故事。铁路表现出三大特点：前期资本投入极大，而货运和客运的边际成本较低；项目必须确保路权；与经济发展的关系错综复杂，因此对铁路项目不能简单地放任自流，即使在美国也是如此。美国的铁路发展史是公共部门与私营部门广泛开展协作的故事，有丰富的成功经验和失败教训。在中国，铁路发展历程展示了关键部门如何看待经济命脉（如钢铁业、公用事业和电信业）。这些行业曾经完全由国家直接主导，随后由公司化的国有企业主导，且各有各的监管结构，接着采纳了将部分工作承包给国内私营公司的做法。在少数项目中，公私合作伙伴会分享自由裁量权。

有意思的是，铁路代表了中美两国相似的体制生态，其中包括国有企业和混合组织。美国国家铁路客运公司（Amtrak）和联合铁路公司（Conrail）是美国少有的国有企业，这是相关救援工作必需的要素。在中国，国有企业往往是承包政府项目并与政府机构开展协作的私营合作伙伴，展示了协作初期私营部门参与政府项目的努力以及双方尝试加深自由裁量权分享程度的过程。此外，这一章讨论了中国在21世纪前20年完成的两大工程：修建地铁和全球最大的高速铁路网，其中包括北京16号线和香港地铁体系（香港铁路有限公司是全球运营最成功的地铁公司之一）。

本书在第四章转而讨论广泛开展公私协作的房地产开发。本章首先总体概述了美国房地产的情况，其中主要包括三个宽泛的子类别，即自有房屋、租赁房屋（特别是受补贴的低收入租户租住的房屋）和商业地产（如办公、零售、酒店和工业地产）。随后讨论的内容很自然地转向同期中国的发展状况。中国政府和农村集体经济组织拥有全国所有土地。中国的城镇化进程如火如荼，促使数以亿计的农村人口走进城市。过去中国的房地产由政府直接提供，现在其房地产体系的主要特点是以私营部门参与为主，政府与私营部门合作开发经济适用房和商业地产。中国的住房自有率高得惊人（达到90%左右，农村地区的住房自有率高于城市地区）。近年来中国房地产业一派繁荣。相形之下，美国房地产业看起来"稳定但了无生气"。[①] 总体看，房地产开发项目展示了公私部门在资源、信息和生产率方面的协作。在中国，合理性也是双方开展协作的原因之一。地方政府领导推动本地经济发展后获得执政合法性，而私营企业被选中参与政府房地产开发项目，也会获得合法性以及土地等资源。2020年，中国政府在财政刺激方案中纳入房地产政策，希望借此抵消新冠疫情对经济造成的沉重打击。

第五章从持续开发基础设施这类经典的公私协作背景出发，转向一个涉及治国方针和国家形象的重大事件——奥运会。举办奥运会也需要高效开展基础设施建设和物流管理。第五章讨论了美国举办1984年洛杉矶夏季奥运会、1996年亚特兰大夏季奥运会和2002年盐湖城冬季奥运会时采用的方法。美国吸引大量企业、非营利机构和民间社会参与其中。随后笔者分析了北京举办奥运会的情况。北京是现代社会里第一个既举办过夏季奥运会（2008年），又举办过冬季奥运会（2022年）的城市。尽管在2008年，北京市政府凭一己之力组织了奥运会，但到了2022年，北京冬奥会和冬残奥会的组委会更加注重协作。中国越来越适应自身的复杂性，而且只要稳妥地管理这种复杂性就能产生丰厚的回报。在这个过程中，协作模式会延伸到其他治理领域。

第六章和第七章探索了公私协作在人力资本开发的两个领域

---

① Glaeser, E., Huang, W., Ma, Y., and Shleifer, A., 2017, "A Real Estate Boom with Chinese Characteristics," *The Journal of Economic Perspectives*, 31(1), 93–116.

里发挥的作用：教育和医疗。在至关重要的教育和培训领域，美国和中国采取的方法既存在显著的相似性，也表现出极其鲜明的差异。第六章简要谈论种族和民族对美国人力资本差异产生的影响，从宏观层面介绍了中小学采用的公立教育、私立教育和混合教育等模式（包括美国的特许学校和中国的民办学校），以及为年轻人提供的高等教育。对美国的高等教育来说，其知名公立大学和私立大学（多为非营利机构）实力强劲；对中国来说，近年来高等教育迅速扩张，其中大多数机构为公立大学，专科培训的发展势头也相当迅猛。美国的教育生态极其丰富，涵盖多种机构形式。在中国，尽管私立学校的比重不断攀升，但公立学校仍然主导了教育体系的大多数层级。2016年，中国8%的小学生、12%的中学生和15%的大学生就读于私立学校。第六章表明中美两国在提升教育和职业培训的质量方面存在很大的空间，需要确保用于协作项目的资金发挥更大价值。由于这个领域极其复杂，很难找到尽善尽美的项目安排并将其付诸实施，所以必须强化对承包和公私协作项目的问责制。要想使私人捐赠在人力资本开发中充分发挥预期作用，需要政府在承包和管理方面扮演全新的角色，确保公共价值最大化，但政府往往对这些新角色不太熟悉。

　　随后本书探讨了医疗行业。第七章首先讨论了这个行业涉及的部分概念。这些概念对于我们理解医疗服务的资金支持和服务交付所面对的协作挑战至关重要。随后第七章研究了中美两国的医疗体系。大多数观察者认为美国的医疗体系投入成本极高，但取得的成果乏善可陈。美国的医疗支出超过其GDP的六分之一。它采用了公私协作的办法，即公共基金支付的费用只占到医疗服务支出的一半左右，而且它利用公共部门和私营部门共同提供服务、建立混合生态的历史可以追溯到19世纪，之后政府提供服务的占比不断下降，私人非营利机构发挥了主导作用。笔者讨论了美国政府如何利用合作来借助私营部门的力量实现医疗体系的一系列目标，如修建医院，通过私人保险计划提供医疗保险［如联邦医疗保险优势计划（Medicare Advantage）和医疗保险医药承保计划（Part D pharmaceutical coverage）］，通过美国食品药品监督管理局（FDA）的"哨点行动"监控药品安全，让最脆弱的病人有更多机会享受全国社区医疗中心网络的服务。随后，笔者探讨了中国的经验。中国自21世纪初开始，通过社会保险改革提供适度的全民医保，其中大多数资金由政府提供，但也欢迎私营部门提供部分服务。到2018年，每四张病床中就有一张由私营部门提供（营利性私营机构提供的病床略多于非营利性私营机构提供的病床）。私营部门在非医院服务中的占比相对较大。很多困扰美国医疗业的根本性冲突也使中国医疗业不堪其扰。目前中国的医疗支出仅占其GDP的6%，但这个比重在快速上升，同时中国的经济增长速度放缓，人口日益老龄化。这两个国家都需要为了满足民众的期望，改进和强化医疗体系的协同治理水平，使人民获得安全、优质、创新且负担得起的医疗服务。

  第三部分重新对比各个行业并得出结论。第八章用批判的眼光审视了透明度问题，从更广泛的视角分析私营部门在协助中美两国实现公共目标方面发挥的作用。透明度是人们诟病政府直接行动的传统理由。笔者认为对任何出于公共目的的委托项目，透明度都不可或缺，对有效的协同治理而言更是如此。绩效追踪、结果指标、媒体监督、财务审计等透明度工具都可以卓有成效地克服效率低下、项目响应度不足和腐败窝案等弊病。本章在总结部分记录了对"中国式协同治理"的评论，强调两国官员为了实现具体公共目标而接触私营部门的研究主题。

本书旨在阐述公共部门与私营部门合作提供公共产品时获得的收益以及其中蕴含的风险。如果能够确保协同治理的针对性，并且熟练地开展管理，那么协同治理有助于提升集体项目的成效、效率和精确性。它还扩大了休戚与共且拥有相关技能的社会参与者的范畴。不过一旦将公私协作用于不适用的场景或推行方式不当，则反而会损害效率、破坏合法性，并招致腐败。因此，本书的目标在于帮助中美两国的公共部门官员及其他务实的公务员与私营部门共同创造公共价值。我们致力于帮助中国巨龙和美国雄鹰乘着学术之风直上云霄。

第二章 概念和背景

协同治理可以在很多重要的场景中卓有成效地实现公共目标。本章建立概念框架并找出它的适用场景，阐明协同治理实现既定目标时需要遵循的原则及表现出的设计特点①，并研究了对中美两国的协作方法影响最显著的部分因素。

我们可以用以下几个直截了当的问题判断出应该在哪些领域推行协同治理以及如何推行。第一，是否有些任务职责应该由政府独力承担，而无须私营部门参与？如果答案是肯定的，那么这个问题到此为止，至少对本书的目标来说是如此。第二，如果答案是否定的，那么政府应该自行提供服务，还是应该将（全部或部分）任务委托给私营部门？② 第三，对于那些应该委托给私营

---

① 若要了解涉及协同治理的其他概念框架，请参见 C. Ansell, and A. Gash, 2008, "Collaborative Governance in Theory and Practice," *Journal of Public Administration Research and Theory*, 18(4), 543–571; K. Emerson, T. Nabatchi, and S. Balogh, 2012, "An Integrative Framework for Collaborative Governance," *Journal of Public Administration Research and Theory*, 22(1), 1–29。

② 如第一章所示，促成协同治理的动力是获取资源（而不是为了提升生产率等其他目标）时，公共部门和私营部门共同分享的自由裁量权既涉及资金也涉及任务落地。为了更清晰地阐述这一点，本章重点关注委托模式下的各种选择，而且得出的结论和对应的决策树并未考虑政府没有完全承担项目费用时公私协作的复杂性（本书其他章节没有采取这种做法）。

部门的职能,应该如何委托?

委托模式会表现为以下三种基本形式。第一章曾简单提及,这些形式的差异在于如何分配自由裁量权。承包(如雇用公司来修高速公路)属于私营部门拥有自由裁量权最少的一个极端。慈善则处于与其相对的另一个极端,即捐赠者可以随心所欲地确定以何种方式用自己投入的时间和资金来实现自己认可的公共利益。协同治理处于两者之间,即政府和私营实体共享自由裁量权。

除了"采取何种委托形式"这个问题以外,第四个基本决策涉及将公共项目委托给谁,即应该委托给营利性实体还是非营利性实体?① 由此引出第五个问题:如何设计公私协作?这也是最后一个问题。

图2.1用委托决策树的形式展示使用上述问题进行判断的过程。

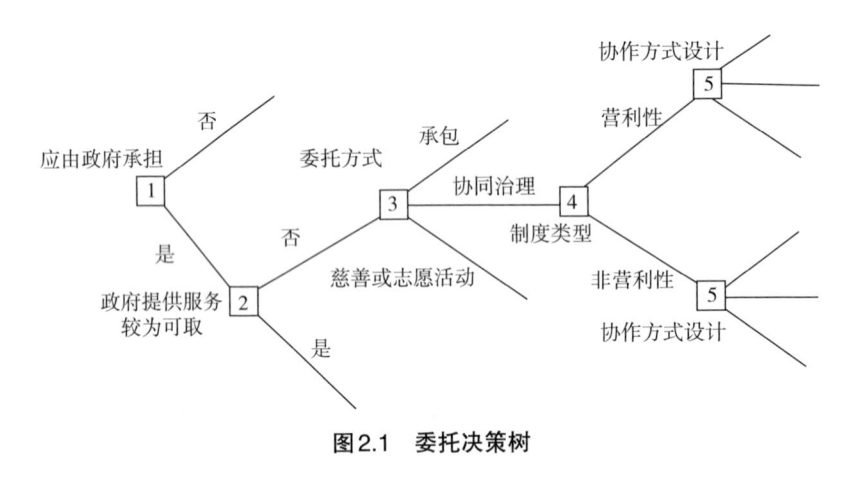

图2.1 委托决策树

---

① 在两种单纯的形式之间进行二元选择的方法过于简单。譬如,大医院等部分非营利性机构很可能利润丰厚。对此较为有效的制约方式是不允许它们将利润分给托管人或管理者等个人,也不能分给公司。

我们不会欺骗自己认为现实世界中的协作项目总是来源于这种严肃的自发性决策流程，这种情况甚至极少出现。部分任务是过去遗留的产物，无论它们现在是否还有价值，这些任务仍然在惯性的驱动下继续存在。其他任务则表明强大的利益集团为了实现自己的目标维持现有架构。还有一些项目出现并持续存在的原因中至少有一部分是机缘巧合。不过承认理性分析的局限性并不意味着认可这些局限性。本书大力倡导各国严格遵循相关要求来使用证据和分析，并对委托问题做出集体决策。

本章简要追踪了文中使用的委托决策树。首先，讨论了政府参与其中的合理原因。其次，探讨了政府对于直接提供服务还是将服务委托给私营部门的问题如何进行决策，随之探究了三类基础性委托方式，讨论公共部门与私营部门何时共享自由裁量权是合理的做法及其原因。接下来，本章从宏大宽泛的战略转向落实公私协作的具体策略，重点突出了笔者描述的"四步骤"周期，即构建协作流程、推行具体协作并持续改进协作流程。最后，本章列出协同治理可能产生的最严峻的风险和负面影响。

通向协同治理的决策路径

政府应该参与协同治理的理由。在开展任何委托项目之前，首要任务是确定哪些产品或服务应该属于公共职责。慈善家、权威人士和政治家已经详细深入地探讨过这个基本主题，不过苏联解体后，这个主题的辩论范畴大大收窄。事实上，现在已经没有人提议政府为全体民众提供智能手机。在另一个极端，也没有人提议政府彻底放弃保家卫国的职责。大多数人都认为维护宏观经济稳定的职责主要由政府承担。医疗保健、教育、环境保护和经济开发等往往也在政府义务的清单上名列前茅,不过不同群体和不同文化对个人和集体资助及提供这些服务时分别承担的职责如何保持平衡有不同见解。

50年前,中国认为政府应该参与此类项目的理由与美国截然不同。事实上,中国政府承担了提供所有社会服务的职责。20世纪70年代末邓小平大胆推行改革以后,中国逐渐远离计划经济体制,努力在社会主义市场经济体制下全面建成小康社会,将其作为"新时代中国特色社会主义"的一部分,因此目前中国的大部分经济发展都依赖于私营部门。① 比起美国,中国更倚重于政府,只是两者的差距不大;无论是中国还是美国,公众占有的GDP比重均略高于三分之一(此处使用GDP的广义定义)。② 它们之间的关键性差别在于公共资金的占比和国家管控情况。中国医疗支出的GDP占比比美国少三分之一,但中国政府通过国有企业和重大产业政策直接控制了经济命脉(后文将深入探讨这两个问题)。

政府往往在市场运作不畅的领域发挥作用,如提供国防、道路修建和基础研究等"公共品"。个人从这类公共品中获得的收益与其贡献的资金没有关联,而他消费这些产品时不会导致其他人的消费减少。(在实践中,这些"非排他性"条件和"非竞争性"条件的范围从绝对条件和显著条件延伸到复杂条件和部分条件。)当一个人的经济选择影响另一个人的福祉时,就会出现"外部

---

① 请参见2017年10月18日,习近平在中国共产党第十九次全国代表大会上做的报告《决胜全面建成小康社会 夺取新时代中国特色社会主义伟大胜利》(www.xinhuanet.com/english/special/2017－11/03/c_136725942.htm)。

② 请参见Naughton(2017)and https://tradingeconomics.com/united-states/government-spending-to-gdp。

性"。这也证实了政府参与其中的合理性,因为如果政府不参与这些项目,那么只会得到次优结果。政府要求民众接种疫苗,控制污染水平,并通过收费来缓解交通拥堵。信息不能自由流动会妨碍市场运转。政府经常试图弥补信息在数量或质量上的缺陷。例如,质量监管等干预措施使人们对他们消费的食品或药物充满信心。"有益品"(merit goods)指社会个体不按其全价支付费用也应该消费的东西(社会中的任何一个成员都有资格确定什么是有益品),它们构成了政府的主要职责,其中最典型的范例是医疗保健和教育。

最后,收入再分配使政府拥有了参与很多领域的合理性。在概念层面,收入分配不平等程度的降低可以被视为一种特殊公共品。鉴于经济不平等问题在21世纪的中国和美国备受关注,所以应当把它单独列为一类。如果用人们普遍认可的基尼系数衡量,那么中国和美国的不平等水平高于大多数发达国家。[①] 事实上,尽管中国使数亿人摆脱贫困,在反贫困领域成就卓越,但在当代社会,不平等问题仍然突出,因此诺顿(2017)如此回答了"中国是社会主义国家吗?"这个问题:

> 2015年,中国政府直接或间接控制了38%的GDP……虽然中国政府拥有的生产性资产份额总体较少,但其往往在这些

---

① 不幸的是,不懂经济学的人不太容易理解基尼系数这个衡量标准。大体上说,这个系数越低越好。中美两国的基尼系数都超过了0.4,不过中国是从2008—2010年的0.5下降到这个水平。请参见 Barry Naughton, 2017, "Is China Socialist?" *Journal of Economic Perspectives*, 31(1), 3‐24; and Ravi Kanbur, Yue Wang and Xiaobo Zhang, "The Great Chinese Inequality Turnaround," BOFIT Discussion Papers 6/2017, www.bofit.fi/en。

资产分布的领域占据垄断地位（如土地、自然资源、运输和通信）……中国政府拥有的资产价值与GDP之比远远高于其他国家……我们完全可以说中国正在走向某种形式的"社会主义"……这里所说的"社会主义"是一种自上而下的体制，但以私有制为基础建立了市场经济……现有体系会继续以强大的"社会主义"和再分配机制为方向向前发展。在此过程中，中国各种特点的组合方式会发生变化，中国特色社会主义或许就此开始浮出水面。①

从纯理论的角度看，采取再分配的最佳途径是税收和转移制度。② 不过政界经常将反对不平等的行动引入其他诸多领域。税收和转移制度实现的结果往往不尽如人意。作为一种应对策略，穷人和他们的支持者会去拜访各类决策者，以再分配的方式为自己争取一些资源。

公共品、外部性、信息失灵、有益品和不平等：既然已经在协同治理这个广阔的范畴中将集体责任确定为最显著的"地标"，那么我们讨论的话题将转变为"如何推行协同治理"。笔者注意到，很多探讨公共财政的优秀著作都对"在哪些领域推行协同治理"和"开展协同治理的力度多大"等问题提供了深入的分析③，但都忽略了"如何开展协同治理"这个问题，或者说没有花太多

---

① Naughton, "Is China Socialist?".
② Aanund Hylland and Richard Zeckhauser, 1979, "Distributional Objectives Should Affect Taxes But Not Program Choice or Design," *Scandinavian Journal of Economics*, 81(2), 264–284.
③ 譬如，请参见 Jonathan Gruber, *Public Finance and Public Policy*. Worth Publishers, 2005。

精力阐述这个问题，而这是本书的研究重点。

政府应该直接提供服务吗？ 在"是否适合由私营部门提供"这个问题上，不同的公共服务差别很大。尽管本书避免用公式阐述观点，但笔者相信经济理论有助于确定哪些实体在创造公共价值的过程中应该扮演何种角色。公共品和外部性背景下的不完备合同和委托代理理论等经济概念，能够帮助我们更加透彻地理解协同治理实现公共目标时的优势和劣势。

比较优势。 笔者采用了泽克豪泽和翁笙和（Zeckhauser and Eggleston，2002）的研究方法，以比较优势概念为研究框架来讨论其他实现公共目标的方法的优势。[①] 我们站在19世纪杰出的英国政治经济学家大卫·李嘉图的肩膀上，人们普遍认为是他提出了"比较优势"的概念。李嘉图称尽管英格兰在生产葡萄酒和羊毛方面都具备绝对优势（即英格兰生产这两种物品的成本都低于葡萄牙），但让葡萄牙生产葡萄酒，让英格兰生产羊毛，可能会给英格兰带来更多益处。

笔者提议的协同治理过程与此接近，但更精妙一些。笔者用国际贸易做类比，提出了另外一种变体，而且更接近21世纪制造苹果手机等精密产品的供应链。苹果产品的标签是"加利福尼亚设计"，但它在制造过程中使用的零部件来自多个国家。苹果公司负责协调整个制造过程，评估其执行情况，并决定生产哪些新产品及如何生产。

笔者强调"比较优势"概念的原因如下：尽管中美两国对适

---

① Karen Eggleston and Richard Zeckhauser, "Government Contracting for Health Care," Chapter 2 in John D. Donahue and Joseph S. Nye Jr., eds., *Market-Based Governance: Supply Side, Demand Side, Upside and Downside*, Brookings Institution Press, 2002: 29–65.

宜的政府规模看法迥异，但每个人都应该就哪些功能适合由政府承担或不适合由政府承担开展富有成效的讨论。我们可以将美国医疗保健系统作为研究对象：共和党和民主党激烈辩论应该扩大政府规模还是缩小政府规模时，这屡屡成为各方关注的焦点。不过即使是民主派社会主义者总体上也支持由私营公司生产药品（不过需要政府监管药品安全）。除了最狂热的自由市场原教旨主义者，其他人都同意赋予政府控制流行病的职责（尽管这意味着要与生产疫苗的医药公司合作）。不同的政治派别甚至对"医院主要采取非营利模式"的观点达成一定程度的共识。

当部分商品或服务具备以下一个或多个特征时，公共部门提供它们时就具有比较优势，这些特征包括：（1）难以承包给其他机构；（2）涉及纯粹的公共品或具有明显的外部性；（3）学生、患者或家庭很难察觉服务质量下降，所以这些服务不容易被监控；（4）学生或患者的分类效率低下时很容易影响商品或服务的质量。在医疗卫生领域，这类范例包括监管对健康至关重要的公共品，如清洁的空气和水；以人群为基础的健康倡议和其他明显产生积极外部性的服务（例如，防控传染病）；被信息不对称困扰的服务、接受者无法评估服务质量或无法进行有效选择的服务，如照顾严重的精神病患者和长期看护羸弱的老年人。

当消费者判断教育机构的质量时，他们遇到的困难一定超过点评餐厅或零售店的难度。在餐饮业和零售业，营利性供应商受到的激励或许大同小异，但他们无法为了盈利在质量上投机取巧。因为一旦消费者察觉服务质量低劣，他们就会"用脚投票"来惩罚无良供应商。如果"用脚投票"的方式奏效，那么就像沙滩上的餐馆或公园里的住宿一样，效率优势会促使私营部门大幅扩张。

从更广泛的角度说，当产品和服务具备以下一个或多个特征时，私营供应商提供它们时会表现出比较优势：（1）容易以承包形式提供；（2）学生、家长和患者等消费者容易（直接或通过供应商的声誉）监督产品或服务质量；（3）易于形成竞争关系；（4）不肯接受大量无利可图的客户（如有特殊需求的学生、薄利客户）；（5）对快速高质量创新的激励手段比控制成本的激励手段更有价值，后者会损害产品或服务的质量。这方面的范例包括公司专属的员工培训、不需要马上施行的外科手术、大多数牙科护理和药物供给、不少初级保健护理。产品或服务供给的中间地带更为复杂，不仅涵盖具有再分配性质的服务和经济溢出，还包括以下领域：在一定程度上可以通过公共财政解决无利可图的学生或病患被排斥的问题，而不是直接提供产品或服务（如政府为幼儿园至高中毕业的教育和基础医疗保险提供资金）。

很多旨在创造公共价值的重要任务可以由公共部门或私营部门独力承担。譬如，政府独自制定外交政策而无须私营部门参与。营利性私营部门完全有能力自行生产电视，为民众提供娱乐服务。（的确，我们明白公民享受娱乐不会提升公共利益，外交也不会完全将利益和成本一分为二。）

不过集体项目引进多个参与方时，其效果往往最为理想，因为这样可以充分利用各方最突出的能力。以美国制药业取得的进展为例，政府倾尽全力支持基础研究。大多数基础研究是由私营非营利性机构完成的，但仍有不少基础研究由人们所说的官办研究机构完成，即美国国立卫生研究院。应用研究的职责主要落在营利性医药公司的肩上。然而，基础研究和应用研究之间很少能用明确的界线划分，因此营利性机构不可避免地承担了部分基础研究，而非营利性机构承担了部分应用研究。美国政府通过"哨点行动"掌握了最终决策权，即判断药品是否足够有效和安全从而具备上市资格。随后，通过审批的药品会卖给消费者，同时在公共部门、私营非营利部门和营利部门这三个部门里获得保险和医疗保障服务供应商的支持，由此产生的成本通常会得到政府补贴，而且有时补贴金额极高。如果这种错综复杂的多部门协作偶尔导致类鸦片药物滥用从而引发流行病、应对流行病的投入不足，或者在需要扩大新型病毒检测时反应缓慢，那么中央、州和地方各级政府承担的职责就是使远离公共价值的收益裁量权和偏好裁量权恢复平衡。

委托代理理论：承包、协作、委托

如果从原则上看，私营部门参与公共项目大有可为，那么剩下的任务就是确定私营部门扮演什么角色时效果最为显著，即在从完全外包到全面委托的频谱上，如何选择最适宜的委托方式。[①] 这类安排涉及委托代理关系。无论是采用承包模式还是协作模式，政府委托方都必须监控和激励私人代理。当承包合同可以充分描绘各方期望实现的产出或结果，而且可以监控其执行过程时，不

[①] 外包这种模式不一定局限于基础设施等传统行业。在中国，外包的形式包括将维护社交媒体秩序的工作承包给私营部门。譬如，Qin et al.（2017）估算中国的社交媒体上约有60万个隶属政府的账号，占到新浪微博政治/经济板块下全部发言帖的4%（第119页），"在实践中，大部分审查工作是由在北京注册的私营机构完成的"（第121页）。Qin, Bei, David Strömberg, and Yanhui Wu, 2017, "Why Does China Allow Freer Social Media? Protests versus Surveillance and Propaganda," *Journal of Economic Perspectives,* 31(1), 117–140.

需要分享自由裁量权，也不会产生与之相关的交易成本。[①] 当合同不可避免地具备不完备性时，在正常情况下（而不是特例中），协作的推进情况取决于谁掌握主导权。[②]

协同治理的显著特点是各方明确、刻意共享项目控制权。这种共享不可避免地导致项目的分析和管理工作愈发复杂。精心设计各方的机制关系是建立负责任的协同治理结构的先决条件。公共管理者需要掌握娴熟地协调公私协作的技能。例如，布鲁斯等人（Bruce et al., 2018）发现政府需要在直接承包和共享自由裁量权这两种模式之间做出选择时，掌握相关技能的美国机构利用合作协议获益的可能性更高。进入21世纪后，越来越多主导政府的领导者将是那些掌握协作艺术和科学的官员。笔者在过去的著述中将开展公私协作的政府官员比作"马戏演出的指挥员"（Donahue and Zeckhauser, 2011，第8章）。他们就像头戴礼帽的指挥者，随着环境变化协调整场表演，提醒所有参与者做好准备。

相形之下，周雪光等（Xueguang Zhou et al., 2013，第146页）社会学家用马戏团的其他角色比喻在中国开展公私协作的政府官员，即高空钢索上的杂技演员。这些官员在追寻公共目标的过程中不断调整自己的平衡状态（即"得过且过"）。

[①] 请参见 Paul Milgrom and John Roberts, *Economics, Organization, and Management* (Englewood Cliffs, NJ: Prentice-Hall, 1992), and John W. Pratt and Richard J. Zeckhauser, eds., *Principals and Agents: The Structure of Business* (Boston: Harvard Business School Press, 1991)。

[②] O. Hart, 2017. "Incomplete Contracts and Control," *American Economic Review*, 107(7), 1731–1752; K. Eggleston, E. A. Posner, and R. Zeckhauser, 2000, "The Design and Interpretation of Contracts: Why Complexity Matters," *Northwestern University Law Review*, 95, 91.

谈到实现目标这件事，中国的政府官员需要遵守的逻辑是集中精力实现上级设定的目标。在这层意义上，官员同杂技演员一样理性且以目标为导向。然而，在实现目标的过程中，官员需要不断进行调整来应对其他逻辑从各个不同方向对其施加的压力，如维持政治联盟和提供激励手段等。在中国的官僚体制中，官员的生存法则是一边朝着政务目标前进，一边将自己承受的各方压力保持平衡，由此产生了以"得过且过"为特点的官场行为。[1]

前文提到的隐喻在任务和背景等细节上不尽相同，但无论在中国、美国还是其他国家，它们利用私营部门的能力创造公共价值时普遍汲取的教训是：政府必须发挥全新的作用，而且往往对自己要承担的角色所知甚少。公共管理者需要有能力选择适宜的合作伙伴，促进各方共享自由裁量权，同时使监管框架保持领先一步的优势，避免私营参与者通过降低产品或服务质量[2]、操纵隐藏属性[3]或投机取巧牟利。公私协作任务可以通过多种形式开展有意义的监控，而且需要根据不同的项目量身定制激励措施。与个人消费者一样，地方政府官员必须意识到，市场和公司只能在一定程度上发现和惩处失当行为，而且有些公司确实极其擅长投

---

[1] Zhou, Xueguang, Hong Lian, Leonard Ortolano, and Yinyu Ye, 2013, "A Behavioral Model of 'Muddling through' in the Chinese Bureaucracy: The Case of Environmental Protection," *China Journal*, 70, 120–147.

[2] O. Hart, A. Shleifer, and R.W.Vishny, 1997, "The Proper Scope of Government: Theory and an Application to Prisons," *The Quarterly Journal of Economics*, 112(4), 1127–1161.

[3] Gabaix, Xavier, and David Laibson, 2006, "Shrouded Attributes, Consumer Myopia, and Information Suppression in Competitive Markets," *The Quarterly Journal of Economics*, 121 (2), 505–540.

机取巧[1]，从不经世事的消费者身上攫取高额利润。[2]

合同和协议几乎总是不完备的，而且随着合同涉及的各种关系陆续展开，由此产生的缺口需要被填补，或根据出现的新情况调整合同/协议内容。[3] 这种不完备性促成了事实上的协作，使缔约方共享自由裁量权。这种协作形式可能会比较频繁地出现在与地方政府合作的项目中，特别是贫困地区的地方政府。这类政府在委托服务合同的执行中，信息、经验和技能不足的可能性更大。以中国为例，这种事实上的公私协作更容易出现在贫困地区和/或西部地区，在沿海大城市出现的频率较低。事实上，地方政府的异质性是本书所说的"中国式协同治理"的组成部分。

有些研究量化了协作安排产生的净公共价值，即公私协作的成果具备的公共价值（其中不包含协同治理的内在复杂性引发的交易成本）。这些研究表明未来这些领域能够结出丰硕的成果以指导政策创新。斯科特（Scott，2015）研究了地方政府开展流域

---

[1] 如请参见 Egan, Mark and Matvos, Gregor and Seru, Amit, 2019, "The Market for Financial Adviser Misconduct," *Journal of Political Economy*, 127(1), 233–295。

[2] 阿克洛夫（Akerlof）和席勒（Shiller）在相关著作《钓愚》（*Phishing for Phools*）中提供了很多颇具说服力的范例（Akerlof, George A. and Robert J. Shiller. *Phishing for Phools: The Economics of Manipulation and Deception*. Princeton University Press, 2015）。他们没有使用分析欺骗性的经济学方法来研究不同的所有权。不过由于人们假设激励"网络钓鱼"的因素是逐利，所以这种观点强化了本书的观点，即在非营利性机构产生较大影响力的领域，它们拥有以上降低激励的比较优势。

[3] 如前文所示，诺贝尔经济学奖获得者奥利弗·哈特（Oliver Hart）根据不完备合同理论发展出产权理论。在这种情况下，重要的是哪一方参与者在无合同的情况下拥有剩余控制权，采纳"指导原则"和/或开展有建设性的沟通有助于克服合同不完备招致的风险。他们中的委托者拥有自利偏差，或者我们所说的收益裁量权和偏好裁量权。请参见 Frydlinger, David, and Oliver Hart, 2019, "Overcoming Contractual Incompleteness: The Role of Guiding Principles." National Bureau of Economic Research working paper 26245。

管理的方式，发现相对于没有采用自由裁量权的协作安排，开展公私协作的群体改善了水质和溪流生态环境，证明协作安排确实极其复杂。[1]

协同治理的比较优势对培育创新的工作极其重要。近年的一项实证研究关注了美国政府的 4 000 余份研发合同，发现政府机构更倾向于选择协作性合同，而不愿为不确定性较强的早期项目拨款。政府雇员对协作性合同拥有更多决策权（本书将此称为"自由裁量权"）。他们拥有特定领域的专业技能时更倾向于这么做，而且协作合同促进专利的效果优于直接拨款。[2]

分析、指派、设计和评估

无论项目启动时选择了多么理智的协作安排，项目所处的条件总会发生改变。部分变化具有外部性，如外部环境、技术和必须完成的任务。其他变化来源于协作本身，如人事变动、协作缔约方的利益和目标发生变化、缔约方为了保障私营部门获得收益或者提升私营部门的价值创造必要条件。除了协作本身，政界风向不断转变，执政联盟轮流登台，都对协作产生影响。协同治理不应该是一次性决策的结果，而是通过持续开展分析和管理工作

---

[1] Scott, Tyler, 2015, "Does Collaboration Make Any Difference? Linking Collaborative Governance to Environmental Outcomes," *Journal of Policy Analysis and Management*, 34 (3), 537–566.
[2] Bruce, Joshua Robert, John M. De Figueiredo, and Brian Silverman, "Public Contracting for Private Innovation." *Academy of Management Proceedings*. Vol. 2018. No. 1. Briarcliff Manor, NY 10510: Academy of Management, 2018.

来明确和改善协作涉及的关系。①

笔者认为有四个关键元素组成一个连续不断的审查周期，即分析、指派、设计和评估。② 这个周期在洞察力上与人们熟知的其他管理和设计流程不相上下，如著名的"计划—执行—研究—处理"戴明（Deming）周期，或福山（Fukuyama）和温斯坦（Weinstein）为政策分析修订的"设计思维"流程。③

协作始于对具体目标的合理分析，并列出利益相关方和潜在私营合作者的清单。其次，管理者必须将适宜的职责指派给合作者或签约方。第三个任务是设计合同：所有缔约方都可以参与其中，人们也预期各方都会参与这个过程，并且设计了激励各方的措施和他们承担的职责。这项任务可能还包括设计更为复杂的协作关系及共享自由裁量权的指标。设计阶段先分析利益一致性的情况并选择相应的缔约方，随后纳入适宜的激励手段来引导参与方利用自由裁量权实现共同的公共目标。大部分协作都会持续相

---

① 卓有成效的协作项目的参与者往往认可这个流程，认为它确保项目取得预期成果。譬如，请参见 Maltin, Elyse. "What Successful Public-Private Partnerships Do." *Harvard Business Review*. January 8, 2019. https://hbr.org/2019/01/what-successful-public-private-partnerships-do。

② 请参见 Donahue and Zeckhauser（2011），Figure 8.1 The Cycle of Collaboration。

③ 请参见 Deming, William Edwards. *The New Economics: For Industry, Government, Education*（MIT Press, 1993）中第六章讨论的"计划—执行—研究—处理"周期[PDSA 环或休哈特（Shewhart）环]；请参见斯坦福大学关于设计思维的教材（例如 https://dschool.stanford.edu/resources-collections/a-virtual-crash-course-in-design-thinking）；请参见斯坦福大学国际政策硕士项目中的福山和温斯坦"政策调整"（engineering policy change）环（即识别问题、提出解决方案、落实计划：重新撰写计划、再造、重复）（https://fsi.stanford.edu/masters-degree and https://fsi.stanford.edu/masters-degree/content/mip-practicum; and Burnett, William, and David John Evans, *Designing Your Life: How to Build a Well-lived, Joyful Life*. Knopf, 2016）。

当长的时间，需要进行评估并再次开展分析，以确保现有设计仍然可以最大化公共价值。这些工作完成后，有时只需微调合同，有时则需要大规模地全面调整项目设计来适应新的现实情况。协同治理甚至可能不再是实现具体公共目标的最佳途径。

图2.2展示了"分析—指派—设计—评估"（AADA）周期。后文将使用它的首字母缩略词AADA指代它。

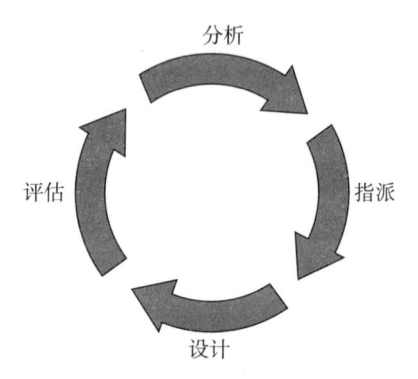

图2.2 "分析—指派—设计—评估"（AADA）周期

协作安排一旦确定就很难被废除或彻底改变，因为即使在极其糟糕的协作安排中，它的受益者也会为一己私利牺牲公共利益。项目参与者需要持续评估协作安排并对其定期更新以反映最新的现实情况。譬如，阿克洛夫和席勒在《钓愚》中指出，2008年引发灾难性金融危机的部分原因是美国的金融监管者未能认识到之前坚如磐石的体制已经漏洞百出。部分机构"利用自己的声誉获利"，但损害了广泛的金融体系。

对于像中国这样发展迅猛又面对诸多紧迫挑战的经济体，当务之急是利用前文提到的"四步骤"周期重新评估协作安排。中国接近全球科技前沿后，经济增长的步伐将会放缓，为诸多领域里创造价值的互动带来新的挑战。在未来几十年里，中国在协同治理方面取得的成就将取决于其在以下领域所具备的技巧、纪律性和诚信：分析政策面临的挑战和机遇；指派适宜的协作者；设计协作关系；用生产裁量权产生的收益减去收益裁量权和偏好裁量权的成本得出的收益来调整协作安排的能力。

存在并不代表合理

"物竞天择"这个比喻一直萦绕在笔者心头。我们在很多生物身上观察到一种特征时（如达尔马提亚狗身上的斑点），会立刻假设它具备某种功能。随后这个比喻可以延伸到生态系统，因为笔者假设，使生态系统维持平衡的原因是生态中的现有物种。从学术的角度看，下一步是将这个比喻延伸至经济领域。如果没有受到其他因素的阻碍，那么笔者会假设加油站建在司机需要加油的地方，饭店建在人们逛街时需要用餐的商场，诸如此类。这个推断过程的每一步都包含了知识的小幅飞跃和一系列假设。

毫无疑问，看起来下一步是假设各种公共项目的组合、推行这些项目的部门的融合情况，以及各部门在项目中享有的自由裁量权都是合理的。不过这个结论或许为时过早。有一个指标可以清晰地表明现行协作安排未必是最优安排，即通情达理的观察者常常就谁应该提供哪些公共品/服务意见不一。或许更能说明问题的是，在很多情况下，任何不带偏见的批评者都认为一定会有更好的方式开展协作。（对于刚刚涉及这个领域的研究者，笔者会推荐他们从美国的公共邮政服务和营利性物流公司混杂在一起的奇特生态入手开展研究。）最后一个与此相关的证据是，无论在中国还是美国，不同地区提供医疗服务、儿童教育和养护公园的模式都不尽相同。造成这些差异的主要因素是政治力量和路径依赖，而不是对"谁应该做什么"展开理性分析。

物竞天择中没有任何过程确保某个机构或国家会被实现公共目标的正确手段所吸引，甚至连出现这种情况的可能性都很小。提供公共品/服务的模式往往具有黏性，而且涉及的利益强大且根深蒂固。即使有时这些模式迫切需要适应环境变化，既得利益者也会阻止这些变化。学者们早就认识到这个问题，并对此提出明智的建议①，只是这些建议被采纳的情况参差不齐。②

如果背景、历史过往和私人利益对公共任务交付模式产生的影响与证据和逻辑产生的影响同样重要，甚至更甚于后者，那么分析家就更有理由研究美国和中国的独特背景。美国的铁路发展史清晰地阐述了本书中反复出现的主题，即公共政策面临着挑战。相关各方认识到，无论政府还是私营部门都不能凭一己之力充分应对这些挑战，或者说他们不应该这么做。随后一些合理务实的协作方式逐渐成形，你可以称他们在"蒙混过关"，或者用邓小平的名言来说，"摸着石头过河"。不过很少有人对协作结构给

---

① 奥尔森（Olson）呼吁政策制定者构建足够灵活的体制结构，能够在经济条件发生变化时适应提供产品/服务的新方式。Olson, Mancur, 1982, *The Rise and Decline of Nations: Economic Growth, Stagflation, and Social Rigidities*. Yale University Press.

② 道格拉斯·诺思（Douglass North）称，当国家制度可以尝试所有可选政策并筛除低效政策时，这样的制度能够最有效地提升经济增长；"非正式的规范经过相对较长的时间不断演进后，它们的适应效率才会提升。我们知道这个过程没有任何捷径可走"。North, Douglass C. *Understanding the Process of Economic Change*. Vol. 32. Princeton University Press, 2010, p.163.

予足够的重视。造成这个现象的因素之一是当公众没有关注这个问题时，利用这个模式攫取私利或权力的参与者刻意忽略了协作结构。促成这个现象的第二个因素是我们缺少清晰阐述协作推行方式的概念框架。在一定程度上，笔者希望本书能够对此有所帮助。

中美两国在历史、社会和经济方面存在诸多深刻的差异，但全面充分地描述这些差异不是本书的目的。如引言所示，笔者还避免对中美两国不同的政治体制做出评价或分析它们的相对优缺点。不过笔者认为在深入探索两国各自的背景之前，至少有必要简要概述协作流程的参与者。

协作流程的参与者

本书的分析多半集中于政策、项目和体制结构。不过考虑到政策和项目是由人设计和实施的，体制是由人组成的机制，所以本书将简单提及两国的主要参与者。不管政府官员或私营部门参与者多么愤世嫉俗或多么自私自利，他们可能都会认同协作过程的目标，即提升民众福祉。无论在混乱无序的民主国家还是在权威国家，民众都会通过政治流程成为公共品/服务的最终评判者。

谈及中国和美国，人们往往会自然而然地关注政府及其高层领导。两国的情况差异巨大。在中国，自1949年以来一直是一党执政。相形之下，从哈里·杜鲁门到唐纳德·特朗普，美国的民主党和共和党已经多次轮流执掌总统大权。尽管总统连任的情况并不鲜见，但考虑到在职总统拥有一定优势，总统所属政党使其继任者成功当选的情况只出现过一次。（老布什在罗纳德·里根之后担任了一届总统。）

如果中国读者由此推断出一个结论，认为美国政治体系里这种上上下下的模式表明民众对政府提供的公共品和服务长期不满，那么这是完全可以理解的（在政府提供的大多数产品和服务中，产品的地位相对次要，所以本节及后面的章节将公共服务作为主要分析对象）。如果实际情况不是这样，那么选民为什么要屡屡阻止执政党连任？以下两个因素表明这个逻辑并不顺畅：首先，规定政府交付内容和交付方式的法律是由国会制定的，而不是总统。其次，美国的大多数公共服务是由州政府和地方政府提供的。

如果要从政治角度理解政府提供公共服务的情况，那么必须深入了解市长和州长、市议会、州立法机构、学校董事会和县卫生官员等其他次国家政府的决策者对公共服务做出何种判断。中国的情况大体相同，而这完全在情理之中，因为中国人口众多，各地经济发展水平的差异更大，财政支出高度分散。尽管中央政府通常是发号施令者，但真正采取行动的往往是省级、地级、市级或县级政府。例如，中国为全民提供医疗保健服务的方式是由市级或县级政府推行医保计划，通过地方政府管控的公立医院和诊所提供卫生服务。因此，医疗服务外包的具体情况以及政府与私营部门的合作程度因地而异。此外，中国的教育政策对地方财政的依赖程度更高，地方政府的管控程度也更深。

中国的体制在很多方面有别于常规的单一政体或联邦制政体，如地方政府发挥了突出的作用。譬如：

> 尽管中央政府原则上拥有至高无上的权力，可以对各项

事务进行干预，但在过去30年里，中央财政支出在财政总支出中的占比为15%~30%，远低于西方发达国家（该比例在西方发达国家通常为50%~60%）……中国在教育、医疗、环境保护和社会保障等领域里的中央财政支出明显低于发达国家。[1]

在中国，省级地方政府采用协同治理模式的频率最高。这类协作涉及三方参与者：政府、私营供应商和民众。此外，无论政府和私营供应商拥有多少控制权，都应该服务于民众的利益。民众应该使自己投入的资源物有所值，他们投入的资源包括缴纳的各种税费、明确或隐性地让渡给政府的权力等。无论在中国还是美国，优秀的公职人员都认识到这个事实。这或许可以理解为习近平总书记发表的宣言的核心内容，即必须关注的新时代"主要矛盾"是"人民日益增长的美好生活需要和不平衡不充分的发展之间的矛盾"。

在美国，无论选举制度多么不完美，它都是对创造公共价值的安排实施问责的终极工具，尽管美国政府也必须对活跃的民间社会和民众抗议做出回应，如2020年爆发的反对警察暴行和歧视黑人的抗议活动。在中国，很少举行村级以上的竞争性选举。官员必须"双线作战"，一方面避免自己因政绩不佳被上级处罚，另一方面尽量不让辖区内的民众对自己不满——抗击新冠疫情的历

---

[1] L. A. Zhou, 2016, "The Administrative Subcontract: Significance, Relevance and Implications for Intergovernmental Relations in China," *Chinese Journal of Sociology*, 2(1), 34–74.

程清晰地反映出这一点。① 政府官员不惜一切代价避免群众对公共服务不满而爆发的抗议和骚动。一旦爆发此类事件，那么可以预见地方政府将受到上级的纪律处分。

美国的民间社会及私人非营利部门发挥的作用

公民协会和民间社会。公民协会被定义为代表社区利益的志愿组织。这样的协会可能聚焦于政治、环境、教育和娱乐等领域，也可能代表某个民族、宗教或地理社区。民间社会基本上是公民协会的集合体。民间社会在美国的历史由来已久，而且极其活跃。法国人托克维尔（Alexis de Tocqueville）年轻时曾周游美国，在《论美国的民主》（*Democracy in America*）（1835，1840）中记录了他的发现。公民协会在美国的地位远远超过它在欧洲计划经济国家中的地位，这让他大为震惊。

> （美国人）永远在组建协会，其中不仅包括商业协会和行业协会，而且包括数千种不同的协会，如宗教协会、道德协会、严肃的协会、无用的协会、极其宽泛的协会、范畴有限的协会、规模极大的协会、规模极小的协会……在我看来，在美国，没有什么比学术和道德领域的协会更受关注。

---

① "习近平总书记要求政府官员理解和容忍部分因为长期居家隔离而产生情绪的湖北和武汉居民，同时保障他们的日常生活供给……他称抗击新冠肺炎疫情，是对国家治理体系和治理能力的一次'大考'，既有经验，也有教训，一定要加快补齐治理体系的短板和弱项。" "'Turning the tide'–Xi leads anti-virus war toward victory" *People's Daily*, March 11, 2020. http://en.people.cn/n3/2020/0311/c90000-9666845.html（访问日期：2020年3月12日）。

这些协会对于促进民主思想遍地开花、蓬勃发展所发挥的作用也给他留下了深刻的印象：

> 美国人团结起来组织宗教庆典、创办神学院、兴建客栈、建造教堂、分发书籍、向异见者派出传教士。他们用同样的方法兴建医院、监狱和学校。最后，如果他们希望强调某个事实或用经典范例支撑一个观点，那他们就成立一个协会。①

托克维尔提前一个多世纪预见了信息经济学的主要研究发现，尽管这不是他的目标所在。他认识到传递私人信息的重要性，以及信息和观点对于推动技术变革的巨大作用。

> 在美国，只要部分居民希望在社会上推广某种观点或看法，他们就会努力寻找观点相同的人，建立联系并团结起来。自那一刻起，他们就不再孤立，而是形成一股力量。这样从外部看来，他们的行动会证明他们的分量，他们的言论会引起社会关注。②
>
> 或许有人称在美国，人们可以无拘无束地创造使财富增值和满足公众需求的手段。各地最开化的居民经常用自己的学识找到新的路径促进整个社会繁荣发展。一旦找到这样的路径，他们就会热心地分享给更多人。③

---

① De Tocqueville, 2003, p. 596.
② De Tocqueville, 2003, p. 599.
③ De Tocqueville, 2003, p. 594.

可以肯定的是，美国的制度发展总是涉及一些公共因素。各州自行规定了哪些组织可以采用公司形式，在承担有限责任的情况下积累资源。在 20 世纪之前，各州"系统性地剥夺了那些从根基上挑战社会秩序的群体宝贵的结社权利。例如，反对奴隶制、倡导女性政治权利，甚至努力提升劳工待遇的协会"[1]。不过，公民协会仍然成功地推动了社会改革。宗教团体长期设立施粥所和慈善医院。在费城等地，知名女性组成的社交俱乐部成功地推广了为穷人开办的公共浴室和洗衣店。[2] 诸多派系的宗教领袖在支持美国民权立法方面发挥了深远甚至是决定性的作用。

当代美国的公民参与情况。就像托克维尔周游美国时看到的那样，民间社会发挥重要作用是美国在 21 世纪的标志之一。美国禁止非营利组织为政治候选人或政党背书，否则将失去捐款免税的资格。尽管如此，他们依然对美国的公共生活产生了巨大影响。教会的支持或反对深刻地影响了一系列敏感政治领域的发展态势，如种族平等、节育和堕胎以及同性恋权利。大多数宗教都强调了自己救助穷人和受苦者的责任，缓解了政治动荡和市场的严厉规定给这些人带来的冲击。不过公民团体也可以纠集因循守旧的群体，阻碍合理的变革。[3] 因此，与大多数社会现象和政治现象一样，民间社会充分展现出两面性。

公民协会和他们提供的服务。美国公民协会拥有创造公共价值的巨大潜力。他们可以动员数千万美国人的时间、才能和财

---

[1] P.17 of N. R. Lamoreaux, and J. J. Wallis, eds., *Organizations, Civil Society, and the Roots of Development*. University of Chicago Press, 2017.

[2] Melissa M. Mandell, November 2007, "The Public Baths Association of Philadelphia and the 'Great Unwashed'," *Pennsylvania Legacies*, 7(2), 30 – 31.

[3] Olson, 1984.

富。几乎所有大型博物馆和不少文化机构都得到公民协会的支持。慈善组织不断寻找新的方法来改善社会环境、战胜疾病和开展公民教育。在三位最富有和最受尊敬的美国人中，比尔·盖茨和巴菲特已经承诺将他们的大部分财富捐给慈善事业，而且正在呼吁其他亿万富翁做出同样的承诺（包括中国的亿万富翁）。盖茨将现在的大部分时间都投入比尔及梅琳达·盖茨基金会，利用自身强大的能力协调资源来战胜疾病、应对气候变化和提升教育质量。[1] 马云在经营阿里巴巴时表现出的商业头脑使他享誉全球。他通过金融创新为中国贫困人口提供了巨大帮助。他表示自己卸任阿里巴巴掌舵人后将全心投入教育和其他慈善事业。中国的富裕人口不断增长，为中国慈善事业的长足发展创造出巨大的机遇，或许未来会在创造公共价值方面发挥重要作用。

我们要承认数以千万计的美国民众普遍为公民协会贡献了大量时间精力，这一点非常重要。许多人认为参与公民协会令人振奋，这项事业将他们与同胞的福祉紧密地联系起来。随着中国的富裕程度不断提高，越来越多普通的中国民众不仅把时间贡献给家族传承和能够给自己带来回报的网络社交，还会为了"陌生人"参与社区志愿活动。[2]

---

[1] 巴菲特非常认可盖茨在这个领域里的卓越才能，而且盖茨比他年轻25岁，所以巴菲特承诺将自己85%的财富留给盖茨基金会。

[2] 请参见相关讨论，如 X. Y. Dong and X. An, 2015, "Gender Patterns and Value of Unpaid Care Work: Findings from China's First Large-Scale Time Use Survey," *Review of Income and Wealth*, 61(3), 540–560; T. Brandsen, and R. Simsa, 2016, "Civil Society, Nonprofit Organizations, and Citizenship in China: An Editorial Introduction to the China Issue," *Voluntas*, 27, 2011. https://doi.org/10.1007/s11266-016-9774-4。

公民协会和政策制定。中国在减少空气污染方面取得了巨大进步（Greenstone，2018），不过在保护自然环境方面面临的挑战仍然相当严峻。[①] 因此，美国追求环境质量的经验教训可能对中国具有启发意义。在二战结束后的最初几十年里，美国的空气污染和水污染情况急剧恶化，对此感到焦虑的公民发起声势浩大的环保运动，这使得政府推行更加严苛的环境监管措施。不少环保类书籍敲响了环境保护的警钟，为波澜壮阔的环保运动推波助澜，其中最重要的著作要数蕾切尔·卡逊（Rachel Carson）的《寂静的春天》（1962）。[②]

在过去很长一段时间里，公民协会在环保问题上持续产生影响，对美国确定现行环境标准发挥了至关重要的作用。时至今日，公民协会的影响力仍然不容小觑。不过这种"非营利性机构倡导、政府采取行动"的模式远远超出了环境政策的范畴。在制订国家医疗保险计划、改变海外商业投资政策、修订移民法等多个领域里，公民协会都大力推动政策的改革。政策的支持方和反对方往往都包括颇具影响力的协会。民间社会都拥有创造公共价值的巨大潜力。美国的民间社会如此强大，其历史发展进程与中国的现代史没有任何相似之处。这为后面几章研究协同治理确立了关键背景。目前中国民众要求自己对政策发

[①] 请参见Greenstone, "Four Years After Declaring War on Pollution, China Is Winning," *New York Times*, March 12, 2018; Y. Chen, A. Ebenstein, M. Greenstone, and H. Li, 2013, Evidence on the Impact of Sustained Exposure to Air Pollution on Life Expectancy from China's Huai River Policy. *Proceedings of the National Academy of Sciences,* 110(32), 12936–12941; and Ebenstein, Avraham, Maoyong Fan, Michael Greenstone, Guojun He, and Maigeng Zhou. "New Evidence on the Impact of Sustained Exposure to Air Pollution on Life Expectancy from China's Huai." (2017)。

[②] 卡逊的著作警告人们警惕杀虫剂对环境的危害。

挥更多的引导作用，部分社会目标获得的志愿服务已经显著增加。有一项研究的估算结果表明，2016年中国有5 800万名志愿者为各类社区服务贡献了超过15亿小时的服务。[①] 无论在中国还是美国，地方社区都展现出卓越的抗逆性，积极组织起来帮扶那些因为新冠疫情和随之而来的经济衰退遭受冲击的人群。

中国的行政发包体系、私人参与和国有企业

西方读者对中国取得的成就如雷贯耳，中国的经济崛起万众瞩目，其社会主义市场经济生机勃勃。在1978年至2014年间，国有部门在工业产值中的比重从78%直线下滑至22%（Huang et al., 2017）。不过西方读者不太了解的是，中国政府持续控制着重要的经济部门，同期社会组织也与其齐头并进发展（"社会组织"是中国对"非政府组织"的称呼）。本节简要描述了在中国的背景下，私营部门协助政府实现公共目标时表现出的特点。

中国的政策制定者正在全盘改造美国所说的"新公共管理"

---

① 请参见Ming Wang and Shuoyan Li, "The Development of Charitable Organizations in China since Reform and Opening-Up and a New Layout for State-Society Relations," Chapter 12 in Jianxing Yu and Sujian Guo, eds., *The Palgrave Handbook of Local Governance in Contemporary China*. Palgrave Macmillan, 2019，第245—266页，尤其是第250页。

运动的根本原则。① 中国的公私协作发展经历了从承包到购买社会服务再到跨部门协作的历程。如今私营企业、公司化的国有企业和混合所有制组织参与其中的表现反映了来自惯性、路径依赖和机缘巧合的各种力量。

在美国，"私人"多指国内企业或社会组织。在中国，外国公民完全或部分拥有的公司更容易被视为私营机构，中国政府分别将它们称为外商直接投资企业（FDI）和外商合资企业（JV）。对美国的公共管理者来说，如果合作伙伴的清单被简单地划分为营利性机构或非营利性机构，那么多多少少会扭曲现实情况。在中国，合作伙伴的清单更为复杂。本书用表2.1进行了详细阐述。

部分观察家可能会断言，中国较少使用"私人"这个词，所以它对所有权的描述不够清晰。"私人"的同义词或替代语比比皆是，如"非政府"、"社会资本"或"民营"。② 中国民政部对私营部门的分类还包括民间社会团体、民间基金会、民办非企业单位等。不过中国不是唯一允许私营部门在法律和实践层面拥有多种所有制形式的国家。③ 在过去十年里，中国的民间社会和非政府组织活跃于多个领域，不过本书不会细致入微、无一遗漏地阐述这

---

① 如果想了解与这个传统有关的经典畅销书，请参见 Osborne and Gaebler, 1993; 更晚近的例子参见 Eggers（2013）。如果想了解中国的案例，请参见 Teets, Jessica, and Marta Jagusztyn, 2016, "The Evolution of a Collaborative Governance Model: Social Service Outsourcing to Civil Society Organizations in China," Chapter 5 in Reza Hasmath and Jennifer Y. J. Hsu, eds., *NGO Governance and Management in China*, Routledge, 2016: 69–87。
② 如请参见中国关于社会组织的官方网站：www.chinanpo.gov.cn/index.html。
③ 譬如，如果禁止将利润分配给所有者的政策执行不力或没有见效，那么非营利性私营部门这种结构形式与其他形式的差别就没有意义。

部分内容。① 在当代中国，非政府组织的多种形式涵盖了政府成立的非政府组织② 和民间非政府组织/民间社会组织。

表2.1 中国非政府组织的范例

	政府管控的组织	国内私营组织	外国私营组织
营利性组织	国有企业	公司化的国有企业、新型私营企业	外商直接投资企业、外商合资企业
非营利性组织	事业单位、有政府背景的非政府组织	非营利性企业、社会组织	国际非政府组织

因此，如第一章所述，本书对"公共"和"私营"的定义包含一系列组织形式。比起国内的营利性私营企业，国有企业在组织形式"频谱"上的位置更接近于政府的那一端，但两者完全不同。国内私营企业（如阿里巴巴或腾讯）与国外私营企业（如苹果或西门子）之间还存在一个重要的过渡类别，即港澳地区的境外华人企业。当然，除此以外还存在多种混合组织形式。

---

① 对此感兴趣的读者可以参考以下文献：Ming Wang and Shuoyan Li, "The Development of Charitable Organizations in China since Reform and Opening-Up and a New Layout for State-Society Relations,"; Jianxing Yu and Sujian Guo, eds., *The Palgrave Handbook of Local Governance in Contemporary China*. Palgrave Macmillan, 2019，第245—266页，尤其是第十二章；"Development of Chinese Grassroots NGOs" by Yan Long (https://exhibits.stanford.edu/chinese-ngos/about/development-of-chinese-grassroots-ngos)；中国非政府组织网站中有大量中英双语资料（https://exhibits.stanford.edu/chinese-ngos/feature/general-f9077f72-ce46-47ba-bcaa-90723f3eeea7)。

② 如请参见 Luo, Wenen. "From Dependence to Autonomy? Institutional Change and the Evolution of Charitable GONGOs in China." Dissertation. University of Hong Kong. 2011。

事实上，随后几章的案例将清晰地表明，对于某些任务来说，赋予私营部门自由裁量权显然会带来风险，如合作双方倾向于采用介于营利性企业和典型政府机构之间的组织形式。每个国家围绕这些任务与私营部门开展协作时都存在"舒适区"。在美国，这类合作机构通常指非营利私人组织（例如，非营利性医院和学院）；在中国，这类合作机构通常指公司化的国有企业。无论两国采用哪些形式，它们都诞生于自身独特的政治经济体系，是本国努力使私营部门的效率与它们对公共使命的忠诚度相互结合时所能找到的最佳方案。它们削弱了激励私营部门操纵项目收益的措施，使偏好裁量权的风险下降至可控范围。在美国，医院等非营利组织的净收入极高，但提供微利服务的可能性仍然高于营利性组织。中国的国有企业可能具有强烈的盈利动机，但比起普通的私营企业，它们更倾向于严格遵守政府规定和监管要求。当然，这种标签不会自动使组织结构与集体利益完美地保持协调一致。

部分敏锐的分析家认为，中国的公私合作模式包含一个可以有效提升治理水平的学习过程，即分享信息、社区观点、专业知识。[1] 非政府组织不仅以服务提供者的身份与政府开展合作，而且通过承包和协作等方式来倡导政策，并反映民间社会的观点。[2]

---

[1] Teets, Jessica C., *Civil Society under Authoritarianism: The China Model.* Cambridge University Press, 2014; and Teets, Jessica C. 2013, "Let Many Civil Societies Bloom: The Rise of Consultative Authoritarianism in China," *The China Quarterly*, 213, 19–38.

[2] 若想了解环保领域的总体情况，请参见Teets, Jessica, 2018, "The Power of Policy Networks in Authoritarian Regimes: Changing Environmental Policy in China," *Governance*, 31(1), 125–141; Dai, Jingyun and Anthony J. Spires, 2018, "Advocacy in an Authoritarian State: How Grassroots Environmental NGOs Influence Local Governments in China," *The China Journal*, 79(1), 62–83。

激励制度深刻地影响了地方官员选择的服务提供模式或对具体项目的治理安排。中国地方官员同时担任着多位委托人的代理，如国家部委、省政府或市政府。周雪光等人（2013）认为，地方官员必须面对中国官僚体系的"多重逻辑"。如前所述，地方官员需要平衡各种关系，并且不断调整这种平衡，所以他们觉得自己更像走钢丝的人，而不是马戏演出的指挥者。他们"走钢丝"时会从众多潜在承包方中做出选择，而到底选谁则取决于本省或本地的具体情况，尽管国有企业在全国范围内都发挥着重要作用。[1]

第三章讨论了铁路交通，重点分析了20世纪80年代中国推行改革开放政策以后，当时的历史条件如何影响监管结构和公司化国有企业的发展过程。中国开创的协同治理形式并非介于公共部门和私营部门之间，而是介于两种不同的政府实体之间。这么做的目的是充分驾驭竞争压力产生的益处，硬化预算约束，提升企业运转的效率。[2] 在政府体系内，各行政单位之间的关系表现出"行政发包体系"的特点。这个体系深深嵌入关系契约网络，而且充满国有企业管理者对自己的职业考虑（如他们要通过政府人事

---

[1] 2017年，国有企业大概占到中国GDP的23%~28%，但在就业中的占比相对较小。本书不得不采用这种核算假设，因为中国的官方统计数据不包括公共部门和私营部门在经济产出中的占比。请参见Zhang, Chunlin, 2019, *How Much Do State-Owned Enterprises Contribute to China's GDP and Employment?* (English). Washington, D.C.: World Bank Group. https://openknowledge.worldbank.org/handle/10986/32306/How-Much-Do-State-Owned-Enterprises-Contribute-to-China-s-GDP-and-Employment.

[2] 如果想了解中国"抓大放小"的国企改革政策和地方政府对此发挥的作用（有时这些作用的特点表现为财政联邦主义或各地区间的锦标赛），请参见Maskin, Qian, and Xu（2000）; Li and Zhou（2005）; Garnaut et al.（2005）, Qian, Roland, and Xu（2006）; Shih, Adolph, and Liu（2012）; Huang et al.（2017）。

管理体系的考核）。①

经济学家周黎安（2016）的分析对于理解中国的体制背景很有启发性。② 他称中国的"行政发包"在三个层面系统性地有别于常规的公共官僚机构和传统发包实践，即行政权的分配情况、经济激励、内部评估和管控。行政发包合同代表了"行政机关中上级和下级之间的职权关系，而不像'纯粹的'分包合同展现的委托人和代理人之间的合同关系和平等关系"（第40页）。然而，与标准的官僚机构形成鲜明对比的是，政府"分包商"大体上扮演了"剩余索取者的角色，而且面对着'高能'激励"，如在本地筹资的压力（第8页）。此外，与韦伯式官僚主义的严苛规定和流程不同的是，"行政发包的内部管控表现出结果导向和个人问责的特点……由于分包商执行任务时拥有大量自由裁量权，而且管控着向上级汇报的信息，所以上级开展绩效评估和内部管控时必须聚焦于结果，而不是流程"（第9页）。

由于政府官员承受着形形色色的压力和高能激励，而且要考虑自身的前程，所以不愿承担以下风险，如为了一己私利操纵合

---

① 请参见 Zhou, Li-An, 2016, "The Administrative Subcontract: Significance, Relevance and Implications for Intergovernmental Relations in China," *Chinese Journal of Sociology*, 2(1), 34 - 74; X. G. Zhou, 2014, "Administrative Subcontract and the Logic of Empire: Commentary on Zhou Li-An's Article,"*Chinese Journal of Sociology* (*Chinese Version*), 6, 39 - 51; Zhou, Xueguang, et al., 2003, "Embeddedness and Contractual Relationships in China's Transitional Economy," *American Sociological Review*, 68, 75 - 102; Zhou, Xueguang, et al., 2013. "A Behavioral Model of 'Muddling through'. In the Chinese Bureaucracy: The Case of Environmental Protection," *The China Journal*, 70, 120 - 147.

② L. A. Zhou, 2016, "The Administrative Subcontract: Significance, Relevance and Implications for Intergovernmental Relations in China," *Chinese Journal of Sociology*, 2(1), 34 - 74.

同（后文将此描述为"收益裁量权"）；更糟糕的情况是与私营企业合作时在不了解其比较优势的情况下卷入严重的腐败事件。在这种情况下，（相较于与营利性私营企业合作的模式）政府需要适度地"放手一搏"，将公司化的国有企业作为"私营"合作伙伴。公司化国有企业扮演私营合作伙伴时更容易推动协同治理，因为官员认为国有企业的偏好天然就符合公共价值的要求。很多学者评论中国治理时强调，国有企业之所以与政府的利益保持一致，部分原因在于政府能够选择、任命国有企业管理者，所以自然而然地激励管理者从政府需求的角度考虑自己的职业生涯。当然，中国政府也对私营企业管理者产生了影响。国有企业在规模、行业和战略重要性上与私营企业不可同日而语。米尔约普等人（Milhaupt and Zheng，2015）认为，中国政府对国有企业的实际管控低于这些企业享受的公有制所对应的控制水平，而对私营企业的实际管控则高于这些企业创造的公共利益所对应的控制水平，特别是对规模较大、具有战略意义的私营企业的管控力度。[1]

部分观察家认为，近年来国有企业在中国的公私合作中占据主导地位是这种合作关系的劣势所在，因为这只是将责任和债务压力从国家的一个部门转移到另一个部门。[2] 然而，国有企业作为政府的合作伙伴发挥了关键作用，部分原因在于它们通常是本行业中实力最强的参与者。有些人假设国有企业受到的激励使其更容易以公共利益为导向。暂且不论这种观点的正确性，仅仅考虑

---

[1] Curtis J. Milhaupt and Wentong Zheng, 2015, "Beyond Ownership: State Capitalism and the Chinese Firm," *The Georgetown Law School Journal*, 665(103): 665–722.

[2] "In China, Public-Private Partnerships Are Really Public-Public," February 27, 2017, www.bloomberg.com/news/articles/2017-02-27/in-china-public-private-partnerships-are-really-public-public.

效率因素，某些行业的公司化国有企业就远远超出同行业的头部私营企业。事实上，由于国家要求国有企业不能退出战略性行业，所以国有企业的竞争者往往较少。中国国有企业给人的印象结合了强大的市场力量与重要的象征意义。

国有企业在协同治理领域的突出地位也使它们处于巨大劣势：尽管有大量证据表明国有企业效率低下，但仍然存在政府偏袒国有企业的巨大风险。① 许多政策承认对国有企业的偏袒引发了很多问题（这种偏袒确实引发了腐败）。例如，2019年9月10日，中国高层呼吁加大对民营企业的支持力度，确保国有企业和民营企业平等地获得生产资料，确保它们拥有平等开放地参与市场竞争的机会，确保它们享受平等的法律保护。② 轰轰烈烈的反腐行动减少了国有企业或传统私营企业在公私协作中引发的风险，为进一步完善协作安排夯实基础。根治腐败的工作可以提高现有公私协作安排的效率，为国有企业及其他同样有能力和动机为公共价值做出贡献的公司创造公平竞争的环境。

协同治理的消极面：收益裁量权、偏好裁量权和腐败

协同治理能够发挥"魔力"的原因很简单：当私营部门利用自由裁量权创造出的公共价值超过公共部门时，协同治理将

---

① 譬如，国有企业推动创新时享受到不少优惠的投资政策，但不及私营企业将投资转化成专利的成果显著。请参见 Shang-Jin Wei, Zhuan Xie, and Xiaobo Zhang, 2017, "From 'Made in China' to 'Innovated in China': Necessity, Prospect, and Challenges," *Journal of Economic Perspectives*, 31(1), 49–70。

② *China Daily*, "Greater support for private firms needed, Xi says," September 10, 2019, http://en.people.cn/n3/2019/0910/c90000-9613440.html.

自由裁量权赋予私营部门。相应地，协同治理可能招致风险的原因在于，自由裁量权被滥用于牟取私利。协同治理的危害可以划分为两类。前面曾简要提及，现在到了认真探讨其内容的时候。

收益裁量权。私营合作者将广大民众的收益揣进自己口袋时就会出现收益裁量权。提供产品/服务时享有自由裁量权的私营部门通常会对价值分配拥有一定控制权。私营参与者可以利用自己掌握的自由裁量权获取属于民众的资源，譬如，私营参与者可能会为了提供足够的公共价值而无休止地获取回报，或者在公共财政支持产品/服务供给时"动些手脚"，使自己成为主要受益方。

收益裁量权涉及价值分配，而这种分配可以用相对明晰的经济术语描述。[1] 即使协同治理安排产生的增值部分没有以货币形式表现，仍然可能引发第二种风险，即本书所说的偏好裁量权。[2]

偏好裁量权。私营合作者用自己的偏好代替整个群体的偏好时，就会出现偏好裁量权。这是非营利性机构提供产品/服务时可能招致的更严重的风险。它们使用手中的权力提高自身经济利益的能力有限，因此公众在收益裁量权问题上没那么脆弱。不过非营利性组织可能有强烈的动机来拓宽公众利益的狭义概念。如果协同治理安排的架构没有充分关注私营合作伙伴如何重新定义目

---

[1] Donahue and Zeckhauser, "Sharing the Watch," in *Seeds of Disaster, Roots of Response*. Cambridge University Press, 2006, 429-456.

[2] 收益裁量权和偏好裁量权与社会科学家所说的代理理论（不结盟激励）和管家理论分别引发的问题有不少相似之处。请参见关于中国经济适用房的讨论和实践：Kerry Ratigan and Jessica C. Teets, "The Unfulfilled Promise of Collaborative Governance: The Case of Low-Income Housing in Jiangsu," chapter 16 in Jianxing Yu and Sujian Guo, eds., *The Palgrave Handbook of Local Governance in Contemporary China*. Palgrave Macmillan, 2019: 321-344。

标和引导结果的方向，那么公共目标就会受到损害。中国的国有企业可能会采用偏好裁量权，美国的部分非营利性组织也是如此。譬如，其具体表现形式可能为遵守 CEO（首席执行官）的职业发展方向，服从上级制定的目标，即使这些目标可能偏离广大公民甚至国企股东的利益也在所不惜。

收益裁量权和偏好裁量权总是会构成威胁。如果政府以不恰当的方式、随心所欲或未经合理审查就与私营合作伙伴分享自由裁量权，那么风险会接踵而至。如果在各种公私互动形式之间做出更具战略性的选择，并且在选定协作模式后更加审慎地将其付诸实施，那么可以使赋予私营部门自由裁量权后获得的收益和成本实现平衡，进一步向预定目标迈进。简而言之，本书的目的是帮助中美两国提高实现理想目标的概率。

第二部分 政策领域

第三章　兴邦定国的铁路工程

亨利·戴维·梭罗（Henry David Thoreau）一定对铁路爱恨交加。在他所处的时代，铁路重塑了美国，而且每天都会多次打破他在瓦尔登湖畔小木屋的宁静生活。"我们没有乘坐铁路，"他在《瓦尔登湖》中牢骚满腹，"铁路反而骑在我们身上。"[1] 这部散文集的其他篇章略显温和："'什么！'一百万个爱尔兰人从土地上的所有棚屋里发出呼声，'我们造的这条铁路，难道不是一个好东西吗？'是的，我回答，比较起来，是好的，就是说，你们很可能搞得更坏。"[2] 不过，他的观点略微偏离了本章的内容。从一个国家修建铁路和铁路网的那一刻起，整个国家的轮廓就开始成形。中美两国皆是如此，只是美国发展铁路的方式更加简单，更富有戏剧性。美国跟随着铁路运输大发展一起日臻成熟。

美国修建铁路的不朽历程可以追溯到19世纪中叶。它见证了

---

[1] Henry David Thoreau, *Walden, or Life in the Woods*, 1854. 线上版本由弗吉尼亚大学线上文本中心出版（https://web.archive.org/web/20080918081551/http://etext.lib.virginia.edu/toc/modeng/public/ThoWald.html, page 68）。据说中国的慈禧太后也反感铁路制造出的噪声，认为这打扰到陵墓中的列祖列宗。

[2] 如上，第42页。

公共部门和私营部门广泛开展的大量合作，只是它们的表现喜忧参半，有些合作给人们留下深刻的印象，有些合作发人深省。从双方开始合作的第一天起，政府就尝试给私营部门留出发挥空间，但同时引导和限制它们的能量，从而最有效地促成广泛的社会目标。铁路项目表现出三个与众不同的特点：项目初期需要极高的资本投资，而客运和货运的边际成本较低；需要确保路权；与经济发展的联系错综复杂，即使在美国，政府也反对让铁路项目"放任自由"。考虑到铁路的成本结构，铁路运营者有可能形成自然垄断进而冷酷无情地抬高铁路运输的费率，也可能成为监管压榨的牺牲者，无法收取足够的费用来覆盖全部成本。政府必须促进和维护货主、乘客及其他相关方的利益，还要确保铁路获得充足的收益来激励人们持续投资。①

无论在美国还是其他国家，铁路业几乎无法回避各种程度的跨部门合作，不过美国的政治文化不鼓励人们坦承这种相互依存性。由于人们对这些必要的合作讨论极少（甚至很少坦诚地承认这一点），所以政府的处理方式常常十分拙劣。尽管中美两国的国情千差万别，但都可以从这些合作中汲取来之不易的经验教训，并从中获益。

只要有必要修建关键基础设施，而且项目初期需要大量资金，还涉及复杂的监管问题（这类项目通常都会涉及复杂的监管），那么从铁路项目中汲取的经验教训也适用于这类项目。如今，这些经验不仅适用于实物资产，而且适用于5G（第五代移动通信技术）网络和自动驾驶汽车等尖端技术。就这一点而言，通过以太

---

① 任何固定成本较高和边际成本较低的行业（如大多数公用事业）都会遇到这种监管挑战。铁路业遇到的额外挑战是它的固定成本中包括极其庞大的不动产。

网在轨道或公路上行驶的车辆设备，都包含了政府和私营部门之间共享自由裁量权的因素。无论在美国还是中国都是如此。

本章第一部分高度浓缩了美国铁路业中公共部门和私营部门之间的关系。它围绕三个不断变化的主题展开讨论，这三个主题在很大程度上也对应了公私协作关系的三个历史发展阶段：促进发展、加强监管和力挽狂澜。在铁路发展史的大部分时间里，无论在技术还是治理方面，铁路和城市地铁之间的界限都相当明显。因此美国发展铁路的历程对现代中国发展地铁和高铁网的经历没有太多借鉴意义。现代中国投入了海量资金，建成的高铁网达到前所未有的规模。本章后一部分详细介绍了相关内容。

美国的铁路发展史清晰地展现了本书反复提及的主题。一旦公共政策遇到挑战，所有参与方都会认识到无论政府还是私营部门都无法独立应对这个挑战，或者说不应该这么做。人们会即兴提出部分务实的协作方法，但很少关注公私协作的根本结构。在这类协作中牺牲公共利益以攫取个人利益或权力的参与方，往往会诱导人们忽视公私协作的结构。人们没有对公私协作开展结构性分析的第二个常见原因是他们缺乏清晰的概念来指导公私协作实现预期目标。本书将尝试填补这个空白。

美国的铁路发展史

促进发展阶段

在过去几个世纪里，人们一直在寻找办法降低车轮滚动产生的摩擦，又用了几十年的时间开展蒸汽动力实验，最终在18世纪与19世纪之交同时实现了这两个目标，进入铁路时代。19世纪初，美国还远远落后于铁路的先驱者大不列颠。不过到了1830

年,美国的第一台蒸汽机车"大拇指汤姆"(Tom Thumb)开始运行,这标志着新世界的交通进入变革转型期。没过多久,企业家就认识到铁路技术蕴含着巨大的盈利潜力,远远超过轮渡、驳船和马车等曾经独领风骚的先进技术。政府也很快意识到通过这种成本较低、快速且相对安全的方式运送乘客和货物使民众获益良多。进入19世纪中叶,公共部门和私营部门积极携手推动铁路大发展。此时两者的利益大体上保持一致,当然并不是完全一致。美国在铁路的加持下从狭窄的东部沿海地带一举跨越整个美洲大陆,同时帮助企业家累积起或多或少的个人财富。

亚伯拉罕·林肯因为避免了南北分裂而颇受美国人尊崇。他积极倡导利用铁路将美国东部和西部连成一体。他于1862年签署《太平洋铁路法案》(Pacific Railroad Act),特批两家私营公司承担铁路建设工程,项目资金来源于这两家公司卖出股票的收入、政府赠地的出让款以及联邦政府和公司各自卖出债券的收入。[1]

除了纯粹的资金支持以外,各级政府积极推动兴建铁路,在很多情况下(或者在大多数情况下)免费出让路权,还为铁路投资提供贷款。州政府、县政府和地方政府创造出不计其数的资金和实物资助方式。[2] 不过在19世纪,美国为了鼓励铁路大发展采用的最激进工具是联邦赠地计划,这也是美国有史以来推出的最宏大的行业补贴计划。该计划取决于两个前提。第一个前提是铁路网大幅扩张可以为公众带来巨大效益。第二个前提是私人投资者畏惧将造价不菲的铁路修进欠发达地区可能招致的风险,而只

---

[1] Roger D. Billings, 2012, "The Homestead Act, Pacific Railroad Act and Morrill Act," *Northern Kentucky Law Review*, 39(4), 699–736.

[2] William S. Greever, April 1951, "A Comparison of Railroad Land-Grant Policies," *Agricultural History*, 25(2), 83–90; at 86.

有巨额补贴能促使他们承担这类风险。

  政府遵循这个逻辑,将土地作为交换条件来引导企业兴建政府指定的铁路线路。政府为此类工程提供的土地超过美国大陆国土面积的9%。[1](高等教育是另外一个获得大量联邦赠地的领域。大片的联邦土地常常轮流分配给铁路项目和高等学府。)尽管人们认为铁路大发展产生广泛的社会效益是给铁路项目赠地的充分理由,但这种安排确实使政府成为直接受益者。接受政府赠地的铁路项目同意让联邦政府的货物享受优惠运费(邮件的运费折扣为20%,其他联邦货物的运费折扣为50%)。[2]一些回顾性分析尝试从政府的立场出发计算交换条件,但它们将规模庞大的"馈赠"和较低的货运边际成本结合起来,所以得出的结果对铁路大亨颇为有利。

  长久以来,人们一直在辩论政府赠地应该在公私协作的"频谱"上处于什么位置。"频谱"的一端是迅速、娴熟地创造公共价值,另一端是人脉丰富的商界大亨强盗式地夺走政府馈赠但没有带来任何经济效益。这种辩论常常秘而不宣,而且有时非常尖锐。威廉·格里弗(William Greever)在20世纪中叶撰文称,"即使没有拿到政府的土地支持,大多数铁路线路……或许也能完工,只是需要的时间长一些"。[3]这种看法在当时得到不少认可。不过30年后,经济学家劳埃德·默瑟(Lloyd Mercer)发表的一份回顾性

---

[1] Greever, p. 83.
[2] 考虑到铁路运输货物的边际成本通常低于平均成本,经济学家认为这种"赠地换优惠运费"结构表现出的量化特点属于高效配置。在项目初期,甲方会支付固定费用使运费接近边际成本。这没有考虑补贴规模是否适宜。我们即将在后文探讨这个问题。
[3] Greever, p. 85.

分析得出截然相反的结论，而且支持者众多。他认为政府精心设计的铁路协议相当完备，但并非完美无缺：对于大北方铁路公司、中央太平洋铁路公司和联合太平洋铁路公司来说，联邦赠地并不是吸引它们投资铁路的必要条件，因为市场本身就可以给予铁路项目丰厚的回报。不过对于大北方铁路公司，加拿大太平洋铁路公司，得克萨斯太平洋铁路公司，艾奇逊、托皮卡和圣塔菲铁路公司来说，如果根据风险进行合理的调整，那么联邦赠地只能勉强保证私营投资有利可图（有时甚至不易营利）。[1] 考虑到定向补贴可能带来的分析、管理和政治挑战，而且为欠发达地区开发处女地的项目提供补贴会面临更多挑战，所以铁路工程的成功率确实给人们留下相当深刻的印象。

政府补贴铁路工程创造出的公共利益是否物有所值？官方描述的项目收益并不大，即让联邦政府货物享受优惠运费。从会计指标看，1945年政府公函和其他货物的运费因此节省了5亿美元。不过对于那些没有从政府拿到免费土地的铁路项目，尽管它们没有义务为联邦货运打折，但通常也会这么做，因为政府本身就属于大客户（而不是因为政府向它们捐赠了资源）。[2] 然而，最重要的是我们要记住政府发展铁路的主要动机是推动全美的全面发展，而不仅仅是为了压低政府货运的价格。在这一点上，政府赠地和公众对铁路大发展的倡导似乎大获成功。默瑟的著作强调了铁路大发展带来的社会收益远超政府馈赠土地的成本。美国的铁路发展史阐述了一个具有普适性的教训：有时公共部门和私营部门有

---

[1] Lloyd J. Mercer, *Railroads and Land Grant Policy: A Study in Government Intervention*. Beard Books, 1982.

[2] Greever, p. 85.

能力通过协作创造巨大价值，而这种协作面临的核心挑战是避免双方因为利益分割争吵不休而削弱其带来的机遇。

政府也可能以略低的公共成本达成同样的目标。如果不采取这么激进的政策推动铁路发展，或许几年或几十年后也能取得相似的成果。如果联邦官员在"博弈"中往后多想几步，那么他们或许有能力限制市场力量过于集中，因为事实证明这种情况会带来不少麻烦。不过笔者发现，考虑到铁路成功地促成变革，而且政府大力推动铁路发展，所以总体上铁路体系在19世纪下半叶的重大转变成了美国经济崛起前夕最引人注目的协同治理事件。如今中国向领先地位攀登的速度远超当年的美国，所以美国的经历或许对中国具有深刻的启发性。

监管

在19世纪末和20世纪初，美国政府抢先采用激进的监管策略，发起跨部门的"诸神之战"，竭力将摩根大通和科尼利尔斯·范德比尔特（Cornelius Vanderbilt）等铁路大亨掌控的市场力量控制起来。其中最引人注目的举措是创建州际商务委员会（ICC），颁布《谢尔曼反托拉斯法》（Sherman Antitrust Act）和配套措施，而且不断强化这些机构和法案的地位。虽然对这些措施的成效褒贬不一，但人们都认可这些监管措施势在必行，因为只有推行这些措施才能精准地维护广泛的公共利益，而正是这些利益在铁路发展早期发挥了巨大的推动作用。与此同时，私营参与者竭力遏制、规避或控制监管者。起初他们的目的是攫取利益，后来则是为了生存（这些私营参与者并不都是拥有巨额财富的大亨、垄断者或犯罪分子）。

监管者、铁路职工以及媒体和公众往往将经济监管视为强大势力之间的较量。经济学家认为围绕铁路展开的政治斗争下潜藏着极具挑战性的"智力谜团",有时甚至超越了政治斗争的层面。铁路业的固定成本极高,边际成本极低。经济学家通常遵循的规则是铁路价格应该等于分解后的边际成本(但只在一定程度上如此)。从某个层面来说,这条规则确实在发挥作用。如果铁路运输的价格远远超出边际成本,那么价格水平过高且损害效率。一旦如此,即使铁路是技术层面效率最高的运输模式,企业也会选择公路或航空货运,个人会选择自驾前往目的地,而不是乘坐火车,甚至可能因此放弃重要旅行。不过从另一个角度看,用边际成本定价没有任何意义。如果监管者要求铁路的运费定价接近边际成本,那么不会再有人修建铁路。兴建铁路与计算边际成本的过程没有太多关联,但与铁路经济学息息相关。

政府在实践中采用的解决方案是让监管者确定运费来实现以下平衡:一方面使运费覆盖私营部门的投资成本,另一方面克制私营部门的欲望,使铁路运费远远低于垄断运费水平。或许铁路业是政府对公私利益之间的冲突忧心忡忡而采取系统性监管干预的首个全国性行业,可以说这为随后更全面的经济监管理论及实践打造了样板。① 我们有必要引用交通专家萨缪尔·邓恩(Samuel O. Dunn)早期从学术角度阐述的铁路监管难题。这可能与一个世纪后中国铁路业的发展状况产生共鸣:

在美国人民面对的问题中,没有什么比确定政府和大企

---

① 监管研究常常分为两类:经济监管和保护性监管。经济监管重点关注自然垄断,而铁路是最典型的范例。保护性监管涉及员工的职业健康和安全(对员工安全的关注最为普遍)以及环境保护等问题。本书也会重点讨论这些问题。

业之间的关系更为重要和艰难。这种关系能够更加公平地分配创造财富时背负的重担和产生的利益，同时不会损害生产效率……政府监管铁路时的明智或愚蠢之举或许决定了它监管其他行业的举措是否明智，从而进一步决定了政府在很多行业管控企业的成败。[1]

创建州际商务委员会的法令颁布于19世纪80年代末，当时铁路发展仍然如火如荼。不过农场主和其他利益相关方开始抱怨铁路扩张带来的大部分利益被铁路公司和享受优惠政策的货主拿走了，而公众的利益被牺牲。为了让小型家庭农场得以存活并不断发展壮大，农场主发起的"格兰其"（Grange）运动对铁路费用政策提出极其强势的要求。但不管怎样，这是公众推动铁路发展的初衷之一。立法机构对此的反应是竭力限制铁路公司的自由裁量权，激励铁路公司利用自己掌握的市场力量来提供比其他运输模式更优越的交通运输服务。授权成立州际商务委员会的法案明确规定，享受优惠政策的是规模较大的货主，而不是小货主；短途运输的费用超过长途运输的费用（它没有按照每英里*的费率根据距离收取费用，而是对整个行程收费）时，这些行为都属于"为了特殊目的"而采取的"令人极其不快的手段"。[2]

---

[1] Samuel O. Dunn, January 1916, "The Interstate Commerce Commission and the Railroads," *Annals of the American Academy of Political and Social Science*, 63, 155–172 at 155.

* 英制单位：1英里约为1.61千米。——编者注

[2] Walter M. W. Splawn, January 1939, "Railroad Regulation by the Interstate Commerce Commission," *Annals of the American Academy of Political and Social Science*, 201, 152–164 at 152.

在之后的几十年里,法院的裁决削弱了州际商务委员会的权力,但新的法案又恢复了它的权力,甚至赋予其更多权力,因此这一时期的典型特点是公共部门和私营部门轮流掌控铁路运输。① 1906年颁布的法案最为重要,该法案赋予州际商务委员会更多法律威力。州际商务委员会因此更加强势,严厉打击腐败和徇私活动,提升透明度,并且阻止铁路的利益相关者开展可疑的交易。不过这也导致铁路的利润率大幅下降,一部分原因是货主的市场支配力被遏制,另一部分原因是强制上调铁路职工的薪酬。② 在20世纪30年代初,铁路营收承受重压,很多小铁路公司不堪重负而纷纷倒闭。这主要是因为经济衰退导致货运和交通量下降,但也反映出监管力度不断加强,铁路交通竞争开始加剧。③

虽然企业与政府在铁路问题上的关系日益紧张,但这些矛盾在二战中被掩盖了。战争需要动员大量人力和物资,对货运和客运的需求急剧提升。橡胶和石油短缺,只能定量供给,所以尽管汽车运输和私人汽车使用只是暂时受限,但受到的冲击极其可怕。不过随着和平的回归,公共部门和私营部门因为铁路问题产生的紧张关系再次暴露无遗。

尽管政府监管的初衷是避免市场力量被滥用而导致小规模、孤立和其他脆弱的货主利益受损,但监管的任务清单越来越长,将其他利益相关方也卷入其中,其中之一就是劳工。除了鼓励和要求雇主提供相对较高薪酬的条款,铁路监管条例努力促进出台

---

① Splawn, pp. 155–158.
② Dunn, pp. 156–158.
③ Splawn, p. 159.

对铁路职工极其有利的规则，但压低了效率。尽管技术变革大幅降低铁路业的用工需求，但政府或政府支持的工会协议需要维持庞大的员工规模。肯尼迪政府的总统委员会发现，从经济的角度看，三分之一以上的铁路职员可以被裁掉。铁路职工的薪酬通常取决于他们跟着火车行进的里程，而不是工作时长。史蒂夫·古德曼（Steve Goodman）的民歌《奥尔良城》（City of Orleans）在副歌部分预言了家喻户晓的火车"一天能跑500英里"。如果用19世纪蒸汽机车的车速确定工资标准，那么货运人员每天要奔波100英里。此外，货运人员的工作受到地域限制，有时一天就要换三拨全新的工作人员。[1] 以上因素导致铁路的运营成本飙升，而效率直线下滑。

另一个不断加码的监管目标来源于铁路客运和货运不断分化的现实。由于货运列车还面对公路运输带来的竞争，所以这种变化很快对铁路客运产生剧烈冲击。在二战结束后的几十年里，私家车逐渐主导了美国的交通运输，同时公共政策强化了私人偏好。1958年，州际商务委员会获得新的授权，可以审批铁路要求停运亏损客运线路的申请。同年，委员会的一个团队发布了一份报告。两位知名铁路专家称这份报告"极其全面且一丝不苟地分析了美国长途城际客运铁路注定失败的命运"。[2] 不过，在大多数情况下，委员会都会拒绝铁路公司要求停运客运线路的申请，因为乘坐这些线路的乘客和代表他们的立法者常常会苦苦恳求他们这样做。铁路公司只能被迫用货运收入来交叉补贴客运亏损。

---

[1] John C. Spychalski, September 1997, "Rail Transport: Retreat and Resurgence," *Annals of the American Academy of Political and Social Science*, 553, 42–54 at 44.

[2] Robert E. Gallamore and John R. Meyer, *American Railroads: Decline and Renaissance in the Twentieth Century*. Harvard University Press, 2014, pp. 122–123.

在大多数地区，铁路公司通过合并来应对市场和监管施加的压力。州际商务委员会需要审批这类并购交易，而且批准通过的概率并不高。不过批准的兼并交易相对较多，因此铁路公司的数量在20世纪持续大幅减少。铁路业的集中度不断提高，破坏了监管的初衷——维护消费者权益，避免市场力量集中对其产生冲击。人们常常指责州际商务委员会受制于"监管俘获"。① 经济学家马库斯·亚历克西斯（Marcus Alexis）在《公共选择》（*Public Choice*）中表示在州际商务委员会存续的后期，它在本质上压制了竞争，巩固了垄断联盟，暗示"那种使被监管者获得益处的监管可能是我们民主体系内生的"。② 其他经济学家认为铁路监管的底线更为复杂。1981年《美国经济评论》的分析发现，"两股相互冲突的脉冲……之间相互影响，一股力量倾向于鼓励竞争，另一股力量倾向于稳定和维护行业实践者的营业收入"。③

不过，无论各种激励、法案、机制、技术和其他力量以何种方式混合在一起，美国铁路还是很快就无法维系正常运营，影响公私互动的元素随时会再次发生变化。

---

① 很多监管机构也被指责存在"监管俘获"问题。对这个现象有以下著名的解释：（1）被监管的实体受到严重影响，因此会投入大量资源影响监管机构的决策，而较为分散的公众利益不足以促使被监管实体将其资源用于满足公众的利益（尽管公众的利益更大）；（2）产业和政府之间的"旋转门"促使政府官员更偏袒被他们监管的产业。

② Marcus Alexis, 1982. "The Applied Theory of Regulation: Political Economy at the Interstate Commerce Commission," *Public Choice*, 39(1), 5–27 at 26.

③ John Guandolo, May 1981, "The Role of the Interstate Commerce Commission in the 1980's," *The American Economic Review*, 71(2), 116–121 at 116.

挽救

尽管如今回顾这段历史，美国铁路的"最后审判日"需要很长时间才会真正到来，但一旦美国铁路的兴衰史拉开序幕，它的推进速度就快得令人眩晕。就像19世纪铁路曾经凭借其颠覆性的成本和便利性优势碾压运河运输和轮船运输一样，此时公路运输（包括客车和卡车运输）和空运也在全面瓦解铁路的地位。各种直接或间接的优惠政策极其明显地提高了公路运输和空运的内在实力。联邦政府投入巨额资金修建州际高速系统，各州政府和地方政府也配备了不少投资，使私家车价廉物美，而且推动了文化方面的变革。住宅和工厂远离中心城市，弱化了铁路的经济性，强化了公路交通的优势。人们对冷战的焦虑情绪刺激华盛顿维持一支庞大且拥有尖端技术的空军，并促使其不断提升技术水平，这些成果溢出至民用航空业，而且为民航业补给了大量退役的空军飞行员。与铁路不一样的是，公路交通和空运需要的大部分基础设施都是由政府投资兴建的。这不仅显著压低了这些新兴运输模式的固定成本，而且意味着它们需要支付税款的不动产大大减少。[1]

铁路的客位英里从1944年的900多亿个下降至1970年的不足100亿个，即到了1970年，每100个城际旅行中通过铁路完成的旅行不到1个。[2] 1967年，美国邮政局用飞机和卡车运送大部分一类邮件，而之前这些邮件由专用客运火车承运。这一举压垮了很多当时还在苟延残喘的铁路线路。火车货运的情况与此相似。高速

---

[1] Spychalski, p. 46. 请注意铁路在税负方面的劣势极其显著。
[2] John L. Hazard, Spring 1980, "Government Railroading," *Transportation Journal*, 19(3), 38–50 at 39.

公路的兴起不仅促使经济活动远离中心城市，而且注定了火车客运难逃倒闭的厄运。卡车运输在商业货运中的比重直线上升。在大多数国家，铁路货运面对的经济风险越来越高，而劳动力的问题使这一情况雪上加霜。在铁路全盛期确定的从业规则和极高的薪资标准导致工会成为铁路政策的重要利益相关方，进一步损害货运的盈利能力。在1960年至1970年间，整个铁路业的投资回报率仍然为正值（尽管增长极为乏力），不过在竞争中输给空运、公路运输和石油/天然气管道（这对货运的威胁尤为明显）后，很多线路的投资回报率迅速由正转负。[1]

　　总体上说，美国东北部的铁路受到的冲击最为严重，也是最早受到冲击的线路。纽约中央铁路公司和宾夕法尼亚铁路公司为了提高微薄的利润率而打算联合力量。不过它们在合并谈判和审批上花费了十年时间，直到1968年才正式成立宾州中央铁路公司。州际商务委员会批准这项兼并交易的条件是宾州中央铁路公司整合纽约铁路公司、纽黑文铁路公司和哈特福德铁路公司，并且运营34条亏损线路中的20条——宾州中央铁路公司原本打算放弃这些线路。在两年时间里，宾州中央铁路公司的股价从接近90美元下滑至只有6美元，公司很快宣布破产。[2] 这种情况并非个例。破产铁路覆盖的地区拥有全国40%的人口和55%的美国制造业。[3]

　　法院指定的宾州中央铁路公司托管者试图改变从业规则，原本有可能稳定公司的财务情况，不料遭到员工的激烈反对。员工

---

[1] Spychalski, p. 49.

[2] Donald Prell, *The Untold Story of the Survival of the Penn Central Company*. Strand Publishing, 2010, 6 - 7.

[3] Spychalski, p. 52.

走上街头罢工，迫使政府出手干预。尼克松政府支持参议院的决议，呼吁铁路工人停止罢工，暂停修改铁路业的规章制度，并要求交通部在45天内以冲刺的速度拿出一套补救方案来维持美国东北部的铁路服务。① 尼克松政府的交通部最初提出了"紧缩性公私解决方案"，提供少量铁路补贴，"但只得到芝加哥学派经济学家的支持"。② 州际商务委员会提出一项针锋相对的计划，更加重视货主和铁路员工的利益。让人困惑的是，随后立法者仓促行动起来，希望能同时满足消费者、工人、利益相关方和管理者的利益，而市场对他们提出的大部分主张并不买账。③ 一场监管混战就此展开。

美国国家铁路客运公司、美国联合铁路公司和美国铁路协会。 这场监管斗争的结果并不那么体面，或许这完全在意料之中。在整个20世纪70年代，联邦政府创建了三家国有企业来挽救铁路，为铁路提供各种规模的资助。④ 没有迹象表明这是政府深思熟虑后制定的策略，而不是孤注一掷地推出一个临时性方案来避免可能加剧政治冲突的市场结果。

政府挽救货运的努力包括创建两家由政府主导且功能互补的公司。其中一家公司是非营利性公司美国铁路协会，它承担了融资和治理的职责，而其董事会成员均由总统任命。另一家承担实际运营职责的公司是美国联合铁路公司，它是一个奇怪的混合

---

① Hazard, p. 40.
② 同上。
③ Hazard（第41页）表示，最终解决方案大体上基于一个完全独立/不相干的铁路公司提出的议案，并得到蒙大拿州议员理查德·肖普（Richard Shoup）的大力支持，而蒙大拿州与方案中涉及的事件没有任何利害关系。
④ Hazard, p. 38.

第三章　兴邦定国的铁路工程　　083

结构，打算成为"政府补助和贷款支持的营利性私营铁路承运人"。① 政府将宾州中央铁路公司及其他很多破产铁路草草拼凑在一起，组建了美国联合铁路公司，但并不是把完整的公司合并起来，而是把这些公司中有问题的业务剥离，塞进美国联合铁路公司（据称美国联合铁路公司运营的铁路清单不是由联邦机构或国会制定的，而是由一家私营铁路行业协会完成的）。国会授权组建美国联合铁路公司的法案采用了广泛的劳工保护措施，譬如，如果各州工业部门想把部分或全部运营转回传统私营公司，那么将提供终身工资保障（这条举措后来拓展了适用范围，将收购方也包括在内）。这项法案支持交通部和州际商务委员会（分别）继续倡导提高经济效率，保护利益相关方的权益。②

相对于货运来说，挽救铁路客运的工作不仅简单得多，而且意义非凡。政府没有像应对江河日下的铁路货运那样接管私营公司的亏损业务，而是阻止私营部门进入这个完全不盈利的行业。尽管国会（特别是参议院）研究了一个方案来补贴私营铁路公司，帮助它们继续提供客运服务，但交通部要求政府全面接管客运。③ 1970年颁布的《美国铁路客运服务法案》（Rail Passenger Service Act）授权创建美国国家铁路客运公司。尽管有位专家观察到"无论政府是否会屈尊给铁路客运挖掘坟墓，这项法案都没有明确倡导建立全国性铁路体系，也没有让私营企业成为救世

---

① Arthur John Keefe, July,1974,"Hear That Whistle Down the Line?," *American Bar Association Journal*, 60, 860.
② Hazard, pp. 41 and 45.
③ Hazard（第39页）称尼克松政府采用的方案是由具有私营性质的美国铁路协会编制的。

主"。① 该法案将美国国家铁路客运公司定义为营利性企业，但没有明确在私营企业已经放弃铁路客运的情况下，政府要如何通过客运盈利。

美国国家铁路客运公司早期的财务表现"让人失望，但不算一败涂地"。不过在1998年前，它耗费的联邦支出高达220亿美元。② 时至今日，美国的铁路政策依然受到以下问题的困扰：花这么多钱维持客运铁路是否"物有所值"；美国国家铁路客运公司应该确保部分铁路跨越全国大多数地区，还是聚集于少数走廊地带（这些地带的经济性极强），社会效益最为显著？尽管人们成立美国国家铁路客运公司时没有考虑使用铁路给环境、能源和生活质量带来的裨益③，但后来这些考量成为维持客运铁路运营的重要依据，即使联邦政府为此支付大量费用也在所不惜。支持铁路运营的群体观察到公路交通和空运也获得慷慨的联邦资助，对"铁路不能自负盈亏证明其缺乏效率"的指责不予理会。很多美国人都看重铁路的便利性，甚至珍视乘坐火车旅行的老派浪漫（本书三位作者也不同程度地怀有这种情结）。不过剩下的人则指责美国国家铁路客运公司是政治分肥的产物，只是被稀里糊涂的怀旧之情和夸大的环境诉求掩盖了。④

在一心追逐市场的美国文化中，将客运铁路交给政府运营必

---

① Hazard（第39页）称尼克松政府采用的方案是由具有私营性质的美国铁路协会编制的。
② 同上，第43页。另请参见联邦铁路署文件"Privatization of Intercity Rail Passenger Service in the United States", March, 1998, page 10 and Appendix A。
③ Hazard, p. 44.
④ David P. Baron, August, 1990, "Distributive Politics and the Persistence of Amtrak," *The Journal of Politics*, 52(3), 883–913.

然会产生不足之处。为了维持决定自己生死存亡的政治支持力量，美国国家铁路客运公司几乎在每个州都开展了运营。无论用哪个标准衡量，在波士顿—华盛顿走廊地带这种人口稠密的地区维持铁路运营都非常合理，而对于人口稀少地区的线路，让老旧的火车在舶来的铁轨上缓慢穿越广阔的土地，显然极其荒谬，就像齐柏林飞艇与美国现代运输格格不入一样。铁路运营面临的严重隐患是依靠国会提供运营资金来苟延残喘，特别是在人们对它们牢骚满腹时。笔者撰写本书第一章时，美国国家铁路客运公司在费城发生可怕的脱轨事故，导致多人死亡。尽管还没有找到引发事故的明确原因，但完全可以预见，一定会有些派系断言，引发事故的原因一方面是资金极度匮乏，另一方面是官员能力不足。

铁路货运的发展仍然错综复杂。和美国国家铁路客运公司一样，授权创建美国联合铁路公司的法案极其坚决地将其描述为"营利"机构，而且这个标签充满了痴心妄想，至少在公司成立初期如此。在美国联合铁路公司开始运营的前四年，累计亏损超过15亿美元，不过1980年和1981年颁布的新法令削弱了铁路员工和货主对铁路运营的权利要求，允许美国联合铁路公司（和其他铁路公司）提高运营效率以恢复微利状态。①

在20世纪80年代中期，放松管制的运动全面兴起，州际商务委员会被废除，因此铁路货运公司可以将业务重心放到利润率较高的路线和货物上。在全国大部分地区，小规模家庭农场逐渐被利用现代手段和经济规模发展壮大的工厂化农场替代，而前者的生存状况一直是人们为货运费率设置上限的动力。

---

① Spychalski, p. 53.

此时私营铁路业承接的几乎都是货运业务，经济性大大提高。1986年《美国联合铁路公司私有化法案》（Conrail Privatization Act）使铁路公司绕了一大圈后重新成为私营企业，促成美国历史上规模最大的实业公司IPO。[1] 截至2013年，在美国铁路业占据大半壁江山的七条铁路体系创造的营业收入高达730亿美元，累计运营里程达到1.7万亿吨英里。[2] 沃伦·巴菲特和比尔·盖茨买入了大量铁路股票，而他们从来都不是有勇无谋的投资者。[3]

中国推广和监管铁路的历程

社会主义的核心宗旨是政府管控，而众所周知，1922年弗拉基米尔·列宁将政府管控称为经济"命脉"。这些核心部门不仅包括国防，而且包括铁路业、钢铁业、公用事业和电信业。[4] 与其他国家相比，美国算是特例，因为二战后美国政府在这些领域里都

---

[1] Federal Railroad Administration 1998, p. 20.
[2] Office of Policy, "Freight Railroads Background," Federal Railroad Administration, April 2015, p. 1.
[3] Matthew Debord, "Why Warren Buffett and Bill Gates Are Railroad Rivals," *Business Insider* September 14, 2014.
[4] 国务院指导国有企业重组的文件表示：国家应该继续绝对管控国家安全和经济增长涉及的重要行业［State Council 2006, quoted p. 2462 in Z. Huang, L. Li, G. Ma, and L. C. Xu, 2017, "Hayek, Local Information, and Commanding Heights: Decentralizing State-Owned Enterprises in China," *American Economic Review*, 107(8), 2455-2478］。

没有发挥太大作用。[1] 中国公共部门强有力地管控了经济命脉，铁路业也在其中。2014年，私营部门对铁路的投资只占到铁路投资总量的2%。[2]

鉴于中国政府管控了战略性行业，而且中国在基础设施方面发挥了先驱作用，所以亚洲基础设施投资银行和"一带一路"倡议〔即"丝绸之路经济带"和"21世纪海上丝绸之路"（简称BRI）〕在基建领域的表现可圈可点。人们可能认为中国高速公路和铁路在过去四分之一世纪中的显著扩张是在全国交通发展规划的指导下完成的（中国铁路大发展的典型范例是在21世纪前十年建立起全球最大的高铁网络）。严格来说，这种说法或许并不可靠。当时中国并没有制定全国性交通发展战略[3]，而且很多交通发展模式都脱胎于地方政府采用各种手段推动本地经济的实验。然而，"政府管理和财政投资对铁路发展发挥了核心作用"这个前提假设是完全正确的。

中国铁路的发展状况与其他部门（甚至像高铁等运输业）的发展形成了鲜明对比。这种差异对中国迈向承包和协同治理的过程提供了很多启发性。铁路通过政府直接供给服务和企业化的铁道部运营进一步实现集中管理，而不是交给省级发展公司运营，

---

[1] J. Stanislaw, and D. Yergin, 1998. *The Commanding Heights: The Battle Between Government and the Marketplace That Is Remaking the Modern World*. New York: Simon & Schuster; Willoughby, Christopher. *Reforming Transport: Maximizing Synergy Between Public and Private Sectors: Background Paper for Evaluation of World Bank Assistance to the Transport Sector, 1995–2005*. Independent Evaluation Group, World Bank, 2007. http://siteresources.worldbank.org/EXTTRANSPORTATION/Resources/reforming_transport.pdf; Huang et al. 2017.

[2] National Bureau of Statistics of China, 2014.

[3] Bullock, Sondhi, and Amos, 2009.

然后外包给私营公司。①

中国的铁路发展史生动地诠释了本书的很多主题。我们认为铁路表现出三个与众不同的特点：固定投资较高而边际成本较低、需要确保路权、与经济发展息息相关。这些都需要开展协同治理，或至少由政府发挥主导作用。中国在推广铁路运输并对其进行监管的历程中冲突不断，逐渐与现代美国的国有企业架构趋同。美国很少借助国有企业发展经济，而铁路业的国有企业是在其特有的铁路发展史中人为制造出来的产物。相较而言，国有企业是中国典型的企业组织形式。

中国铁路发展的前一百年：政府推广

中国的第一条铁路修建于1876年，但不像美国那样是由政府倡导兴建的。事实上，这条铁路建好一年后就被政府买下并迅速拆除了。② 这不是因为政府反对发展铁路或没有考虑到铁路对经济发展的重要性。政府之所以这么做，是因为这条铁路的承建方是英国，而这代表了另一个促使美国和中国走上截然不同的铁路发展道路的因素：政府与私营部门的互动常常涉及外国企业和科技。尽管在改革年代，它们表现出的形式是利用外商直接投资获取新技术推动经济发展，但这反映出帝国主义留下的错综复杂的历史遗产。

这几乎完全在情理之中，而且没有对协同治理产生冲击。即使对于美国这座倡导私营部门竞争的大本营，让外国公司拥

---

① 请参见Bai and Qian（2010）对这个问题的讨论。
② X. Xue, F. Schmid, and R. A. Smith, 2002, "An Introduction to China's Rail Transport Part 1: History, Present and Future of China's Railways," *Proceedings of the Institution of Mechanical Engineers, Part F: Journal of Rail and Rapid Transit*, 216(3), 153–163.

有本国核心部门或地标也是极其敏感的事件。举例来说，2006年，一家阿拉伯公司准备收购东海岸的主要港口，结果引发严重的政坛骚乱。① 外国机构或外国人并不总是以剥削为目的。在很多情况下，海外华人为中国与全球科技、资源和专家知识之间搭建起有效沟通的桥梁。② 不过这意味着中国官员考虑采用协同治理时，他们的潜在合作对象常常是大型国有企业和外国企业，而不是美国国内的营利性机构和非营利性机构组成的连续统一体。

1949年，中国继承了饱受战争蹂躏的铁路系统。尽管在封建社会末期（1876—1911）和民国年代（1912—1949）中国大规模修建铁路，但这些线路的协调性较差，如有些铁路是为了方便被外国列强割据的通商口岸而修建的，铁路采用的标准不一，结果没有形成统一的铁路网，也无法将现有线路整合成统一的网络，而且这些线路在日本侵华战争和内战中受到严重破坏。③

真正意义上的全国性铁路体系成形于1949年之后的毛泽东时代，并且得到初步推广。就像对大多数经济部门（特别是具有国

---

① David D. Kirkpatrick, "Pataki Joins Opposition to Takeover of Ports," *The New York Times* February 21, 2006.
② Chi, Cheryl S. F. and Raymond Levitt, 2011. "Multinational Teams Incorporating Freelance Expatriates in the Construction Industry: Case Studies of High-Speed Railways in China and Taiwan," *Engineering Project Organization Journal*, 1(3), 169–181.
③ "Impacts of Railway Construction during Late Qing and Early Republican China on the Long-term Economic Development," with Se Yan and Chong Liu, 2014. *China Journal of Economics*, 1(3), 1–20; and X. Xue, F. Schmid, and R. A. Smith, 2002, "An Introduction to China's Rail Transport Part 2: Urban Rail Transit Systems, Highway Transport and the Reform of China's Railways," *Proceedings of the Institution of Mechanical Engineers, Part F: Journal of Rail and Rapid Transit*, 216(3), 165–174.

家战略意义的部门）采取的做法一样，中国政府对铁路也进行了集中式管控和管理。政府通过铁道部直接出资修建铁路并运营，因此没有必要覆盖固定成本，为货运和客运定价时也不用考虑营收方面的需求。

尽管铁路客运和货运的价格得到大量补贴，但铁路很快成为中国最重要的运输方式。我们找不到对毛泽东时代铁路平均成本和边际成本的详细研究，但毫无疑问，那时的铁路价格远远低于平均成本，有时甚至连边际成本都无法覆盖。譬如，在20世纪50年代，铁路客运的全国统一价为每人千米0.0149元，铁路货运的全国统一价为每吨千米0.0165元（20世纪60年代下滑至每吨千米0.01438元）。[1] 当时的铁路发展规划重点在于发展和提升铁路干线，也为了满足政治层面的迫切需求，如20世纪60年代在西部山区大修铁路，是因为政府高层担心可能发生外部入侵而提前做好准备。[2]

在中华人民共和国成立后的前三十年里，政府直接提供技术以推动铁路发展，并坚持自行运营铁路。中国在蒸汽机车、柴油机车和电气机车等国内生产技术方面取得不少突破，与其投入密集型的经济发展模式相得益彰。[3] 这个体系遵守计划经济，坚持低价格，而且由分布在14个地区的铁路局管理运营。

要想深入理解当代中国从计划经济转向市场经济的重大意义，我们必须明白铁道部要像其他工作单位一样，为员工和家属提供终身"铁饭碗"和社会保障。因此，除了铁路业务以外，

---

[1] Bai and Qian, 2010, p. 300.
[2] 为了远离外部威胁，很多国有企业在"三线建设"中搬迁至内地（Huang et al., 2017）。
[3] Xue, Schmid, and Smith, 2002.

铁道部还拥有和管理了很多辅助性设施和服务，如邮政和电话系统、公共安全、员工医疗卫生，甚至为员工提供高中和大学教育。

20世纪80年代后推广和监管铁路的举措

中国逐渐意识到以完全集中管理的形式提供铁路服务是刻板僵化的，牺牲了宝贵的价格信号，而且普遍缺乏效率。在80年代改革初期，政府仍然在推动铁路发展，但是灵活性略微加大，以极其谨慎的方式探索引入私营部门，而且采用的主要形式是欢迎外国资本投资部分路线。[1] 在80年代末和90年代初，铁道部对铁路价格的管控大幅放松，铁路运营获得更多自治权。过去铁道部会向财政部上缴税收和利润，现在可以将这部分资金投资于铁路系统。[2] 铁路技术的变革突飞猛进。[3]

这个阶段还见证了现代监管型国家在中国的诞生，而且有意思的是，这个进程与美国的监管发展齐头并进。中国与美国的一个显著差异是，政府推动和监管铁路发展时严格遵守政府提供铁路服务的原则，且政府监管隶属于自己的铁道部。在中国改革开

---

[1] 中国的第一条合资铁路是三水—茂名铁路，由铁道部、广东省政府和亚洲开发银行共同出资修建［J. Wang, F. Jin, H. Mo, and F. Wang, 2009. "Spatiotemporal Evolution of China's Railway Network in the 20th Century: An Accessibility Approach," *Transportation Research Part A: Policy and Practice*, 43(8), 765 - 778］。

[2] C. E. Bai, and Y. Qian, 2010, "Infrastructure Development in China: The Cases of Electricity, Highways, and Railways," *Journal of Comparative Economics*, 38(1), 34 - 51.

[3] X. Xue, F. Schmid, and R. A. Smith, 2002. "An Introduction to China's Rail Transport Part 1: History, Present and Future of China's Railways," *Proceedings of the Institution of Mechanical Engineers, Part F: Journal of Rail and Rapid Transit*, 216(3), 153 - 163.

放初期，各行各业逐渐建立起监管体系，不再由政府直接运作，而且各个行业建立起自己的监管机构。因此对中国来说，尽管私营部门发挥的作用受到不少限制，但监管和推动铁路业发展的工作也有利于经济发展。促成这种现象的主要因素是人们越来越清晰地认识到竞争压力能够带来裨益，铁路系统受到硬预算约束的制约，而且公司制促进了铁路运营效率的提高。

1993年，中国宣布终结铁路国家垄断。1993年2月，广州铁路局率先改制为企业集团，其他铁路局纷纷跟进。到1999年，整个铁路系统完成公司制改造。

政府允许这些铁路公司根据线路情况、不同季度和服务水平确定价格水平。最终自2002年起，铁路价格被列入政府指导价格的范围，而不再由政府直接定价。各地铁路管理机构作为利润中心，需要对自己的净收益负责，基于铁道部提供的资本上缴红利，并且缴纳使用铁路车皮的租金。铁道部还鼓励各地铁路管理机构自行修建和运营铁路，而建设资金通常由中央和地方共同提供。

中国铁路推行公司制标志着它在努力摆脱政府直接提供服务导致效率低下并且拖累财政的局面，为私营部门在战略性经济部门参与公私协作铺平道路。铁路系统面对的市场竞争在强度上远远超过其他运输方式，同时开始剥离很多社会保障功能，专注于铁路运营的核心业务。2000年，工程、项目建设、设备、材料和通信等非核心业务从铁道部独立出去，单独成立公司。① 此外，铁道部剥离了十家直属于自己的铁路大学和400余所中学。

---

① Bai and Qian, 2010.

中国为铁路企业采取的新型架构与美国国家铁路客运公司有不少相似之处，但从来不需要救助。中国的铁路企业不断提升铁路运营效率，推动铁路基础设施现代化。

在21世纪的头十年，中国铁路系统的公司制企业每年新建超过1 500千米铁路，重点打造"走廊型通道"，缩小地区差异并且助力全国经济增长。中国的高铁体系也发展得极为迅猛，这是下一节讨论的重点。

因此，政府对铁路交通的管控仍然没有消失，但不需要再像美国那样救助私营企业。当然，中国铁路的客运收入增长更快的一个主要原因是每个月都有不少人乘坐火车出行，而在美国，乘坐火车的旅客在交通总量中只占到一小部分。不过即使在中国，目前铁路相对于公路和航空等其他交通方式也有所衰落，因此承受着盈利压力。[1] 铁路的技术效率在21世纪不断提升，但客千米和吨千米的增长率与GDP的增长率不相匹配。[2]

中国的铁路投资方式已经从传统的中央政府直接投资进化至政府与省级投资公司联合投资。[3] 铁路系统自1998年开始盈利，不过投资回报率较低，难以吸引私营投资者。人们估算公路的平均资本回报率为10.5%，而铁路的平均资本回报率仅为个位数[4]，

---

[1] F. Jin, T. Dai, and J. Wang, 2005, "Modeling of Economic Effect of Transport Investment in China," *Journal of the China Railway Society*, 27(3): 9 – 14 (in Chinese); J. Wang, F. Jin, H. Mo, and F. Wang, 2009, "Spatiotemporal Evolution of China's Railway Network in the 20th Century: An Accessibility Approach," *Transportation Research Part A: Policy and Practice*, 43(8), 765 – 778.

[2] Bai and Qian, 2010.

[3] J. Scales, and J. Sondhi, 2009. China's Railway Development Program and the Vision for the Future. In *Indian Railways Strategy Workshop New Delhi*; Wang, et al., 2009.

[4] Bai and Qian, 2010.

甚至远远低于整个交通运输业的平均资本回报率。

毫无疑问，让政府在铁路发展中发挥重要作用是理性的选择，而且为了实现广泛的公共价值，需要审慎地与营利性私营公司共享自由裁量权以规避收益裁量权。从很多角度看，政府发挥的作用都至关重要，特别是它能够帮助铁路项目拿到土地特许权，在全国范围内协调铁路发展。中国需要投入大量资源弥合地区差异，才能切实推动经济发展，而纯粹的私营投资不会支持在内地山区修建铁路这样的项目。2006年，青藏铁路全线开通，拉萨成为全国最晚接入铁路网的省会城市。

不过，尽管铁路业具有重要的战略意义，但中国仍然依靠部分私营部门参与其中来推动铁路发展。2002年，铁道部宣布允许外国公司以合资公司的方式进入中国货运市场。此外，企业制意味着政府不再拥有这个纵向一体化且不断向外扩张的组织，铁路运营公司将工作重心放在兴建和运营铁路的核心功能上。铁路系统将它的所有辅助性产品和服务剥离后，就需要将供应链上的不少环节承包出去。铁路管理部门背负着提高效率的压力，如果不能完成预期目标就要被迫继续重组。尽管中国在向世界级铁路系统迈进的过程中也出现令人困扰的腐败和效率低下问题，铁路的市场份额持续被其他交通运输方式蚕食，但它确实创造出大量公共价值。近期，高铁帮助铁路交通重新焕发了科技魅力。下一节将聚焦中国高铁的发展情况。

高速铁路

中国如何做到在21世纪的前十年里建立起全球里程最长的高铁网络？中国没有采用协同治理，而是延续了政府推动铁路建设和发展的强势地位。中国在20世纪90年代初宣布修建高铁系统，21世纪初开始正式运营。中国政府迅速与全球领先企业签署了一系列技术转让协议来进口和吸纳高铁技术，尽管它当时采用的不少相对制式的合同中没有包含太多共享自由裁量权的内容。[1] 目前中国的高铁长度已经占到全球高铁里程的三分之二，而且计划在2020年达到3万千米，超过4 000辆动车在高铁路线上运行，每日运送近400万旅客。自2008年起，中国高铁承运的旅客已经超过70亿人。2016年，它开始承接货物快运。[2] 大部分高铁网络都是通过中央政府和地方政府之间的协作安排完成建设并开展运营的，地方政府通常以土地形式体现自己对高铁系统的贡献[3]，与美国铁路在发展过程中利用政府赠地融资的经历相似。

北京—上海高铁（以下简称"京沪高铁"）的修建过程清晰地展示出中国兴建高铁的过程。这个大型项目效仿了三峡大坝和青藏铁路，由政府主导，投资总额达到2 209亿元人民币（约合320亿美元）。[4] 国务院成立了京沪高速铁路建设领导小组，由时任副总理牵头并担任组长，发改委副主任和铁道部部长担任副组长，从财政部、科技部等相关部委主管领导到当时的北京

---

[1] 这并不表示没有出现知识产权纠纷，详情请参考 Lin, Yatang, Yu Qin, and Zhuan Xie. *International Technology Transfer and Domestic Innovation: Evidence from the High-Speed Rail Sector in China*. London School of Economics and Political Science, LSE Library, 2015。

[2] "All Aboard: A Look at China's Highspeed Rail, 10 Years on," *China Daily* Hong Kong Edition, August 2, 2018.

[3] Martha Lawrence, Richard Bullock, and Ziming Liu. 2019. *China's High-Speed Rail Development*. The World Bank, p. 9.

[4] Ouyang, B.（July 1, 2011）. "The Total Investment of Beijing-Shanghai High-Speed Rail Reached 220.9 Billion Yuan"（JingHu Gaotie Zongtouzi Da 2209 YiYuan）. 访问于2019年1月24日（www.chinanews.com/cj/2011/07 - 01/3149637.shtml）。

市副市长、上海市副市长、山东省副省长等地方领导悉数为其组员。①

该项目的建设资金主要来源于中央政府的财政投资和地方政府从农民手中购买的土地使用权。中国铁路投资有限公司（铁道部出资成立的公司实体）、平安资产管理有限公司（一家国有企业，包含四家类似的下属公司）、全国社保基金理事会（政府机构）和地方政府等控股股东还成立了京沪高速铁路股份有限公司，将其作为京沪高铁的管理实体。② 只有平安资产管理有限公司和各类保险公司下属的资产管理公司拥有的近14%的股份可以被视为私营投资。

在修建和运营京沪高铁的过程中，它的私营合作伙伴没有承担太多监管和管理工作。尽管在如此庞大的基础设施项目中，私营部门拥有的所有权较少，不足以高效推进项目，但它在一定程度上确保了这个项目具有经济效益。笔者使用"银级解决方案"这个术语来描述以下情况：公共部门希望确保私营部门始终适度参与项目来考验和展示项目的经济效益。③ 如果政府推行这类项目时承受巨大的政治压力，那么对项目的盈利考验无论在中国还是在美国都至关重要。

---

① 《国务院办公厅关于成立京沪高速铁路建设领导小组的通知》，访问于2019年1月24日（www.gov.cn/zwgk/2007‐10/30/content_789767.htm）。
② http://news.xinhuanet.com/fortune/2007‐12/27/content_7323235.htm。
③ 1999年，不少灾害频发的州的立法者要求联邦政府为自然灾害提供巨灾保险，本书作者之一泽克豪泽建议美国时任财长劳伦斯·萨默斯（Lawrence Summers）考虑"银级解决方案"。因此，私营保险公司可能提供保险总额的5%，政府会以它们的价格水平作为基准。立法者希望提高补贴力度。

在京沪高铁的修建过程中，高铁技术发展等部分问题涉及项目本身与国有企业、知名公立大学和研究机构的承包关系。尽管这也被称赞为"协作创新"①，对政府充分利用国内资源、以创纪录的速度完成这项重大工程的能力做出突出贡献，但这个项目本身算不上协同治理的先驱。

中国社会对京沪高铁的需求极其强劲。京沪高速铁路股份有限公司自2014年起开始盈利。②它的情形与（连接加利福尼亚州南北部的）加利福尼亚高铁项目形成鲜明对比，彰显中国和美国推广铁路项目时在治理体制上的差异。中国的项目管理涉及政府内部的权力等级结构，彼此构成纵向的工作关系。与此相反，加利福尼亚高铁项目的特点是将各方组建成联盟，成员地位接近平等，并相对保持横向的工作关系。中美之间的显著差异清晰地表明两国机制的方向完全相反。③两国修建铁路的时间表差异也很大。中国修建京沪高铁花费了三年时间④，而加利福尼亚高铁项目必须协调好各方的不同意见后才能推进。它与京沪高铁同年动工（2008年），但计划于2033年竣工。

尽管加利福尼亚高铁项目的工程建设不断取得进展（投资成

---

① 2012年5月，我国科学技术部时任副部长曹健林在一次演讲中使用了这个术语（www.qstheory.cn/kj/kjcx/201205/t20120530_161181.htm）。

② 笔者无法确定其发布的部分净收入是否按照惯例包含了折旧和其他成本。

③ X. Chen, and M. Zhang, 2010, "High-Speed Rail Project Development Processes in the United States and China," *Transportation Research Record*, 2159(1), 9–17; California High Speed Rail Authority. www.hsr.ca.gov/.2016 Business Plan, available at www.hsr.ca.gov/docs/about/business_plans/2016_BusinessPlan.pdf（访问于2017年8月4日）。

④ 京沪高铁于2008年4月动工，2010年完成铺轨工作，2011年6月正式通车。

本也逐日上涨），但仍然引发不少争议。社会上至少对其提出了三种反对意见。部分批评者认为加利福尼亚高铁项目把一个好的想法搞糟了。其他人指责加利福尼亚是伴随汽车业和航空业发展起来的州，不适合推广高铁。还有些人强烈批评这个项目，认为它不过是向行将就木的过时交通模式投入高额资金，还不如开发新的交通技术，如"超级高铁"，即火车以磁悬浮的方式在接近真空的城际管道内来回穿行。①

在中国，高铁项目和铁路也并非无可指摘。2011年7月，两辆高铁列车在浙江温州附近发生惨烈的碰撞，全民对中国铁路基础设施发展方式优劣性展开了一场大论战。中国极速狂奔的基础设施投资速度也备受争议。它引发的腐败问题导致铁道部时任部长和不少官员引咎辞职。②

此后，中国的铁路系统在政府主导下延续了强劲的发展势头。随着高铁延伸至大多数主要城市，私营部门发挥的作用与日俱增。③ 批评者认为高铁发展过于依赖政府补贴，不可持续的债务水

---

① James Fallows 的 "California High-Speed Rail: The Critics' Case", *The Atlantic Monthly*（July 2014）总结了相关批评意见。本书的两位作者有一位才华横溢的朋友在领先的超级高铁公司担任CEO，所以他们不会反对这项技术。*Atlantic*: Web Edition Articles（USA）, July 11, 2014, News, 6pp.

② 2013年，铁道部时任部长刘志军因为贪污6 000多万元和滥用职权而锒铛入狱。他起初被判处死缓，后来在2015年被改判无期徒刑。

③ 2011年，40人在甬温线动车事故中丧生。此后高铁调低其最高时速，重新设定为350千米/小时。Babones, S.（February 14, 2018）. China's High-Speed Trains Are Taking On More Passengers in Chinese New Year Massive Migration. McHugh, F.（September 27, 2018）. China's high-speed railways have finally reached Hong Kong. Retrieved November 10, 2018（www.telegraph.co.uk/travel/rail-journeys/china-high-speed-railways-new-hong-kong-train/）.

平可能会引发铁路债务危机。① 其他人称尽管最初的铁路费用结构僵化严格，阻碍私营投资进入该领域，但"估算铁路网的经济回报率为8%，远远超出中国和其他国家对此类长期重大基建项目投资的机会成本"。② 杭州—萧山—台州线路是中国第一条由私营部门管理的线路，私营公司复星持有其51%的股份。③ 此外，中国的铁路公司正在积极拓展海外业务，在土耳其、俄罗斯和印度尼西亚等国修建高铁或承包此类项目。④

城市地铁系统

如果在一个地区或城市内部发展公共交通体系，那么采用多种治理模式和治理风格的可能性就更高，这么做的必要性也更强。在各类铁路交通项目中，城市地铁项目能够展示出一系列宽泛的私营参与模式完全在意料之中，而且其中少数模式可以积极主动地照顾到协同治理的方方面面。人们从美国修建地铁的历史中学到的主要是教训，因为项目成本和政治活动阻碍了城市新建地铁或大幅扩张地铁系统。2001年华盛顿特区修建的地铁系统是美国近年来最后一个大规模地铁系统。

---

① T. Mitchell and X. Liu, "China's high-speed rail and fears of fast track to debt"，访问时间：2018年11月10日（www.ft.com/content/ca28f58a-955d-11e8-b747-fb1e803ee64e）。

② Martha Lawrence, Richard Bullock, and Ziming Liu, 2019, *China's High-Speed Rail Development*. The World Bank. Quote on p. 4.

③ Dong, Z.（June 19, 2018）. High-speed rail on public-private partnership track.（访问时间：2018年11月11日，www.chinadaily.com.cn/a/201806/19/WS5b28abcda310010f8f59da52.html。）

④ "All Aboard," *China Daily*, Hong Kong Edition, August 2, 2018.

本书后面几章讨论了不少中国地方政府拥有的强大监管和采购体系。这里所说的地方政府通常指浙江等高收入省份的城市（如杭州—绍兴—台州高铁线涉及的城市），以及北京和上海等超大城市。这些地方政府通常是中国国内最早采用协同治理模式的"吃螃蟹者"。要想精心设计出高效的协同治理模式，必须掌握一系列广泛的技能，从掌控专业招标流程的能力到承诺创建和推行问责制。这些技能通常指导政府以实现公共价值为导向，与私营承包商或合作机构分享自由裁量权。

北京市政府和香港铁路有限公司（简称"港铁"）[1]合作建设了北京地铁4号线，随后还共同修建了另外两条地铁线。这充分表明中国正在越来越多地引入私营部门参与基础设施建设和运营，为迈向中国式协同治理奠定了基础。

2005年，港铁、北京市基础设施投资有限公司和北京首都创业集团有限公司（简称"首创集团"）与北京市政府签署了投资、修建和运营北京地铁4号线的协议。北京市基础设施投资有限公司是北京市人民政府国有资产监督管理委员会（简称"北京国资委"）全资持股的国有企业。它负责基础设施项目的投资、融资、规划和资本运营。首创集团成立于1995年，也是北京国资委下属的大型国有企业，主要从事基础设施、房地产和金融服务项目。[2]

---

[1] 港铁在香港交易所上市，其主要持股方是香港特别行政区政府。它与上海、深圳、杭州和沈阳等多个市政府合作投资、建设和运营地铁项目。
[2] 《北京晨报》，"七亿港资注入北京地铁4号线：首创公私合营模式"，访问时间：2019年1月24日（www.bii.com.cn/p669.aspx；http://finance.sina.com.cn/g/20050208/08281356844.shtml；www.capitalgroup.com.cn/html/alhxs.html）。

北京地铁4号线由北至南贯穿北京西部,将住宅区与中关村的高技术区(即所谓的"北京硅谷")、知名学府和历史遗迹连接起来。该线路在投资比例上遵循了北京的地铁基础设施政策,公共部门和私营部门按照7∶3的比例分摊投资。北京京港地铁有限公司(简称"京港地铁")作为4号线的运营实体拥有其30年的运营权,它的主要持股方是港铁和首创集团(双方分别持有49%的股份,北京市基础设施投资有限公司拥有2%的股份)。[1] 京港地铁的营收来源于地铁票、地铁站内商铺租金和部分特定的财政补贴。北京市政府制定地铁价格,然后根据实际定价与计算得出的预期价格之间的差额提供财政补贴。看起来京港地铁在几年内就获得了合理的回报,而且新线路使北京市民和游客享受到更顺畅的市政交通。[2]

很多类似的地铁项目都效仿了这个相对成功的范例,将私营部门引入政府项目,如北京地铁大兴线(北京地铁4号线的南延长线)和14号线(穿越北京南部和东部)。京港地铁参与北京地铁14号线的阶段早于它参与4号线的情况,对线路选择和设计等关键问题给出建议,这清晰地表明公共部门和私营部门分享自由裁量权的情况在不断改善。[3]

另一个可能为中国的全国性PPP项目打造公私协作样板的案例是北京地铁16号线。该线路位于北京西南,全长50千米,兴建于2013年至2018年,用政府授予的特许经营权和产权投资方式吸

---

[1] "北京京港地铁有限公司",访问时间:2019年1月24日(www.mtr.bj.cn/xljj/shx.html; www.bjpc.gov.cn/zhjh/jjshfz/2005/2005_1_5_1_1/200511/t100266.htm)。
[2] 访问时间:2019年1月24日(www.bjpc.gov.cn/zt/wzz/al/201307/t6486611.htm)。
[3] 《财新周刊》,"京港地铁深度介入北京地铁14号线建设运营",访问时间:2019年1月24日(http://companies.caixin.com/2013-01-06/100479907.html)。

引私营投资并开展各类资源协作。[①] 参与方表示16号线的治理和问责机制参考了4号线的经验，并且在项目设计和分享运营自由裁量权等方面都有所提升：前者指根据项目的实际资金需求来划分投资份额，同时请专业审计公司估算预算；后者指让私营参与者在运营方面获得更多自由裁量权。让私营投资者更早介入项目，是为了让项目建设更加顺畅地过渡到运营阶段，同时将私营合作者掌握的信息和专业技能融入项目设计。[②]

尽管后来的经历表明这些项目产生的公共效益没有达到预期，或者说腐败阻碍了项目落地，但它们都表明中国在积极地围绕公私协作和分享自由裁量权方面开展实验。

公私协作的发展简史

作为中美两国的立国者，林肯和毛泽东在铁路问题上都颇有远见。他们深知铁路能够把全国各地连成一个整体。林肯时代比毛泽东时代早了近一个世纪，因此美国利用铁路连接全国的工作也早于中国。两国采用的方法截然不同。美国政府与有胆识的企业家密切协作来推动铁路发展，不少企业家因此赚得盆满钵满。这些铁路大亨经常动用公共资源。当然这代表着协作，但也涉及巨大的收益裁量权。中国则是先由国家牵头，通过铁道部建设和运营常规铁路网（铁道部被称为"中国计划经济的最后一个堡垒"），随后在中央政府强有力的领导下，与地方政府、国有企

---

① "北京地铁16号线PPP模式案例分析"，政府和社会资本合作（PPP）研究中心，2015年8月（http://pppcenter.cn/alfx/swal/jcss/201508/091951YKD.html）。
② 同上。

第三章　兴邦定国的铁路工程

业和包含各种所有制的供应链联手修建起全球最大的高铁系统。世界银行在近期发布的报告中盛赞这个流程，认为很多国家都可以借鉴这一模式。①

铁路发展史淋漓尽致地展现了公共利益和私营利益之间的根本性冲突，因此驱动了经济监管的发展。在美国，政府先是经历了政府赠地和公众推广铁路扩张的阶段，随后打造出费率监管的范本；在中国，政府将公司制国有企业从政府部委中剥离，借助公共和私营参与者的力量打造供应链。铁路运输基础设施从低速铁路到地铁再到高速铁路的发展历程也展现出路径依赖对承包和委托工作产生的深刻影响（"路径依赖"指到达既定目的地的难易程度取决于旅途的最初阶段，甚至成功的可能性也是如此）。

美国借助公私协作修建铁路的模式一直沿用至20世纪初，并且成效显著。不过，它的铁路发展史表明政府对胆大无畏的铁路修建者过于慷慨。进入21世纪后，美国铁路没能跟上客运发展的步伐，看起来造成这种情况的主要原因是美国特有的政治体系，且美国更加关注其他交通模式，而不是因为它没有找到适宜的协作方法或非协作方法来推动铁路发展。②

中国采用政府牵头的方式推动铁路发展。在十年时间里，中国修建的高铁里程超过了全球其他国家修建的总里程。显然中国在发展部分铁路基础设施（如城市地铁系统）方面日益仰仗公私协作，特别是这些项目由地方政府发起且地方政府掌握监管能力

---

① Lawrence, Martha, Richard Bullock, and Ziming Liu, 2019, *China's High-Speed Rail Development*. The World Bank.
② 民主政体拥有自己特有的优势，特别是建立起严密的分权制衡体系的民主国家，但它们无法在包含多种所有制的土地上直接铺设铁轨，兴建铁路。

和技巧时，表明各地推进"中国式协同治理"各具特色。由此可见，铁路交通的发展历程预演了两国在公私协作发展历史上呈现的异同。后面章节将从异常活跃且至关重要的房地产入手详细阐述这些问题。

第四章　房地产业错综复杂的公私纷争

在人类漫长的史前时代，某个人在风雨交加的夜晚厌倦了睡在雨中，又找不到合适的洞穴。她把一根枝叶繁茂的树枝靠在大石头旁边，或者把低垂的大树枝拉到地面上用石头压住，使它保持不动，搭成一个帐篷似的空间，然后爬进去躲避糟糕的天气。那天晚上，这位无名的创新者不用再湿漉漉地睡去，无意中为房地产业拉开了序幕。化石证据清楚地表明这一幕最晚发生在3万年以前，而人类很有可能早在14万年以前就开始搭建安身之地，穿衣蔽体。[1]

公私协作在房地产业结出了累累硕果，而且其多样性丰富到难以梳理。在大多数时间和地域，私营部门都比公共部门更善于建造和管理建筑。不过无论在哪里，房地产都与重大集体利益紧密联系。有时相关行业围绕土地、住宅等开展的互动简单直接，

---

[1] 请参考History World（历史世界）网站上的"History of Architecture"（建筑史）（www.historyworld.net/wrldhis/PlainTextHistories.asp?historyid=ab27）和 *Science Daily*, "Lice DNA Shows Humans First Wore Clothes 170,000 Years Ago", 访问时间：2011年1月27日（www.sciencedaily.com/releases/2011/01/110106164616.htm, both accessed August 2015）。

但它也常常发展成以共享自由裁量权为特点的复杂关系，即本书所说的"协同治理"。本章高屋建瓴地从三个宽泛的细分类别概述了美国房地产的状况，即自住房屋，租赁房屋（特别是受补贴的低收入出租屋），商业地产（办公室、零售场所、酒店和工业地产）。[①] 随后本章自然地转到同期中国的情况，两者在很多方面迥然不同，但在其他方面的相似性令人叹为观止。

美国房地产

自有住房

2014年，美国约有1.17亿房屋单元，其中三分之二居住的是屋主，另外三分之一居住的是外来租客。近年来美国的自有住房率表现出下行趋势，但从国际标准看仍然相对较高：在处于收入中位的家庭中，约80%的家庭拥有自有住房；处于收入中位以下的家庭中，约一半家庭拥有自有住房。[②] 美国的自有住房率如此之高的一个重要原因是政府为了提高自有住房率提供了大规模、全方位的支持，尽管这不是唯一原因。美国人民和他们的政治领袖代表了多种意识形态。他们认为拥有自己的住房无论从政治、社会还是经济的角度看都极其必要。人们往往认为拥有房屋的人比租房住的人更可靠、更容易融入社会，而且房屋资产净值可以成为经济甚至文化上的"压舱石"。

---

① 后文将强调出于某些原因，租赁房屋被纳入商业地产，但在本章中，我们有充分的理由把它作为一个类别单列出来。
② Robert Callis and Melissa Kresin, Social, Economic, and Housing Statistics Division, Census Bureau, US Department of Commerce, Press Release CB15–08, January 29, 2015.

各种机制组成的网络为长期抵押贷款提供补贴，使贷款成本低于市场不受干扰时的成本水平，提高贷款可得性，从而有力地支持了人们拥有自有住房。美国的政府支持企业（GSE）不多，但房地产业是个例外。在大萧条时期，人们陷入房贷困境和买房建房全面停滞的现象引发了广泛担忧。在1929年至1931年间，新屋开建率降低了95%。因此为了创建井然有序的长期贷款二级市场，联邦政府成立了联邦国民抵押贷款协会（即人们常说的"房利美"，简称FNMA）。[①] 尼克松政府又创建了房利美的姊妹机构联邦住房抵押贷款公司，与房利美肩负起同样的使命（尽管这个机构有很多简称，但很多人习惯使用"房地美"这个简称）。

　　政府的努力见效了。私营银行自然会犹豫是否要根据存款规模来提供30年住房贷款，因为储户可以瞬间取走这些存款（大萧条爆发前夕的情景生动地展示了这种情况）。同样，存款人可以要求的存款利率上下浮动幅度极大时，私营银行不愿为贷款人提供稳定的利率。不过一旦银行确信政府支持的中介机构网络在二级市场上销售长期贷款，它们就会受到激励发放贷款。各类机构采取协调一致的行动相互合作，驱动美国的住房自有率在长达10年的时间里直线飙升，进而改变了美国文化。这些机构包括纯粹的公共机构、纯粹的私营机构，也包括各种公私混合型机构（这一时期主要是中产阶层积极购买住房。直到2014年，美国才立法要求房利美和房地美将低收入群体作为住房贷款的重点发放对象，

[①] David M. Kennedy, Summer 2009, "What the New Deal Did," *Political Science Quarterly*, 124 (2), 251–268, at 257.

帮助他们拥有自住房，或者资助修建价廉物美的出租房[①]）。

事实上，房利美、房地美和其他规模较小的政府支持企业提供的贷款没有得到政府担保，但长久以来，市场始终认定政府会在必要时介入，保护长期兢兢业业地为美国私房屋主提供优质服务的体系。21世纪初，全球投资者悲伤地发现这个体系已经失控，沦落成现代社会中广泛存在但造成惨重损失的公私协作反面案例。贷款暗示自己有政府担保可依靠，各种越来越怪异的衍生证券让人们没有分辨能力。这种状况引发一系列道德风险，不仅没有努力降低风险，而且将风险掩盖。此外，现在回头来看，当时的很多做法非常愚蠢却像传染病一样四处蔓延。以上因素共同导致通胀逐步上行，房地产泡沫迅速破裂。全球需要花十余年时间从这场危机中恢复元气，而且危机留下的一些伤痕永远无法修复，如整整一代人跌跌撞撞地进入劳动市场。这段失败的经历不是本书重点讨论的主题，但为我们提供了非常有益且客观的教训，让我们看到协同治理管理不当会带来多么惨重的灾难。

除了狂热地支持长期抵押贷款以外，其他政府项目也推动了美国民众拥有自住房。其中之一是20世纪美国大力提高高速公路的密度，方便城市里的工人在广阔的欠发达地区购买自己买得起的住房。此外，更重要且成本更高的项目是政府出台了大量住房特别税。这种定向税收激励通常被称为"税式支出"。有些人坚称，为了支持某些功能或行动而暂停征收税款与为这些功能或行动直接提供公共支出的效果没有区别，因此对定向税收激励颇为

[①] Dionne Searcey, "Low-Income Housing Goals Set for Fannie Mae and Freddie Mac," *The New York Times*, August 19, 2014; Denise DiPasquale, 2011, "Rental Housing: Current Market Conditions and the Role of Federal Policy," *Cityscape*, 13(2), Rental Housing Policy in the United States, 57–70.

不满。无论人们对税式支出感受如何，准确衡量税式支出的难度确实超出计算传统预算支出的难度。不过税式支出的规模足够大，因此即使简单地进行估算也足以证明政府在大力通过税法鼓励房地产业发展。美国行政管理和预算办公室发布的官方估算表明，在2015年至2024年的10年间，支持民众拥有自住房的税式支出总计将超过3万亿美元。[①] 表4.1列出了税式支出的部分主要类别。

表4.1 美国支持民众购房的税式支出

支持民众购房的税收优惠	2015—2024年的总成本
按揭贷款利息下调	1.1万亿美元
"应付租金"未计入自有住房的收入（"应付租金"计入租赁住房的收入）	1万亿美元
售房的资本收益（大部分情况下免税）	5 000亿美元
州政府和地方政府下调房产税（租赁住房和自有住房都会从中受益）	4 500亿美元

毫无疑问，为民众购买自住房提供税式支出是经典的协同治理。政府在具体购房决策上的自由裁量权极少，甚至没有任何自由裁量权。政府在很早以前就为抵押贷款的利率设定了特别税务规则。个人可以决定是否、何时以及如何对这些税务规则蕴含的激励做出响应。不过政府的政策完全没有连贯性。国会预算办公室研究了所有与住房有关的税收政策，发现这些政策的净效应与其最初的设想一样，在很多情况下使民众的购房成本低于租房成

---

① US Office of Management and Budget, Fiscal Year 2016, Budget of the United States Government, Analytical Perspectives Volume, Chapter 14, "Tax Expenditures". Table 14.1, "Estimates of Total Income Tax Expenditures for Fiscal Years 2014－24"（表格的标题有些令人误解，因为总和数据是2015年至2024年这10年间的数据）。

本，而且富裕家庭从中获得的益处更为显著。相对贫困的人群租房更划得来，但他们常常没有意识到这一点。我们没有理由认为各项政策效果各异而引发混乱是政府有意为之。[①] 不过尽管税收政策不受欢迎，但明显对购房情况产生了显著影响。税收优惠促使更多资源流入房地产领域，而且政府对自有住房的政策如此慷慨大方，也促使民众倾向于购买住房而不是租房居住。

低收入群体租赁住房

与自有住房不同的是，为美国低收入群体提供租房补贴算是协同治理的教科书式案例。在享受住房补贴的300万住户中，大部分人的住房是由私营部门提供的。此外，私营协作者掌握大量自由裁量权，可以决定是否参与政府补贴的住房项目，或在多大程度上参与这类项目。与此同时，政府出台一系列规定、监管条例和手段，激励私营协作者为了获取政府资金而创造公共价值（这些举措的成效参差不齐）。

实际情况并非总是如此。低收入群体住户长期处于公共裁量权和私营裁量权这两个极端。前者指政府直接采取行动，后者指纯粹的私人慈善行动。从殖民地时期开始，政府就在坚持运营"救济院"。这个机制往往倾向于照顾无家可归者，但规模不大。宗教机构和其他私人慈善机构也会为穷人提供住房，作为他们照顾孤寡鳏独和穷人的事工之一。他们提供的住房条件通常优于政府提供的住房，但有时也不尽然。这种平衡直到大萧条爆发后才被打破，供求双方的强大力量推动天平毅然决然地向政府倾斜。

---

① Larry Ozanne, "Taxation of Owner-Occupied and Rental Housing," Congressional Budget Office, November 5, 2012.

经济危机导致很多曾经有偿付能力的美国家庭无法按照市场利率偿还房贷。在新政中发挥核心作用的公共工程管理局认为兴建住宅是缓解大规模失业的理想手段。约翰·梅纳德·凯恩斯亲自敦促罗斯福总统大量投入公共资金修建住宅，以此抵御经济衰退。[1]（有意思的是，富兰克林·罗斯福之前的胡佛政府采用委托授权的方式修建住房来抗击经济衰退，为公司的建筑项目提供低息贷款，但响应者寥寥无几，没能缓解失业和人们无家可归的情况。[2]）

1933年《国家工业复兴法》授权补贴住宅建筑工程。不过直到1937年《瓦格纳-斯蒂格尔法案》（Wagner-Steagall Act）建立起配套机制并且为修建公共住房定向提供资金，兴建住宅的热潮才真正开始。[3] 在30年的时间里，每个州都为低收入者修建了廉租房。到了1966年，超过210万美国人住在政府补贴的廉租房里，远远超出全美人口的1%。[4] 仅仅纽约市的廉租房住户就超过50万人。

不过，部分人对政府直接向贫困人口提供住房的不满情绪早就加剧和扩散。保守派非常痛恨让数百万家庭依靠政府官僚机构输送的救济金苟延残喘的主张。自由派则不愿看到穷人被安置在脏乱不堪且危机四伏的住宅区。社会科学家记录了把贫困人群插

---

[1] David M. Kennedy, Summer 2009, "What the New Deal Did," *Political Science Quarterly*, 124 (2), 251–268 at 257.

[2] Robert G. Barrows, June 2007, "The Local Origins of a New Deal Housing Project: The Case of Lockefield Gardens in Indianapolis," *Indiana Museum of History*, 103(2), 125–151 at 127.

[3] Ira S. Robbins, "A Brief Summary of the Wagner-Steagall Housing Bill," The Compass, 18(7), 4–5, April 1937.

[4] Lawrence M. Friedman, "Public Housing and the Poor: An Overview," *California Law Review* May, 1966, 642–669 at pp. 643–644.

进其他弱势群体后引发的异常现象，几乎所有人都发现"这类项目"在美学层面惹人厌恶，在文化层面让人们极度反感。

尼克松政府［特别是尼克松的美国住房和城市发展部（HUD）部长乔治·罗姆尼（George Romney）］从第一任任期就开始推行市场化住房改革，尽管这些改革在尼克松卸任后才结出累累硕果。这次住房改革的核心是从"不容讨价还价"式公共住房项目改成住房券，大幅提升贫困家庭支付租房费用的能力，但是让他们自己决定租住何种住房以及在哪里租房。尽管改革的细节不断调整，但住房券项目的根基［即"第八住房补贴方案"（Section 8）］相当稳定：住房和城市发展部为州政府和地方政府的住房部门提供资金来推行租金补贴项目。低收入家庭（在某些情况下还包括低收入个人）可以申请租房补贴。如果被政府选中，那么参与者会自行租住房屋，并向房主出示住房券（部分租金由政府支付），自己负担剩下的（由政府管控的）租金。[1] 参与者自己支付的租金与其收入的百分比挂钩。

到了20世纪90年代中期，克林顿政府欣然接受住房券项目，将70余万所住宅纳入项目范围。21世纪初，布什政府愈发坚定地推行住房券项目，为了赢得民众的广泛赞誉而加速废除公共住房项目。不过布什政府限制了第八住房补贴方案的预算，因此未能如愿赢得民心。这个方案承受下行压力的主要原因是预算紧张。低收入住房的支出不断增长，也为预算鹰派敲响警钟。不过其他方面的反对意见也在不断发酵。

---

[1] Housing Vouchers Fact Sheet, US Department of HUD website at http://portal.hud.gov/hudportal/HUD?src=/topics/housing_choice_voucher_program_section_8, 访问时间：2015年8月。

保守派曼哈顿研究院（Manhattan Institute）的霍华德·霍萨克（Howard Husock）及多产且擅长煽动的自由撰稿人汉娜·罗森（Hanna Rosin）分别向人们发出同样的警告。两人谴责卑劣的人和犯罪分子挥舞着手里的住房券，从而打破了核心城市对他们的约束。先前这些城市一直限制他们在市内租房，迫使他们分散居住在弱势群体集中的郊区。[1] 特别是罗森制作了多张地图，展示犯罪率较高的地区和第八住房补贴（住房券）方案参与者租住社区的重合情况。就像其他大型群体一样，享受第八住房补贴的群体中必然会有品行不端者。不过有人称住房和城市发展部的补贴为掠夺者助纣为虐，这种观点很牵强。事实上，格莱格·安瑞格（Greg Anrig）和哈罗德·波洛克（Harold Pollock）通过因果关系推导出的结论恰好相反。尽管享受第八住房补贴的家庭因为住房券大幅提升了购买力，但他们仍然在贫困中挣扎，如果他们不够贫困，那么就没有资格拿到住房券。贫困家庭往往会努力寻找便宜的住房，而危险社区通常租金低廉。[2]

第八住房补贴方案很有可能在没有损害太多公众利益的情况下使参与方案的低收入群体受益，不过这并不意味着这种协作模式是完善的住房政策。住房券项目的成本有可能高得离谱，这或许是因为它未能按照人们的预期充分发挥私营部门的效率优势，也可能是因为私人房东收取的租金过高而把项目创造的收益全部据为己有。看起来在第八住房补贴方案中，住房券以

---

[1] Hanna Rosin, "American Murder Mystery," The Atlantic Monthly July/August 2008; Howard Husock, "The Housing Reform That Backfired," City Journal, The Manhattan Institute, Summer 2004.

[2] Greg Anrig and Harold Pollack, "False Accusation," The American Prospect, July 30, 2008.

外的小规模项目确实存在收费过高的情况。在这个项目中，政府确实在自行采购住房服务，支付给私人房东整幢住宅楼的租金，再将房屋分配给低收入家庭。随着时间的推移，当房东意识到他们可以逃脱政府的惩罚时，这部分政府服务的成本就会慢慢上升。当家庭自行采购住房服务时（参与第八住房补贴方案的租户大多如此），他们往往会拿到更划算的交易，导致克林顿政府要求逐步废除给房东直接支付租金的安排，完全转向住房券模式。[1]

第八住房补贴方案推出30年后，政府问责局（Government Accountability Office）和学界耗时5年对其开展了审慎的经济研究。研究结果发现，总体来说，住房券有效地为美国穷人提供了安身之处。[2] 到了2015年，2 000余家州立和地方房屋管理局采用了第八住房补贴方案的住房券，210万家庭从中受益（受益人数超过500万），受益人数比之前给低收入群体提供住房时主要采用的大型房地产开发项目高出一倍以上。[3]

---

[1] James R. Barth and Robert E. Litan, "Uncle Sam in the Housing Market: The Section 8 Rental Subsidy Disaster," *The Brookings Review*, Fall 1996, 14(4), 22 – 25 at 22 – 23.

[2] Edgar O. Olsen and William J. Reeder, "Does HUD Pay Too Much for Section 8 Existing Housing?" *Land Economics*, May 1981; Positive net benefits found in Deven Carlson, et al., "The Benefits and Costs of the Section 8 Housing Subsidy Program," *Journal of Policy Analysis and Management*, Spring 2011; US Government Accountability Office, "Housing Choice Vouchers: Options Exist to Increase Program Efficiencies," GAO-12-300, March 2012.

[3] Center on Budget and Policy Priorities, "Policy Basics: The Housing Choice Voucher Program", 中心的网站更新于2015年7月（www.cbpp.org/research/housing/policy-basics-the-housing-choice-voucher-program），访问时间：2015年8月；"The Sequester and the Homeless", *The New York Times*, March 23, 2014, p. 12。

尽管第八住房补贴方案总体上效果显著，但它并非完美。在大多数地方，房主没有义务必须接受享受第八住房补贴的租户。此外，即使符合第八住房补贴资格要求的贫困家庭使用住房券补贴了部分租房费用，但在租房时仍然捉襟见肘，他们能够负担的租住房远远谈不上奢侈，事实上，很多住处经常连安全性都无法保障。无论是由于人们毫不掩饰地歧视享受住户补贴的家庭，还是出于简单的经济学原理，最终的结果是享受第八住房补贴的家庭往往都集中在与社会相对隔绝的社区，这显然背离了这个方案的初衷，让人们大失所望。[1] 不过，尽管政府可以持续完善方案，但不完善是社会项目普遍存在的特点，而且总体来说，以公私协作的方式为低收入人群提供住房相对于同类项目取得了显著进展。如果不推行这个项目，或许政府为贫困人群提供住房的表现会更糟糕。事实上，过去的情况确实如此。

需要强调的是，除了第八住房补贴方案以外，美国还为低收入人群出台了其他住房政策，而且其中部分政策的公私协作特色比第八住房补贴方案更加明显。住房政策"孵化"出不少怪诞的混合性机制和混合性交易，如成立专业的中介机构，把为低收入人群修建住房的非营利性机构与参与这类项目能够获得税收激励的营利性机构对接起来（非营利性建筑商无法享受这类财政优惠政策）。[2] 此外，并不是所有关于租赁住房的公私互动都服务于贫困人群。前文表4.1估算了（自2015年起）州政府和地方政府下

---

[1] John Eligon, "A Year After Ferguson, Housing Segregation Defies Tools To Erase It," *The New York Times*, August 8, 2015, p. 1.

[2] Ellen W. Lazar and Michael S. Levine, "Community–Based Housing Development: The Emergence of Nonprofits, Enterprise, and LISC," *American Bar Association Journal of Affordable Housing and Community Development Law*, 1993 2(2), 6–9.

调房产税后的情况,发现相关税式支出接近5 000亿美元,其中既包括租赁住房,也包括自有住房。人们预计租赁住房专享的税收优惠在10年里的成本将达到2 500亿美元左右,虽然其规模远远不如自有住房享受的税收优惠,但绝非微不足道。① 另外,还需要强调的是,尽管本书重点讨论了联邦政府,但州政府和地方政府也在努力推动住房项目。不过无论州政府和地方政府推出的住房政策从绝对规模看多么重要,它的规模相对于联邦直接支出和税式支出来说仍然有限,尤其是后者。2012年,州政府和地方政府在住房和社区开发上的支出约为500亿美元(这些支出包括房地产等一系列项目),不足州政府和地方政府支出规模的2%,低于教育预算的比重。②

商业地产

英国人休·洛夫廷(Hugh Lofting)给自己的孩子写信时不愿细述一战堑壕战中血流成河的悲惨景象,所以精心编造了一个关于医生的虚幻故事。故事中的医生可以与动物交谈。他通过对战时的虚构逐渐创作出广受好评的系列小说《怪医杜立德》。虚构的怪医杜立德有众多动物朋友,其中让人们最难忘的是身体两端各长了一个脑袋的双头怪兽普希米·普鲁尤(在《怪医杜立德》的电影版本中,普鲁尤是一个平淡无奇的双头羊驼,但在小说中,它是瞪羚和独角兽的混合体)。《怪医杜立德》俘获了一众欧

---

① US Office of Management and Budget, Fiscal Year 2016, Budget of the United States Government, Analytical Perspectives Volume, Chapter 14, "Tax Expenditures". Table 14.1, "Estimates of Total Income Tax Expenditures for Fiscal Years 2014–24."
② Jeffrey L. Barnett et al., "2012 Census of Governments: Finance–State and Local Government Summary Report," U.S. Department of Commerce, December 2014.

美儿童读者。尽管小说问世至今已经过了很久，但人们仍然常用"普希米·普鲁尤"比喻相互关联的力量彼此对抗的局面。普希米·普鲁尤很适合作为一个"吉祥物"来代表公私部门在商业地产中的关系。

商业地产是一个涵盖性术语，囊括了大多数非住宅建筑，但有些定义也将租赁住房纳入这个术语。商业地产主要包括写字楼、零售场所、工业建筑和酒店等类别。公共部门和私营部门的参与者以极其复杂且时常相互冲突的方式资助美国兴建了大量商业地产：前者包括联邦政府、州政府和地方政府的部门和专职部门；后者涵盖了从国内外大型公司到小型夫妻店等各类机构，部分非营利性机构也参与了这种以营利为主的博弈。当普希米这一端的脑袋主导普希米·普鲁尤时，政府主要利用直接补贴、税收激励和其他特别安排推动商业地产。政府这么做的主要动力是创造就业，推动总体经济发展，提升经济活力。当普鲁尤这一端的脑袋说了算时，政府通过限制或否定商业地产项目来规避交通拥堵、开发过度或增长模式不理想等问题。（从开发商个体的角度看）有时部分公共部门在推动商业地产发展，而其他公共部门给商业地产发展拖后腿；有时同一个公共部门今年推动商业地产发展，明年遏制它的发展；有时同一个公共部门为了平衡商业地产的优势和缺陷，采用了"又拉又打"的手段。

在商业地产领域，公私互动中的一个重要范畴涉及房地产和宏观经济之间的密切联系。这个范畴复杂之极，产生的后果常常有悖于人们的预期。经济繁荣激励私营部门为了兴建办公室、商店和作业流水线等开发更多地产（经济繁荣常常与财政政策和货币政策息息相关，但并不是每次都如此）。经济陷入萧条后，开发商会收缩业务，压减新项目，有时甚至会终止开发工程，将一些已经完工的建筑束之高阁。商业地产对经济周期极度敏感。在一个极端案例中，马萨诸塞州洛厄尔市的一座办公楼在20世纪90年代中期的经济衰退中以50万美元的价格售出。仅仅4年后，经济回暖时，办公楼所有者以超过100万美元的价格将其转手卖出。[①]办公楼估值的波动幅度如此之大，部分原因在于这些项目需要10年甚至更多时间才能"开花结果"。经济繁荣时推出的地产开发项目有可能在竣工时赶上经济衰退（反之亦然）。随着整体经济环境变化的还有监管条例和税收规定。[②] 各部门对房地产"又拉又打"的态度也会发生180度的巨大转变。开发商决定勇往直前地推进现有项目还是打算暂时撤退，会对城市、大都市区甚至整个州的经济活动和文化面貌产生深远（正面或负面）影响。总的来说，这些企业决策可能在更广泛的宏观经济层面触发经济衰退与经济复苏之间的转折点。

除了这个总体性关联（和相互依赖性），房地产开发领域的公私协作还涉及一系列具体的政策领域和工具。

以公司为目标的激励措施。各州、城市和其他司法辖区利用直接财政支持引导商业地产项目（和其他他们看好的房地产开发项目）落户本地。[③] 政府偶尔以现金形式提供补贴，但更常见的形式是实物补贴，如提供免费或低价交通运输系统或公用设施。不少表面上看起来由州政府和地方政府提供的补贴实际上来源于全

[①] Karl E. Case, Edward L. Glaeser and Jonathan A. Parker, 2000, "Real Estate and the Macroeconomy," *Brookings Papers on Economic Activity*, 2000(2), 119 - 162 at 121.

[②] 同上第137页，另请参见Edward Glaeser, 2013, "A Nation of Gamblers: Real Estate Speculation and American History," *American Economic Review*, 103(3), 1 - 42。

[③] 在2016年至2017年间，众多城市和州用名目极其繁多的补贴疯狂诱惑亚马逊将美国第二总部安置在本地。

国政府。联邦政府的"社区发展拨款"(Community Development Block Grant)项目努力实现的众多目标之一，是以经济发展的名义"为营利性商业提供财政支持"。[①]

比直接补贴更常见的是定向税收补贴，而且几乎可以确定它的补贴规模要大得多。为了让开发商在本地投资，作为交换，市政府或州政府同意放弃原本应该征收的税款（通常是房产税，不过有时也包括其他税种）。2010年的研究发现美国三分之二的州和一半以上的城市都为了吸引房地产开发出台定向减税政策。我们没有理由预期自此以后各地政府追捧这种税收优惠政策的热度会有所降温。[②] 定向税收补贴的经济规模很难估算，部分原因在于它的概念范畴，但更重要的是政策完全透明既不符合公共部门的利益，也不利于私人部门：公共部门提供税收补贴，可能会担心其他公司要求同等待遇，或者担心选民因为这项政策苛责自己；私营部门享受税收补贴后不希望记者或民众因此要求其详细描述自己创造的公共价值。

以地区为目标的刺激手段。"地区导向性"政策惠及所有投资于特定地区的开发商，这类地区通常是饱受赤贫和高失业率困扰的城市地区，但不限于这类地区。区域性激励体系由来已久。部分国家（如墨西哥、中国，甚至朝鲜）建立了"经济特区"，在不全盘改变经济法规和规章制度的情况下促进出口。一般性规则

[①] Government Accountability Office, "Community Development Block Grants: Program Offers Recipients Flexibility but Oversight Can Be Improved," GAO–06–732 released August 28, 2006, Table 1, page 9.

[②] Mark K. Cassell and Robert C. Turner, December 2010, "Racing to the Bottom? The Impact of Intrastate Competition on Tax Abatement Generosity in Ohio," *State & Local Government Review*, 42(3), 195–200.

不适用于这些特区。在美国,这类特区通常代表保守派和自由派之间相互妥协后令人难堪的结果。保守派的第一选择往往是全面下调税率,取消部分监管条例;自由派往往怀疑这类政策不会产生公共效率,但承认可以利用这些政策推动特区的经济发展。到了20世纪90年代初,美国有三分之二的州划定了"企业振兴区"。各州对特区制定的规定细则不尽相同,甚至连各个地区之间的规定都大相径庭,不过政府划出特定区域后,会为区域内的企业建房和运营推广出台一系列税收优惠政策。[1] 研究者没有发现太多证据表明各州的企业振兴区对于扭转特定区域的经济状况产生了决定性作用,不过政策干预的规模不大,而且它们试图改变的市场推动力往往极其强大。后来联邦政府创建了自己的"联邦授权区",推出直接支出、监管豁免和税收激励等政策,将投资引向八个经济困顿的地区。对这些地区的评估结果显示,激励政策的效果喜忧参半。特定地区的贫困率和失业率相对于没有参加这个项目的地区有所下滑。但居民的收入几乎没有提高。尽管这个项目的收益绝非微不足道,而且部分地区的居民强烈主张变革,但它的收益或许无法覆盖开展"授权区"运动的成本。[2]

商业促进区。商业促进区是公私部门在商业地产领域开展的混合式互动(如《怪医杜立德》的兽群里任何一只野兽那样奇怪)。政府通过立法设立商业促进区,明确它的权利和职责(这里的政府有时指州议会,有时指市议会,有时指其他政府部门)。产权所有人和其他商业所有者共同设立商业促进区,并详细阐述各

---

[1] Edward L. Glaeser and Joshua D. Gottlieb, 2008, "The Economics of Place-Making Policies," *Brookings Papers on Economic Activity*, 155–239, at 201.
[2] 同上。

方的权利和职责，如通过增加投资来提升商业促进区的基础设施和便利设施，加大推广力度，改善停车和交通条件，甚至自己维持治安。这些活动的资金来源于地区内企业上缴的特别税。如果这些税收能回流到公共部门，那么政府收税后会将税收转移给商业促进区。尽管园区里的部分企业不支持设立商业促进区，或者感到自己没有从中受益，但园区里的所有企业都需要缴纳特别税。本书两位作者曾经著书探讨最家喻户晓的商业促进区——布莱恩特公园改造公司（Bryant Park Restoration Corporation），不过仅美国在运营中的商业促进区就有数百个，其他国家的商业促进区或类似机构更多。[1]

商业地产领域里有不少重要的公私协作形式，此外还有其他各种形式。市政府可能会为了推动酒店和餐饮市场而成立并运营不赚钱的会展中心。或者说它可能为了在某个领域取得进展（如修建经济适用房或可持续建筑等合法领域，或为再选基金捐款等违法领域），而在其他领域放弃成本极高的监管政策（如对建筑高度或最小缩进距离的规定）。政府甚至可以动用一些手段强迫私人业主为了其他人的利益而妥协，如果人们深信这么做有助于整体公众利益。[2]

然而，知名城市经济学家爱德华·格莱泽（Edward Glaeser）与其他学者相信，总体来说，排斥商业地产（和房地产）的监管条例产生的影响超过了补贴等政策推动这些条例的力量。从环境

---

[1] Robin Reenstra-Bryant, March 2010, "Evaluations of Business Improvement Districts: Ensuring Relevance for Individual Communities," *Public Performance & Management Review*, 33(3), 509–523.

[2] Wendell E. Pritchett, Winter, 2003, "The 'Public Menace' of Blight: Urban Renewal and the Private Uses of Eminent Domain," *Yale Law & Policy Review*, 21(1), 1–52.

可持续性、文化活力和经济效率的角度看，正确的方法是将人力和资本引入生产率较高的城市地区，直至人口和资本密度的负效应开始压倒它们带来的优势。不过在大多数时间里，那些已经在城市站稳脚跟的人和企业会引导政府制定政策，在本地人口/资本达到最佳状态之前阻碍经济进一步发展，这些人和企业拥有的政治影响力使外部人员和企业的政治影响力相形见绌。[1] 通常情况下，最关键的问题不是应该在多大程度上采用公私协作模式，而是它的结构和目标等细节。

中国房地产

中国房地产与美国房地产迥然不同。政府或集体组织拥有中国的所有土地。大量农村人口涌向城市只是我们这个时代出现的"海啸"，并没有持续一个世纪。然而对中国来说，关键问题是公私合作的结构和目标等细节。中国的房地产政策在近几十年发生了翻天覆地的变化。其房地产体系曾经由政府直接供给主导，现在的主要特点是私营部门参与供给，而且采用公私协同治理。私营房地产公司与地方政府合作，不仅是为了开发房地产，而且是为了吸引投资，为房地产项目提供后勤保障，并且全方位管理商业开发服务。这些公私协作有可能产生巨大的公共价值，也可能像后文讨论的"鬼城"那样以失败告终。

城市政府拥有城市地区的土地，农村土地的所有者是乡村集

---

[1] Edward L. Glaeser, *Triumph of the City: How Our Greatest Invention Makes Us Richer, Smarter, Greener, Healthier, and Happier*. New York: Penguin Press, 2011. For a dissenting study, see Albert Saiz, August 2010, "The Geographic Determinants of Housing Supply," *The Quarterly Journal of Economics,* 125(3), 1253–1296.

体。私营合作者只拥有土地使用权,只是土地租约可以延长至50年或70年。这种特点导致中国的房地产开发极具特色,特别是政府乐于兴建房屋,将土地融资作为自己的主要资金来源(土地融资指将土地使用权卖给商业开发者)。

由于数以亿计的农村人口涌向城市,促使房地产快速发展,所以房地产开发对中国极为重要。《国家新型城镇化规划(2014—2020年)》只涵盖五年时间,但中国政府力图在这么短的时间内实现宏伟的目标,将城市人口的比重从略超过50%提升至60%以上,为1亿农村流动人口发放城市户口。[1] 中国的房地产市场出现前所未有的大繁荣,对全球也产生了影响。如格莱泽等人(Glaeser and colleagues, 2017)所说,美国的房地产市场与中国欣欣向荣的房地产相比"稳定但了无生机"。[2] 居民的房产投资在GDP中的比重增长了两倍,从2000年的2%上升至2011年的6%(Du and Zhang, 2015);中国35个城市的实际地价在2005年至2015年间增长了4倍。[3] 如美国一样,令人不安的是中国投资者也深信政府会为了稳定房地产市场而在必要时干预房市。政府频繁地干预市场,愈发强化了这种预期,如政府出台政

---

[1] 城镇化刺激中国经济增长突飞猛进,而且尽管中国将劳动力从生产率较低的农业转移至生产率较高的工业和服务业,经历了人口老龄化之后,在努力追求前沿技术时遇到阻碍,面临刘易斯拐点,不过城镇化仍可能为发展提供强劲动力。Karen Eggleston, Jean Oi, and Yiming Wang, 2017. "The Political Economy of Urbanization in China," chapter 1 in Karen Eggleston, Jean Oi, and Yiming Wang, eds., *Challenges in the Process of China's Urbanization*, Stanford University Walter H. Shorenstein Asia-Pacific Research Center series with Brookings Institution Press.

[2] E. Glaeser, W. Huang, Y. Ma, and A. Shleifer, 2017. "A Real Estate Boom with Chinese Characteristics," *The Journal of Economic Perspectives*, 31(1), 93‑116.

[3] Glaeser et al., 2017, p. 108.

策帮助房地产行业缓解新冠疫情造成的冲击。

相应地,居民和其他利益相关方感觉政府承诺了房地产市场"太重要而不会崩盘"。① 与美国类似的失策是否会在中国引发危机,像美国房地产在21世纪初脱轨那样最终撼动全球金融体系?有学者(Liu and Xiong,2018)强调,从全国水平看,中国的房价在2003年至2017年间上涨了3.5倍,伴随房价飙升的是与之大体相当的人均收入增幅,缓解了部分担忧之情。不过,中等收入家庭和低收入家庭购买房产时往往预期自己的收入会持续增长,因此购买的房产价值是自己年收入的很多倍(平均达到8—10倍)。公司、银行和地方政府都受到房地产投资的深刻影响。② 全球经济的健康状况完全取决于中国房地产业是否存在完善的公私互动。

自有住房

中国和美国一样,在政治、社会和经济层面都大力支持本国民众拥有自己的住房。中国的自有住房率高得惊人:2010年的人口普查显示,中国的自有住房率为85%,农村地区的自有住房率(95%)高于城市地区的自有住房率(75%)③,目前中国的自有住

---

① Fang, Hanming, Quanlin Gu, Wei Xiong, and Li-An Zhou, 2016. "Demystifying the Chinese Housing Boom," *NBER Macroeconomics Annual*, 30(1), 105–166.

② C. Liu, and W. Xiong, 2018, *China's Real Estate Market* (No. w25297). National Bureau of Economic Research.

③ 数据来源于2010年人口普查和近期的数据更新以及新闻,请参见Niny Khor and Jean Oi, "Institutional Challenges in Providing Affordable Housing in the People's Republic of China," chapter 11 in Karen Eggleston, Jean Oi, and Yiming Wang, eds., *Challenges in the Process of China's Urbanization*, Stanford University Walter H. Shorenstein Asia-Pacific Research Center series with Brookings Institution Press, 2017。

房率超过90%。① 不过房屋质量参差不齐。三分之一以上的房屋没有接入自来水（特别是在农村地区或城市边缘地带），四分之一以上的房屋缺少家用卫生间。② 从平均水平看，中国家庭的住房面积较大，与很多高收入国家比起来也相当宽敞，但平均水平掩盖了数据内部的显著差异，约十分之一的民众人均居住面积不足13平方米，这个比例在特大城市中更高。③

政策演进的历史阶段。尽管在1 000年前的宋朝，中国是全球城市化程度最高的国家，但它进入现代社会时以农业为主。部分学者认为农业孕育的中国文化传统和历史遗产是其自有住房率居高不下的主要原因。

1949年中华人民共和国成立至20世纪70年代，住房完全由政府通过国企等城市工作单位或农村集体提供，其中大部分农村房屋最初是农民自建的。工作单位为员工住房提供了大量补贴，而这只是它们提供的全方位福利保障的一部分。规模较大的工作单位通过与农民谈判购买农村土地，然后将开发工作承包给建筑队。所有费用由中央政府承担。市政府将住房预算划拨给负责住房的住建局，为小企业员工或老师等公职人员修建公共住房。这类住房的房租极低。

尽管这个体系确保"居者有其屋"，但它遇到的困难也不容小觑：资金不足意味着供给落后于需求，房屋维护跟不上，住房分配不公的现象导致民怨沸腾，工作单位不愿因为提供员工住房而背上沉重的负担，居民对房屋质量牢骚满腹。政府认识到自己

---

① Glaeser et al., 2017, p. 105.
② Khor and Oi, 2017, p. 221.
③ Khor and Oi, 2017, p. 227.

能否成功地推行宏观经济改革，取决于是否能够切断工作单位和最小社会福利国家之间的关联，因此启动了住房改革。

在1994年中央政府发布《关于深化城镇住房制度改革的决定》之前，20世纪80年代推出的不少实验验证了调整房租和房产私有化等方案的可行性。[①] 其愿景是帮助中等收入家庭和低收入家庭通过经济适用房这种方案买到买得起的补贴住房，而高收入家庭则按市场价购买住房。[②]

从资金方面看，潜在的购房者可以通过强制住房储蓄计划，即住房公积金享受贷款补贴，也可以申请商业贷款。中国的住房公积金制度效仿了新加坡的"中央公积金"，属于强制性住房储蓄计划。它要求雇主和雇员按照雇员工资的一定比例向住房公积金账户缴纳等额金额，起初这个比例确定为5%。作为交换，雇员购房时可以获得低息贷款。自2005年起，政府要求公共部门和私营部门的员工都参与其中。各个城市的实际参与情况千差万别。地方政府负责管理住房公积金账户，利用它来维持本地房地产市场的蓬勃生机。

自20世纪90年代初开始，全国购房者都可以申请抵押贷款（Di et al., 2008），但银行为个体家庭提供贷款时总是疑虑重重，往往在发放贷款时设置严格限制。[③] 后来贷款标准略有放松。1998

[①] Wang, Ya Ping, and Alan Murie, 2000, "Social and Spatial Implications of Housing Reform in China" *International Journal of Urban and Regional Research*, 24(2), 397–417.

[②] State Council of PRC, 1998.

[③] 譬如，家庭存款相当于房屋价值的30%时，这类家庭才能申请到贷款。此外，贷款必须在五年内偿清，首付不得低于30%（Zhang, 2000）。大多数城市家庭都无法达到这个标准。

年，中国人民银行发布了《个人住房贷款管理办法》，将贷款价值比的上限设定为70%，要求申请者必须提供收入证明，贷款年限不超过20年，而且按揭利率比相同期限的商业贷款利率低10个基点。① （美国对按揭贷款的标准期限要求略为宽松。）

作为这些房改措施的要素之一，全国的公共住房可以以极低的价格卖给现有租户。② 不少工作单位享受到经济改革赋予它们的全新财务自由，在自己的权力范围内竭力扩大员工住房规模。因此，中国的住房改革对现有住房推行私有化，同时扩大新房建设规模。新建住房不少都被工作单位买下，再以极低的价格卖给本单位员工。③ 看起来住房私有化的举措已经达到预期目标。总体来说，比起之前政府直接提供住房的安排和由此引发的分配不当问题，用公私协作推行住房政策显然提升了中国家庭的福祉。④ 社会学家强调，尽管中国的精英人群有更多机会改善住房条件，但"住房私有化政策帮助过去居住在公共住房的人群广泛享有住房平等"，其不平等程度低于美国等国家。⑤

---

① Deng, Yongheng, and Peng Fei, 2008, "The Emerging Mortgage Markets in China," in D. Ben Shaher, C. K. Y. Leung and S. E. Ong, eds. *Mortgage Market Worldwide*. Blackwell Publishing, 2008: 1–33.

② 住在国有住房的家庭有机会以远低于市价的水平买入自己所住房屋的全部或部分产权。绝大多数家庭购买了全部产权，而且可以不受限制地出售房屋，并有权把所有售房利润揣到自己腰包里。

③ Wang, Ya Ping and Alan Murie, 1996, "The Process of Commercialization of Urban Housing in China," *Urban Studies*, 33(6), 971–990.

④ Wang, Shing-Yi, 2011, "State Misallocation and Housing Prices: Theory and Evidence from China," *The American Economic Review*, 101(5), 2081–2107.

⑤ K. Chen, and Y. Wen, 2017, The Great Housing Boom of China. *American Economic Journal: Macroeconomics*, 9(2), 73–114.

20世纪90年代末的金融危机结束后，中国政府要求各工作单位从直接提供住房转向补贴员工购买住房。这种政策调整反映出中国在努力全面调整经济结构，向国内消费转型，而不再依靠出口拉动型增长。住房很可能成为中国经济的新增长引擎。[1] 各地区的房改方案迥然不同，表明地方政府在房改中发挥了重要作用。它们同时管控着土地供给和区域性监管法规。此外，中央政府承诺提供的资源有限，地方政府担负起更多为房改筹措资金的重任。[2]

全国的住房模式在十年里发生了翻天覆地的变化。自有住房率从20年代90年代初的55%迅速攀升至2004年的80%以上。[3] 到2005年，中国已经成为亚洲最大的住房抵押贷款市场。[4]

经济适用房。1994年出台的经济适用房计划旨在服务无力按市价购买住房的低收入和中等收入城市家庭，与美国的保障性住房形成鲜明对比：政府开发的所有经济适用房都是为了销售，而不用于出租。在中国，占到保障房五分之三的是经济适用房，而不是出租房。[5]

为了修建经济适用房，中国政府采用了"两步式"协作法。

---

[1] Lee, James and Ya-peng Zhu.2006,"Urban Governance, Neoliberalism and Housing Reform in China," *The Pacific Review*, 19, 39–61.

[2] Wang，2005.

[3] S. Y. Wang, 2011, "State Misallocation and Housing Prices: Theory and Evidence from China," *American Economic Review*, 101(5), 2081–2107.

[4] Deng, Yongheng, and Peng Liu, 2009, "Mortgage Prepayment and Default Behavior with Embedded Forward Contract Risks in China's Housing Market," *Journal of Real Estate Finance Economics*, 38(3), 214–240; L. Deng, Q. Shen, and L. Wang, 2009, Housing Policy and Finance in China: A Literature Review. *US Department of Housing and Urban Development*; Zhu, 2006.

[5] Khor and Oi，2017, p. 216.

第四章　房地产业错综复杂的公私纷争

政府把经济适用房的建筑工作承包给营利性房地产开发商（有时是国企），随后通过市场交易卖给符合条件的家庭。部分经济适用房项目属于工作单位资助的合作建房项目，这是中国在转型过程中特有的现象。① 提供这种低价住房可以帮助工作单位吸引和留住有才能的员工，而且可以涉足利润丰厚的房地产业。这种错综复杂的协作安排能够实现公共部门和私营部门的多重目标，而且涉及大量分享和调整裁量权的安排，由此产生的一个长期后果是经济适用房项目衍生出很多房地产开发公司，而这些公司后来发展成为地区性住房市场提供服务的大型商业住宅开发商。或许这个结果超出了人们的预期。②

经济适用房和安居工程极度依赖地方政府。人们期望地方政府以提供免费土地或低价土地的方式为经济适用房的开发商提供补贴，或者降低甚至免除各种土地开发费用和房地产税。作为交换，地方政府会管制经济适用房的售价，要求其利润空间不能超过3%。从全国水平看，经济适用房的售价通常比市价低15%~20%。③

如果住房供给受限，又难以补贴家庭在自由市场上买房，那么政府有充足的理由支持修建经济适用房。增加住房供给能够帮助所有消费者享受到房价下降的裨益。这是美国第八住房补贴方

---

① Wang, Ya Ping, Yanglin Wang, and Glen Bramley. 2005, "Chinese Housing Reform in State-Owned Enterprises and Its Impacts on Differential Social Groups," *Urban Studies*, 42(10), 1859–1878.

② Wang et al., 2005.

③ Rosen, Kenneth T and Madelyn C Ross, 2000, "Increasing Home Ownership in Urban China: Notes on the Problem of Affordability," *Housing Studies*, 15, 77–88;Liu,Zhi-Feng, and Jia-Jing Xie, 2000.以上演讲来自35个大中城市关于住房货币分配进展的会议。

案中的住房券等现金转移方案无法实现的结果。依据这种逻辑，很多欧洲国家在二战重建中兴建了大批社会住房。无论这是不是中国经济适用房的明确目标，相关研究都表明这个计划只会挤出少量市场供给。[1]

不过这个项目的批评者质疑了为大多数人提供补贴住房的逻辑依据。地方政府反对在没有中央资金支持的情况下兴建经济适用房，因为这会加重地方的财政负担。不过亚洲金融危机促使决策者深信有必要以低于市价的水平提供经济适用房，将更多城市家庭推入房地产市场。可以说经济适用房的首要目标是刺激住房消费，而不一定是为了帮助最贫困的家庭。考虑到这个背景，经济适用房计划常常错失其效率目标也就在意料之中。富裕家庭往往会购买经济适用房，这推高了经济适用房的开发标准和价格，使其超出中等收入家庭和低收入家庭的承受范围。[2]一旦出现这种偏离政策意图的现象并且引发负面舆情，官方的回应通常是收紧监管。在2008年中国政府推出的刺激方案中，经济适用房计划继续作为其组成部分来抗击由美国住房市场崩溃引发且席卷全球大

---

[1] J. Chen, and H. Nong, 2016, "The Heterogeneity of Market Supply Effects of Public Housing Provision: Empirical Evidence from China," *Journal of Housing Economics*, 33, 115–127.

[2] Cai, Jiming. 2009, "Stop Building the Economic and Comfortable Housing, Let Cheap Rental Housing Benefit People (Ting Jian Jing Ji Shi Yong Fang, Rang Lian Zu Fang Qie Shi Hui Min)," China Construction Newsletter (Zhong Guo Jian She Xiao Xi), 2009(7), 48–51; Zhang, Chunxiang. 2007, "The Discussion on the Reform of Economic and Comfortable Housing (Jing Ji Shi Yong Fang De Gai Ge Tan Tao)," China Price (Zhong Guo Wu Jia), 2007(4), 57–59; Duda, Mark, Xiulan Zhang, and Mingzhu Dong. 2005. China's Homeownership-Oriented Housing Policy: An Examination of Two Programs Using Survey Data from Beijing. W05(7). http://citeseerx.ist.psu.edu/viewdoc/download?doi=10.1.1.110.575&rep=rep1&type=pdf.

部分国家的经济衰退。

与宏观经济的关联。和美国一样，中国的房屋所有者对宏观经济产生了重要影响。首先，也是最重要的，鉴于中国家庭几乎没有其他投资渠道，所以他们认为买入房产是最理想的储蓄投资手段。银行存款的平均实际利率往往极低，股市总是剧烈波动，资本管控限制了中国家庭在海外的投资。[①] 房产投资还与地方财政和人口变化之间存在极其密切的联系。中国有为儿子准备房产的传统，而且重男轻女的情况严重，这些都加剧了对房产的需求。[②] 不过从长远看，中国的劳动年龄人口规模急剧收缩，人口总体老龄化，这意味着中国的人口结构特征会"使住房需求承受巨大压力……因为上一代人持有的房产最终会转交给下一代，而年轻人的规模不断缩水"。[③]

因此，人口结构、直接供给住房政策和一系列宏观经济政策产生的间接影响，共同加大了住房市场的波动性，进而威胁到宏观经济稳定。在过去十年里，这些力量将住房需求推高到无以加的水平，以至于住房政策急速转向，从推高住房需求变为限制需求。不过2020年第一季度暴发新冠疫情后，政策再次转向。中央敦促地方政府刺激房地产市场，但在市场急剧上扬时为其降温。

早在2002年，中国央行就发布报告，警告国有商业银行留意房地产泡沫风险。中央要求地方政府收紧土地供给。不过房价仍然在市场力量的推动下节节攀升。由于不少民众购买房产是

[①] Glaeser et al., 2017, p.105.

[②] Wei, Shang-Jin, and Xiaobo Zhang, 2011, "The Competitive Saving Motive: Evidence from Rising Sex Ratios and Savings Rates in China," *Journal of Political Economy*, 119(3), 511–564.

[③] Liu and Xiong, 2018, p. 31.

为了投资，所以中国的城市房屋空置率飙升至20%以上[1]，这种情况在其他国家闻所未闻。空置率与家庭收入同向增长完全在情理之中。[2]

2008年金融危机爆发之后，中国的住房政策再次转向支持房地产发展。政府推出的财政刺激方案中有相当一部分用于开发低收入住房，就清晰地证明了这一点。[3] 专家对火爆的中国住房市场最终将走向哪里争论不休，但大多数人似乎认为房地产崩盘在所难免。房地产的未来在很大程度上取决于政府的政策选择。

政府在大力管控住房供给时，可以维持当前的房价水平。可是一旦住房供给继续积极开发新的空间，房价必将下降……如果政府买入过剩的存量房屋（或许像它自2015年起那样将这些房屋转换成保障房），那么会进一步巩固持续疲软的房价。看起来确实有一条切实可行的公共路径帮助房价企稳。[4]

只有时间能证明政府是否有能力、资源和迫切愿望按需买入存量房屋。

尽管中国和美国都倡导国民拥有自有住房，但两国采用的政策工具截然不同。如本书强调的那样，两国的一个显著差异是中国在推动经济适用房时极其注重让民众拥有住房而不是租赁住房。另外一个重要差异是常规税收政策在中国发挥的作用远远小于在美国发挥的作用，不过人们可以称中国的"税式支出"规模也很

---

[1] K. Chen, and Y. Wen, 2017, The Great Housing Boom of China. *American Economic Journal: Macroeconomics*, 9(2), 73‑114.
[2] 在中国收入前10%的家庭中，约40%的家庭拥有闲置房产，比收入最低的25%家庭拥有闲置房产的比例高出11个百分点（Chen and Wen, 2017）。
[3] Deng, Shen, Wang, 2009.
[4] Glaeser et al., 2017, pp. 113‑114.

庞大。举例来说，住宅不用交纳房产税。

第三个差异是美国的土地用途监管制度通常会限制修建新房，而在中国，地方政府有很强的动力推动新建住宅和商业地产。中央政府已经推出多项政策管控房地产项目的所在地，如严格限制地方政府征用农村宅基地兴建住宅，但不限制地方政府征用农地。中央政府的政策还控制私人开发商直接购买农村宅基地，因此地方政府会为了获取税收从而帮助开发商解决这个问题：以低价买入农地，然后按照城市用途高价卖出，利用"土地财政"获取高额税收。后面探讨商业地产的章节会详细分析这个问题。

中国还出台了不少政策间接引导民众在城市购买房产并安家落户。这些政策的范围相当宽泛，如大规模投资城市公共交通系统（公交车、地铁和高速公路）和高铁，将最优秀的艺术、娱乐和医疗保健服务供应商及教育机会集中于城市中心。鉴于中国在努力使城镇人口再增加几亿人，所以以上这些因素共同推高了城市房价，加剧了人们对未来房价可承受程度的焦虑情绪。

在十余年的时间里，私营部门承包的建筑工程急剧上升。在2000年至2013年间，国企承建的建筑面积和集体住房的比重从接近75%直线下滑至只有13%。[①] 这种公私关系包括政策层面的协同治理，赋予私人开发商大量自由裁量权，而且政府控制的银行承受着为风险较小的开发商提供优惠信贷的压力。[②]

清晰可见的"政府之手"深刻地影响了房地产市场和整体经济。进入房地产业的资源规模之大，远远超出没有土地财政和豁免房地产税时流入房地产业的资源规模。支持"居者有其屋"政策产生的

---

① Glaeser et al., 2017, p. 103.
② Glaeser et al., 2017, p. 104.

影响还体现在租房市场上。由于不用承担房地产税和其他持有成本，房屋所有者通常不需要把自己的房产租出去，即使他们手里持有两三套住房也依然如此，结果导致空置房屋的数量激增。房屋所有人采用"买入持有"的策略，限制了像第八住房补贴方案那样利用协作模式发展经济适用房的可能性。后文将深入探讨这个问题。

廉租房

廉租房（顾名思义，即价格较低的出租房）是中国保障房体系的组成部分，在开展公私协作方面拥有巨大但未开发的潜力。事实上，廉租房这个名称比起"低收入出租房"的名称更加准确，因为中国的所有经济适用房项目从一开始就因为目标效率不高而受到不少困扰。显然，任何政府都会发现监控和核查收入资格的工作会带来挑战。中国利用两种手段鼓励收入最低的城市居民申请廉租房，而且经常是"无心插柳柳成荫"。首先，正如本书强调的那样，民众对于拥有自住房的需求极高，自然而然地推动他们自行选择自住房。其次，廉租房的地点往往不理想，设施不齐全，通勤时间较长，且距离公共交通设施较远。

地方政府抵制廉租房项目并不仅仅是为了避免动用本地财政提供补贴，还因为担心这类项目会拉低周边地区的房价。此外，将土地用于开发经济适用房的机会成本过高。地方政府可选的另一个方案是将土地使用权卖给商业地产开发商以获取净收益（后文将讨论这个问题）。中央政府关注居民拥有自住房的情况，地方政府对廉租房兴趣寥寥，再加上民众自己的偏好，中国的补贴性出租房比美国少得多。全国范围内只有1%的住宅是廉租房。[①]

[①] Khor and Oi, p. 217.

政府推出公租房也是为了服务低收入群体。各地的公租房政策千差万别。① 在北京，公租房在保障房中的比重始终较低，而且设定了严格的申请门槛。各城市针对私营部门参与公租房建设的政策也不尽相同。部分城市只与大型国企合作，而其他城市会把公租房建设分包给多个私营房地产开发商。

有时地方政府与私营部门开展协作能够促进将中央政府布置的任务转化为符合本地经济发展水平的政策。譬如，在中国南方沿海地区（如广东省），工厂里的工人以农民工为主，而农民工需要保障房。起初，中央政府要求地方政府估算保障房的需求规模，不过考虑到自己需要按比例提供补贴，地方政府会夸大估算结果。一旦事实证明地方政府需要为过剩住房买单，这种战术就会"搬起石头砸自己的脚"。与此同时，很多地方企业早已为员工修建了住房，在一定程度上也是对住房福利的高额税收优惠做出响应。

有时政府并没有全力挖掘协同治理的潜力。譬如，有学者（Ratigan and Teets，2019）称，江苏省的保障房政策成为经济欠发达自我实现的牺牲品，即政府在无法找到有实力的私营合作机构时，会放弃合作，只是不会直接说出口。此外，如果没有投资和合同来支持有实力的私营合作伙伴实现发展，那么通过公私协作开发保障房会举步维艰。他们建议中央政府通过投资提升非营利性机构的能力，并且留意地方官员受到的激励从本质上相互矛盾，这些官员鼓励商业开发的话会拿到更多好处（请参见后文关于土

---

① Jing Zhou and Richard Ronald, 2017, "Housing and Welfare Regimes: Examining the Changing Role of Public Housing in China," *Housing, Theory and Society*, 34(3), 253–276.

地财政的讨论）。①

中国的保障房政策仍在不断调整，因此不应该对公私协作方式做出最终评价。不同人群对公私协作的评价不尽相同。迄今为止，保障房政策还算奏效，但远远谈不上完美。人们期望这一政策能够持续完善。中国可以尝试用住房券等教科书式做法提高目标效率。此外，随着中国发展进入知识型服务经济，劳动力从事越来越多的新型活动，租赁住房市场总体上将进入快速发展期。

商业地产

本书曾经用普希米·普鲁尤比喻美国的商业地产，不过用其作为代表中国公私关系的"吉祥物"也很妥帖。一方面，中国的工业和服务业增长达到世界顶级水平，成为中国巨大经济成就的缩影。另一方面，房地产和宏观经济之间的关联千丝万缕，中国城镇化的推进速度和扩张范围都达到前所未有的水平。这反映出各级政府持续对房地产发展产生显著影响。由于在任期间是否有效地刺激了地方经济增长是影响地方领导升迁的主要因素之一，所以他们有强烈的动力大力发展房地产业，并为此与私营部门开展协作。中央政府就像"普希米"一样，努力为代表地方政府的"普鲁尤"指引方向并适时遏制它，因此有动力采用各种指令保护集体利益（如限制政府向农民征收农地），限制过度建设，避免制造房地产泡沫，努力开发经济适用房，并且将房地产开发中的腐败问题连根拔起。和美国一样，

---

① Kerry Ratigan and Jessica C. Teets, "The Unfulfilled Promise of Collaborative Governance: The Case of Low-Income Housing in Jiangsu," chapter 16 in Jianxing Yu and Sujian Guo, eds., *The Palgrave Handbook of Local Governance in Contemporary China*. Palgrave Macmillan, 2019: 321‑344.

中国房地产商也从这个行业中攫取了惊人的财富。

中国很少在官方层面出台针对企业的激励措施（也有人称这类措施极为常见，只是没有明说而已①），不过针对地区的激励措施在中国的经济发展中无所不在。譬如，政府通常针对特定地区出台扶贫政策。政府以文件形式正式划定贫困乡镇并为它们定向提供转移支付。②

从更广泛的层面看，中国推行国家性经济发展战略时会在各地开展政策实验，这种做法可以追溯到家喻户晓的经济特区。尽管从表面上看，中国设立经济特区是为了刺激出口增长，但这一政策积极推动了政策实验和体制创新。深圳是最能展现其成效的经典案例。深圳从稻田连片的小城市一跃成为中国四个一线城市之一，确实在中国的改革开放中发挥了先驱者的作用。深圳市政府、开发商和国企高度协作，不仅携手开发房地产，而且几乎在各个领域都开展了协作。③

中国各地的特色工业园区为了争抢投资而激烈竞争。其中成立时间最早也是最成功的特色工业园是中国-新加坡苏州工业园区（简称"中新苏州工业园区"）。它的发展过程淋漓尽致地展现

---

① Bai, Chong-En, Chang-Tai Hsieh, and Zheng Michael Song, 2019. "Special Deals with Chinese Characteristics." NBER Working Paper 25839, National Bureau of Economic Research, Cambridge, MA.

② Park, Albert, and Sangui Wang, 2010, "Community-Based Development and Poverty Alleviation: An Evaluation of China's Poor Village Investment Program," *Journal of Public Economics*, 94(9), 790–799.

③ J. Zhu, 1999a, "The Formation of a Market-oriented Local Property Development Industry in Transitional China: a Shenzhen Case Study," *Environment and Planning A*, 31(10),1839–1856; and J. Zhu, 1999b, "Local Growth Coalition: The Context and Implications of China's Gradualist Urban Land Reforms," *International Journal of Urban and Regional Research*, 23 (3), 534–548.

了从协同治理实践中汲取的多条教训。中新苏州工业园区成立于1994年，得到中国和新加坡两国政府的大力支持。起初中新苏州工业园区并不盈利，但遵循了AADA周期的多个关键步骤后扭亏为盈，大获成功。由于在重新确定参与各方的股份时采用了灵活的处理方式（2001年新加坡联合体将其持有的过半所有权转让给了中国政府、地方政府代表及国企组成的中国联合体），而且采用弹性较大的激励结构来更圆满地完成目标，所以成功地吸引到超过170亿美元的外商直接投资，并创造50余万个就业机会。[①] 双方还承诺加强城市规划方面的知识转移，使中新苏州工业园区成为知识协作和生产力协作的典范。

　　房地产开发的主要动力来源于地方政府对土地财政的依赖。这种操作极其深刻地影响了中国的各类地产开发，也是商业地产开发的核心。在过去十年里，土地租赁收入在地方财政收入中的比重急速扩张，从几乎可以忽略不计飙升至极高的水平。[②]

　　当然，全球各国都有权通过土地征用权来收购土地，以修建公共基础设施，不过像美国一样，整个流程可能漫长曲折，需要投入大量资金，导致开发商拿地时受到政府的反对，因此成功的案例不多。

　　然而，其他国家较少采纳的措施在中国非常普遍。其征地手

---

① Min Zhao and Thomas Farole, "Partnership Arrangements in the China–Singapore (Suzhou) Industrial Park: Lessons for Joint Economic Zone Development," in Farole, Thomas, and Gokhan Akinci, eds., *Special Economic Zones: Progress, Emerging Challenges, and Future Directions*. The World Bank, 2011. Also see Inkpen, Andrew C., and Wang Pien, 2006, "An Examination of Collaboration and Knowledge Transfer: China‐Singapore Suzhou Industrial Park," *Journal of Management Studies*, 43(4), 779–811.

② Liu and Xiong, 2018.

法特立独行。首先，我们要提供一些背景信息：人们可能认为既然所有土地都属于国家或集体，那么中国政府可以轻松地将土地分配给商业开发项目。政府拥有土地所有权确实避免了很多发达国家遇到的问题，后者开发房地产时会因为无休止的地权之争而头昏脑涨。不过中国政府在土地分配方面绝不轻松。这个过程也会引发激烈的争议和有悖常理的激励措施。事实上，政府没有直接控制所有土地。地方政府征用集体所有土地后，必须补偿农民和农村集体组织因此失去的土地使用权。由于私人开发商无法直接从农民那里购买土地，所以政府扮演了中间商的角色，而且常常从中获益。在中国，地方政府的大部分收入来自廉价买入土地后再卖出去获得的收益，而且卖地收入在政府收入中的占比越来越高，促使政府大规模发行令人不安的地方债券。地方政府直接掌控着城市土地，而且拥有通过征用农地来促进城市发展的买方垄断权。它们利用这种权力从房地产开发流程中获取财政收入，因此大力支持这个行业的发展。

在商业地产领域，政府—私营联盟开展协作收获了丰硕的成果。商业地产的早期发展建立在农村快速工业化孵化的地方性国家法团主义奠定的财政基础上[①]——农村工业化转变成了高速城镇化。

中国当下的房地产开发模式更接近私营部门采用的标准协作方法，不过展现出不少中国特有的公私协作实践的特点。因此，有些公私协作项目是在政府牵头下，与外国私营企业、国企以及国内新兴私营企业（如尚未上市的公司）开展合作，还常常采用

[①] Jean C. Oi, 1992, "Fiscal Reform and the Economic Foundations of Local State Corporatism in China," *World Politics*, 45(1), 99–126.

创意十足的混合型结构。各地采用的协作手段千差万别，也就在情理之中。

可以说房地产开发项目充分展现了各方在资源、信息和生产力方面的协作情况。不少私营部门为了获得合法性而参与公私协作项目，不过显然这种模式在中国被扭曲了。地方领导可以通过推动本地经济发展获得动用政府权力的合法性，私营企业则从此类项目中获得合法性，拿到土地等梦寐以求的资源[①]，而且开发商获准参与政府房地产项目后可以获得项目承包收益。

在租赁住房方面，各地采用的公租房开发路径差异极大，对协作模式也开展了不少实验。譬如，重庆政府对房地产开发项目的指导力度明显强于上海政府对同类项目的指导，如后文即将讨论的陆家嘴项目和新天地开发项目。[②]

形形色色的动力驱使着各级政府用房地产开发拉动本地经济发展，如改变城市用地功能、展现地方政府的企业家精神、利用谈判将土地带来的效益和利润最大化。[③] 刺激经济增长和提高执政合法性的双重目标都需要政府推进公私协作。市领导努

[①] Chen and Kung（2018）描绘了与政府关系密切的公司如何在地方土地市场上拿到"划算的交易"，而中国的反腐行动如何减少内部交易。请参见 T. Chen, and J. K. S. Kung, 2018, "Busting the 'Princelings': The Campaign Against Corruption in China's Primary Land Market," *The Quarterly Journal of Economics*, 134(1), 185–226。

[②] 请参见 Eggleston, Oi and Wang, 2017; T. Zhang, 2002, "Urban Development and a Socialist Pro-growth Coalition in Shanghai," *Urban Affairs Review*, 37(4), 475–499; and S. S. Han, and Y. Wang, 2003, "The Institutional Structure of a Property Market in Inland China: Chongqing," *Urban Studies*, 40(1), 91–112 中的讨论。

[③] S. He, and F. Wu, 2005, "Property-led Redevelopment in Post-reform China: A Case Study of Xintiandi Redevelopment Project in Shanghai," *Journal of Urban Affairs*, 27(1), 1–23.

力提高自己在上级领导面前的存在感，因为只要本地经济发展吸引到高层领导关注，随之而来的就是平步青云。此外，政府官员还在竭力提高本地税收水平。开发商努力为自己的房地产项目拿到土地资源，同时摸索出避免政府监管阻碍其业务发展的路径。

当然，失败的城市开发案例也不在少数，如中国北方康巴什[①]、内蒙古鄂尔多斯和河南郑东[②]的"鬼城"。导致"鬼城"出现的原因是商业地产开发商的基本面被忽略。在开发房地产项目时，除了修建实体基础设施以外，还要注重地理位置的重要性以及开展城市规划的必要性。如果某个城市没有太多就业机会，学校或医疗资源匮乏，那么这里的住宅性价比再高，农民工也不会被吸引落户。

较为成功的房地产开发案例充分表明需要调动多重激励手段，创造出必要条件来推动项目实现预期目标，其中最重要的是精明且具备创新精神的政府领导。一个主要案例是上海市政府希望将浦东新区的附属贸易区陆家嘴金融中心，打造成上海在21世纪的"对外名片"，即中国版的"纽约曼哈顿"。陆家嘴的发展极其依赖私营合作伙伴的支持，而且赋予私营合作伙伴自由裁量权。中外建筑师纷纷在这里大展拳脚。在当地的高层建筑中，至少有三分之二的建设资金来自境外，特别是香港和台湾地区，而且其中不

[①] "CFLD's Gu'an New Industry City: A New Kind of Public-Private Partnership," Knowledge@Wharton in collaboration with E-House China, March 2, 2018, http://knowledge.wharton.upenn.edu/article/cflds-guan-new-industry-city-new-kind-public-private-partnership/（访问时间：2018年12月28日）。

[②] Liu and Xiong, 2018.

少建筑由外商独资建造。①

不少案例证明中国的行政分权模式和城市间的激烈竞争在积极推动中国转变发展模式，从政府拉动型再开发转向私营资金支持的房地产再开发。新天地作为上海太平桥改造区的组成部分，是这方面的精彩范例。② 早在1996年，卢湾区政府和香港瑞安集团就签署了合作协议，计划每年出租两至三个街区，按照商谈的地价进行改造，租约为50年。③ 现在新天地已经成为熙熙攘攘的步行街，因为它的艺术、购物和娱乐设施而声名鹊起。新天地的房价扶摇直上，与东京和曼哈顿的房价不相上下。它代表了公私合作在城市改造早期取得的卓越成果。④

城市郊区和农村地区面临的挑战更为严峻。地方政府需要专业技能来吸引和维系投资水平，而不仅仅是兴建和管理建筑。为了满足这部分需求，新型公私协作模式应运而生。举例来说，毗邻北京—天津城市走廊的固安政府与华夏幸福基业股份有限公司（CFLD）结成协同治理方面的合作伙伴，采用类似共享税收的激

---

① Z. Fu, "The State, Capital, and Urban Restructuring in Post-Reform Shanghai," Logan, J. ed., *The New Chinese City: Globalization and Market Reform*, Blackwell Publishers Ltd, 2002: 106–120.

② He and Wu, 2005.

③ M. Xu, 2004. Study on the Renewal and Development Patterns of the Old Settlements in the Inner City of Shanghai. *Unpublished doctoral thesis*, Tongji University, Shanghai.

④ Y. R. Yang, and C. H. Chang, 2007, "An Urban Regeneration Regime in China: A Case Study of Urban Redevelopment in Shanghai's Taipingqiao Area," *Urban Studies*, 44(9), 1809–1826.

励。① 在这类协作安排中，为了吸引高增长企业落户本地并把它们留下，地方政府允许私营房地产开发企业在信息获取和专业技能方面深入地共享自由裁量权。

有家可归

由于建筑环境具有内在公共性，再加上私营部门在建设方面拥有不少特有的优势，所以公私协作在全球范围内硕果累累。人员和经济活动涌进城市，迅速推高房价，使房价超出大部分人的预算。政府对此的应对是出台住房政策，号召私营部门参与住房建设。无论中国还是美国都推出一系列协作政策来推动和引导房地产开发。

鉴于中国的城镇化规模极其庞大，其经济发展取得史无前例的成功，而且中国政府能够在不受干扰的情况下推行政策，所以中国积极开展了更多实验。每个城市都充满创新的活力，而且创新成果比比皆是。中国取得的不少成就都值得庆贺，但老城和新城出现大片空置房屋，金融机构对这些建设工程的支持超出其承受能力，表明这种实践存在根本性缺陷，即开展公私协作时有些草率，甚至曝出腐败问题。一旦超过某个临界点，土地价格就会过低，监管过于松懈，结果导致房地产投资莽撞且谬误百出。②

---

① 这个案例主要来源于"CFLD's Gu'an New Industry City: A New Kind of Public-Private Partnership," Knowledge@Wharton in collaboration with E-House China, March 2, 2018, http://knowledge.wharton.upenn.edu/article/cflds-guan-new-industry-city-new-kind-public-private-partnership/（访问时间：2018年12月28日）。

② 请参见 Chen and Kung (2018), *Quarterly Journal of Economics*, "Busting the 'Princelings'" 及本文引用的其他来源。

因此，房地产企业和地产大亨成为反腐的主要目标也就在情理之中了。

美国最繁华的城市在房地产发展方面也熠熠生辉，尽管它们的发展速度在降低，而且在很大程度上，美国房地产发展与官方政策之间的关联不像中国那么显著。它们的不足之处就像擦破皮一样，往往局限于某些特定区域，与社会政策的关联度超过与房地产政策的关联度。无家可归、贫困学校和城市犯罪是最突出的范例。此外，美国的二线城市经济发展不畅，与中国二线城市的蓬勃发展形成鲜明对比。在过去的几十年里，美国二线城市的人口不断流失，不仅是导致其经济发展相对滞后的原因，而且是经济发展现状造成的后果。托尔斯泰曾经写下这句家喻户晓的名言："幸福的家庭都是相似的，不幸的家庭各有各的不幸。"同样，经济发达的城市表现出显著的相似性，而它们的不足之处不尽相同。周全稳妥的协同治理或许有助于修补这些缺陷。它可以帮助中国用创新手段推动城镇化，也可以帮助经济发展受到压制的美国城市重新焕发生机。

第五章　独一无二的比赛

举办奥运会

在古希腊的千年历史里，每过四年就会在奥林匹亚举办泛希腊运动竞赛。为了复兴这项竞技比赛，人们于19世纪末成立了国际奥林匹克委员会（IOC），并于1896年在雅典举办首届现代奥运会。自那以后，奥运会每四年都会定期举行，只有在战争期间暂停。20世纪中期增加了以冰雪运动为主的冬季奥运会。起初冬季奥运会只是为了补充温暖天气时无法进行的竞技活动，但随后固定为每四年举办一次的独立赛事，在举办城市和举办时间上都与夏季奥运会大为不同。北京成为现代社会的首个双奥之城（举办了2008年夏季奥运会和2022年冬季奥运会）。

奥运会涉及的部分工作具有典型的政治性，如1936年的希特勒政府将其作为治国手段，美国和苏联在冷战期间也做过类似的事情。此外，奥运会的少数工作与私营部门的利益和权责息息相关，特别是企业为奥运会转播权投入的高额赌注。不过，大部分工作从本质上来说都具有公私协作性，而且公共部门和私营部门均发挥了关键作用。在任何一个国家，无论其私营部门多么生机勃勃，都无法在政府不参与或不支持的情况下独力承办奥运会。虽然从原则上说，公共部门可以独力承办奥运会（可以看到中国政府在2008年奥运会中承担的工作超过了其他国家公共部门承担的工作），但在实践中，如果商业机构、非营利性机构和民间社会没有深入参与奥运会的筹备工作，那么政府几乎不可能顺利承办奥运会，即使勉强撑下来，组织工作的效率也极低。

国际奥林匹克委员会往往通过一个复杂、高度透明且耗时数年的流程来确定奥运会的举办地。（在本国政府的支持下）打算举办奥运会的城市几乎要提前十年申请举办权。国际奥林匹克委员会从申办城市中进行选择时会权衡一系列因素，如申办城市的气候条件和交通便利性，（新建或现有）比赛场馆、奥运村和其他比赛设施的质量及适用性，积极主动的主办方提供的其他优惠条件。不同城市申办奥运会的动机多种多样，但不少城市共同追逐的一个重要目标是提高主办方的全球影响力。在我们这个时代，新闻媒体充满热忱地将所有庆典、竞赛和采访传送到全球的每个电视屏幕上，所以主办城市可以借助奥运会使自己的人气急速上升。成功举办奥运会往往成为主办方的高光时刻，如东京（1964年奥运会）、汉城（1988年奥运会，汉城于2005年更名为首尔）、巴塞罗那（1992年奥运会）和北京（2008年奥运会）。另一个常见的申办动机是借助奥运会刺激长期经济发展。申办城市往往期望比赛设施、奥运村和交通资产等为奥运会修建的基础设施能永久性推动经济繁荣。一个与此相关但有所差别的目标是在短期内刺激经济，由于主办城市在筹备赛事的几年里大兴土木，而且在举办赛事的几个月里紧张激烈地开展组织工作，为运动员和观众提供餐食，所以人们预期这会降低失业率，提升民众的薪酬水平。

以上目标听起来都非常合理，不过除非这些目标都能实现，否则没有正当的理由举办奥运会。主办城市预期的利益能否变成现实，取决于难以精确掌握的具体环境。主办城市高调地走上全球舞台可能给自己带来福音，如带来大量游客、吸引投资、推动本地商业发展，但只有具备以下两个条件时才会促成这种效果：首先，该城市对全球其他国家保持一定神秘感，准备通过奥运会向全球揭开面纱；其次，奥运会的聚光灯给人们带来惊喜，让人们发现主办城市在经济、文化和自然环境方面的美好之处。在一定程度上，如果主办城市已经为人所知，或者说人们通过奥运会对主办方产生的并不都是美好印象，那么会削弱人们关注奥运会所带来的收益。同样，只有当比赛场馆、游泳池、奥运村、公路和地铁等基础设施不仅仅用于奥运会，而且能够产生更广泛持久的价值，同时没有奥运会的推动就不会建造这些基础设施，奥运投资才会带来长期福祉。此外，当城市深受高失业率或就业不足的困扰时，奥运会才会发挥财政刺激的作用。

当然，即使主办城市早已蜚声世界，拥有完备的基础设施、住宿资源和运动场馆（或者说有充足的财力投资建设需要的奥运设施），失业率较低或者就业不充分的情况较少，只要酒店所有者、建筑商、土地所有者（他持有的地块可能被征用修建奥运场馆）等特定群体希望从奥运会中大赚一笔，并且能对申办奥运会的政治决策产生影响，那么该城市仍然会提出申办奥运会。即使部分格局不大的选民出于犬儒主义或谋私交易导致申办方案对本地经济发展考虑不周，民众仅仅从比赛带来的乐趣出发也乐意申办奥运会。他们愿意参与赛事，也乐于欢迎外国人来到本国。如果举办奥运会能让国民眼界大开，那么国家的决策就没有任何问题。不过，人们很难判断申办奥运会到底能够产生多少净效益，而且后悔举办奥运会的城市也不在少数。

每一届现代奥运会的成本都远远超出预期，这几乎无一例外。从本质上说，举办方很难预测举办这种新奇的大型活动所需要的成本及产生的收益，所以奥运会可以成为乐观派自欺欺人的"舞台"。[1] 主办方很难较为准确地估算举办奥运会的成本，因为负责官员往往用较强的手段和激励来掩盖这些信息。1998年日本长野冬季奥运会组委会最为极端，他们甚至焚毁了自己的财务记录。[2] 不过目前有足够的证据表明奥运会超支远远超过其他大型项目（前者比后者平均超出150%）。[3] 不过对于部分奥运会（如北京奥运会），成本超支的幅度微不足道。至少有一些证据表明主办方期望奥运会能带来的效益确实变成了现实。两位经济学家发现主办奥运会促使出口显著上升，而且他们假设国家申请主办奥运会是其经济对外开放的标志之一。看起来即使申办失败也确实刺激了出口。[4] 还有证据显示，从私营部门的角度看，慈善机构和民众参与奥运会筹备的积极性极强。[5]（尽管人们并不欢迎自然灾害，但只要灾情不是过于严峻，看起来它对慈善机构和民众参与公共事

---

[1] Andrew Zimbalist. *Circus Maximus: The Economic Gamble Behind Hosting the Olympics and the World Cup*. Brookings Institution Press, 2016.

[2] Robert A. Baade and Victor A. Matheson, Spring 2016, "Going for the Gold: The Economics of the Olympics," *The Journal of Economic Perspectives*, 30(2), 201–218 at 205.

[3] Bent Flyvbjerg, Allison Stewart, and Alexander Budzier, *Oxford Olympic Study 2016: Cost and Cost Overrun at the Games*, Said Business School Research Paper 2016–2020, page 2.

[4] Andrew K. Rose and Mark M. Spiegel, 2011, "The Olympic Effect," *The Economic Journal*, 121 (553), 652–677.

[5] András Tilcsik and Christopher Marquis, 2013, "Punctuated Generosity: How Mega-events and Natural Disasters Affect Corporate Philanthropy in U.S. Communities," *Administrative Science Quarterly*, 58(1), 111–148.

第五章　独一无二的比赛

务产生的效果与奥运会相同。）不过，总体来说，2016年的一项严谨研究表明，奥运会主办方获得的收益往往令人失望。"只有在极其具体和极不寻常的情况下，拿下奥运会的主办权才会产生正向的净效益。"①

近年来美国承办的奥运会

1984年洛杉矶夏季奥运会

洛杉矶举办夏季奥运会时显然没有留下任何遗憾。这可以帮我们解释为什么洛杉矶申请于2028年再次举办奥运会。从纯粹的财务角度看，洛杉矶从1984年奥运会中获得的净收入高达2.5亿美元，而且几乎可以确定还收获了其他益处。② 不过它在1984年举办奥运会时占据了一些独到的优势。由于令人发指的恐怖袭击破坏了1972年慕尼黑奥运会，1976年蒙特利尔奥运会在财务层面严重亏损，而且美国牵头联合多国抵制1980年莫斯科奥运会（他们这么做是为了抗议苏联攻占阿富汗），所以全球各国对于申办1984年奥运会兴趣寥寥。国际奥林匹克委员会需要做出决定的时间临近时，洛杉矶进入候选名单。它只有一位竞争者——德黑兰。伊斯兰革命推翻伊朗政府后，德黑兰放弃申办奥运会，洛杉矶因为失去竞争对手而骤然站上对国际奥林匹克委员会发号施令的地位。通常主办城市会同意兴建大量全新的体育设施，并为了满足奥运会的需求提供其他资产。不过洛杉矶奥组委成功让国际奥林

---

① 相关学术研究的总结参见：Baade and Matheson, p.202. Zimbalist（2016）和Baade and Matheson's Table4, p.208。
② Jeré Longman, "Olympic Officials Move Closer to Giving Bids to Paris and Los Angeles," *The New York Times*, July 11, 2017.

匹克委员会勉为其难地接受现有运动场馆、游泳池和运动员宿舍。只要需要增加支出，洛杉矶奥组委就会与国际奥林匹克委员会讨价还价，最终采用省钱的方案。很多在申办过程中面临真正竞争的主办城市对此除了艳羡，别无他法。尽管以苏联为首的社会主义阵营中的大多数国家为了报复美国在1980年带头抵制莫斯科奥运会的行径而没有参加洛杉矶奥运会，但参与这届奥运会的国家达到140个，创下历史纪录，而且大获成功。[①] 洛杉矶将于2028年再次举办夏季奥运会。

1996年亚特兰大夏季奥运会

1990年，国际奥林匹克委员会宣布了赢得1996年夏季奥运会主办权的城市。由于美国其他城市刚刚举办过奥运会，所以亚特兰大申办成功的希望很渺茫。不过时任亚特兰大市长安德鲁·扬（Andrew Young）精力充沛且人脉极广，他牵头组织各方统一发起申办运动，成功地影响了国际奥林匹克委员会的决策。由于亚特兰大深受种族歧视的困扰而发展停滞，所以扬市长和亚特兰大的其他领袖深信本市在全球的声誉下滑，给城市发展带来了不利影响，而奥运会可以在一定程度上解决这个问题。为此，亚特兰大对申办工作投入大量精力和资源，承诺修建全套运动设施，最终支出超过40亿美元。

尽管部分人抱怨奥运会导致城市拥挤不堪，物价被哄抬，而且反堕胎极端分子在赛事期间制造了灾难性的爆炸案，但无论从体育竞技还是财政角度来说，亚特兰大奥运会均被普遍视为成功

---

① 中国在这届奥运会上的成绩也很激动人心。1984年洛杉矶奥运会诞生的第一枚金牌由许海峰在男子手枪50米射击比赛中夺得，这也是中国取得的第一枚奥运金牌。

的典范。它的成本超支幅度达到150%，差不多与现代奥运会的平均水平持平。[1] 在奥运会的拉动下，亚特兰大及周边社区的就业高于佐治亚州内其他类似城市的就业情况，无论在比赛期间还是比赛刚刚结束时都是如此。不过，当地的薪酬水平几乎没有发生变化，表明亚特兰大投资奥运会后获得的经济收益有限。[2] 不过从狭义的财政范畴看，1996年奥运会凭借着企业的慷慨赞助和利润丰厚的转播安排抵消了超支情况，收入相当可观，而且我们可以推测赞助企业也认为自己的投入物有所值。

亚特兰大夏季奥运会的一个细节生动地展示了协同治理的内涵。主办城市至少可以通过以下途径抵消部分成本，即向出售餐饮和服装的摊贩和奥运会使用的各类设备征收高额费用，同时限制竞争，确保特许经销商通过提高销售额来弥补他们向奥组委交纳的高额费用。从原则上说，亚特兰大原本可以建立政府的经销商许可机制，不过它反向选择了招募私营部门的机制，或许激励其这么做的原因是两位学者所说的猜疑情绪，即"官僚体系没有动力来最大化（财政收益），而是会最大化效用函数，将非经济目标涵盖在内"。[3] 事实证明，一家与亚特兰大市长有千丝万缕联系的营销公司有意愿并且（大体上）有能力与政府达成协议，将游客身上的资源转化为亚特兰大市的财政收入（同时自己可以合理

---

[1] Flyvbjerg, Stewart and Budzier 2016, Table 1 p. 8 and Table 3, p. 12.

[2] Julie L. Hotchkiss, Robert E. Moore, and Stephanie M. Zobay, January 2003, "Impact of the 1996 Summer Olympic Games on Employment and Wages in Georgia," *Southern Economic Journal*, 69(3), 691–704.

[3] Ralph C. Allen and Jack H. Stone, 2001, "Rent Extraction, Principal-Agent Relationships, and Pricing Strategies: Vendor Licensing during the 1996 Olympic Games in Atlanta," *Managerial and Decision Economics*, 22(8), 431–438 at 435.

降低成本），不过随后经销商抱怨政府对没有拿到许可证的竞争者管理不够严格。①

2002年盐湖城冬季奥运会

美国在1988年卡尔加里冬季奥运会上获得的奖牌数不尽如人意。民众在失望之余敦促国会对此展开调查，并且改变申办城市的遴选标准。只有准备好为奥运会设施和相关机制进行投资的城市才能获得国家的允许申办奥运会，这样在奥运会结束之后依然能够大力提升美国体育竞技水平。冬季运动原本就是盐湖城的优势项目，而且它提出修建新体育场馆和其他设施的规划，因此得到了奥运会申办权，最终被国际奥林匹克委员会指定为2002年冬季奥运会的主办城市。②

事实证明，盐湖城低调但成功地举办了冬奥会，不过开端并不顺利。人们指控盐湖城奥组委的联合主席为了提高得到冬奥会主办权的概率而贿赂国际奥林匹克委员会的决策者，因此两位主席被迫辞职。国际奥委会的不少委员因为接受盐湖城不合时宜的礼品而被除名，不过关于受贿罪的指控从来没有被证实。③ 然而，此时奥运会还没有举办，领导层空缺威胁到奥运会的顺利推进。

---

① 如果比赛观众提前了解到经销商制定的价格水平，那么餐饮、相关用品和纪念品的价格高于市价并不合理。如果按照竞争价格/公开招标价格销售这些物品，那么比赛门票的价格就应该调高，效率损失会减少。Gabaix, Xavier and David Laibson, 2006, "Shrouded Attributes, Consumer Myopia, And Information Suppression in Competitive Markets," *Quarterly Journal of Economics*, 121 (2, May), 505–540.
② Salt Lake City Olympic Committee, "Salt Lake 2002: Official Report of the XIX Olympic Winter Games," 2002, p. 5.
③ Lex Hemphill, "Acquittals End Bid Scandal That Dogged Winter Games," *The New York Times,* December 6, 2003.

与犹他州关系密切的米特·罗姆尼（Mitt Romney）挺身而出。罗姆尼是一位才干过人的商人和政客。事实上，他职业生涯中唯一的"滑铁卢"是参加2012年总统大选时铩羽而归。在筹备奥运会的过程中，他巧妙地周旋于私营部门和公共部门，左右逢源。在私营阵线，他团结赞助企业的力量，从摩门教的名门望族募得大量捐款；在公共阵线，他从联邦政府手中拿到的公路和铁路项目达到前所未见的资金规模。从摩门神龛圣乐团颂唱《星条旗》惊艳开场到闭幕式，2002年冬奥会算是大获成功。唯一的瑕疵是裁判在幕后舞弊并操纵了花样滑冰的比赛，奥运会自此改变了花样滑冰的颁奖结构和流程。①

美国以其特有的方式通过非营利性企业举办奥运会。这在一定程度上有利于筹资，因为私营部门对奥运会的捐赠可以免税，而且可以让捐赠方相信任何人都不会从捐赠方的慷慨中渔利。罗姆尼将自己作为首席执行官的全部薪酬捐赠给慈善机构，此外向奥运会捐赠100万美元。公私协作产生的合法性效益对于确保奥运会实现预期目标发挥了重大作用。

从广泛且持久的角度看，2002年奥运会和绝大多数奥运会一样，产生的效益参差不齐。罗姆尼和他的团队力求将用于奥运会的投资压到最少，大多数为2002年冬奥会修建的设施都在赛后发挥了重要作用，如为运动员修建的奥运村在设计时采用了赛后可转化为学生住宿的模式。事实证明，专门为奥运会修建的轻轨系统在比赛结束后的很多年里发挥了不小的作用。尽管盐湖城的大多数区域用汽车通勤，但前往赛事举办地（即大学和市中心）的

---

① J.Atsu Amegashie,2006,"The 2002 Winter Olympics Scandal: Rent-Seeking and Committees," *Social Choice and Welfare*, 26(1), 183-189.

人群中有1/4~1/3会乘坐公共交通系统。① 因此，这个案例或许展示了奥运会如何推动主办方提升城市投资的价值。不过如果更加全面地计算奥运会的成本收益，这种说法或许也不成立。在奥运会举办期间，人们从世界各地涌向盐湖城，酒店和餐厅人头攒动。在摩门教主导的犹他州，就连少数受到严格监管的酒吧也宾客盈门。不过，作为冬季旅游胜地，冬天的盐湖城总是挤满了游客。有证据表明来盐湖城观看2002年冬奥会的游客取代和补充了滑雪季来盐湖城的普通游客。②

鉴于过去举办奥运会成绩斐然，而且运动设施齐全，所以盐湖城正在努力申办2030年冬奥会。目前只有两座城市与它竞争这个机会。

从城市的角度看，盐湖城和亚特兰大总体具备了举办奥运会的条件，而且洛杉矶略胜一筹，因为洛杉矶不需要新建太多赛事设施。③ 这两届奥运会都广泛采用了公私协作的模式。

北京承办两次奥运会

中国经历了苦难深重的19世纪和20世纪上半叶后，如今已成为全球发展的领跑者。在2008年夏天，全世界看到中国以盛大的方式隆重回归。北京修建的奥运会场馆令人大开眼界，整个城市

---

① Lee Davidson, "The Utah Effect: 25% of downtown Salt Lake travelers use mass transit, just 3.4% for metro area," *The Salt Lake Tribune*, June 15, 2015.

② Bruce L. Jaffee, 2002, "Should Budapest Bid for the Olympics? Measuring the Economic Impacts of Larger Sporting Events," *Society and Economy*, 24(3), 403–408 at 405.

③ Andrew Zimbalist, personal communication, 9-15-19.

的基础设施全面提升,体育竞技能力展示得淋漓尽致[①],美轮美奂的奥运会开幕式令人叹为观止。即使用近年很多奥运会夸大其词的标准来衡量,北京夏季奥运会依然代表着勇往直前的雄心壮志。它取得的成就超越了很多人的想象。

要想实现这样的成就,需要各类机构提供大量人力。毫无疑问,赢得赛事主办权以及规划和组织赛事等工作统一由政府安排。从技术层面来说,北京奥林匹克运动会组织委员会(BOCOG,简称北京奥组委)不是中国的永久性官方政府机构。除了传统的公共部门以外,不少个人和机构对于中国成功举办奥运会功不可没,其中还包括不少中国本土以外的个人和机构。如本书强调,奥运会极其适宜采用公私协同治理模式。不过北京奥运会与近年在美国、欧洲,甚至亚洲其他国家举办的大多数奥运会形成鲜明的对比,后者的特色是提供了大量种类繁多的公私互动方式供主办方选择。2008年北京奥运会没有采用太多公私协作,但丝毫无损它的成功。与此相反,北京奥运会充分彰显了中国的卓越成就,能够在提供产品/服务的模式相对有限的情况下完成如此宏大的任务。这也表明中国有不少空间探究利用私营部门创造公共价值的有效途径。

2008年,几乎所有能看到电视的人都对北京奥运会的高光时刻念念不忘,如火炬传递跨越了全球的万水千山(火炬手还带着火炬攀登至喜马拉雅之巅);被称为"鸟巢"的国家体育场采用了前沿的建筑科技;比赛开幕式和闭幕式场面宏大,令人叹为观止。因此,我们不再赘述那些显而易见的元素,而是想简要探讨使这

[①] 在不足四分之一世纪的时间里,中国在奥运会上的成绩从一无所获一跃成为斩获金牌最多的国家。

届奥运会大获成功的惊人的幕后工作。此外，本书将研究在组织层面促使这次赛事取得成功的关键要素和先决条件。我们这么做不是因为这些在美国代表了协同治理，而是因为与西方的协同治理相比，它们在中国往往与协同治理无关。

北京奥组委是负责举办奥运会的具体机构。有时人们称其为非政府组织。如果必须这么做的话，奥组委勉强可以被划分为非政府组织。不过从本质上说，奥组委中的权威成员要么是北京市政府的官员，要么是主要部委的代表。即使如此，北京奥组委正式成立后马上发布了"行动计划"，清晰地描绘出私营部门深度参与奥运会的前景，或者说市场原则和机制至少会发挥重要作用。北京奥组委倡导汇集各种市场资源，使奥林匹克运动会所需的基础设施符合宏观经济发展规则，并且招募非政府组织进入奥运会筹备工作。[1] 不过随着奥运会召开的日期逐渐临近，全世界都在关注中国，而且中国的声誉与奥运会的成败息息相关，民众对于开展创新型跨部门互动的呼声往往让步于政府发号施令的传统。本节描述了北京奥运会的具体特征，简要地将中国与西方举办奥运会的做法进行比较，而且暗示了这届奥运会展示出的中国式协同治理模式的局限之处，以及在2022年冬季奥运会及其他活动中推行公私协作的潜力。

修建鸟巢

从原则上说，中国修建国家体育场和奥运会其他设施时提出

---

[1]《北京奥运行动规划》（2002年）（中文）。检索于www.china.com.cn/chinese/PI-c/124760.htm。

的口号是"政府牵头，市场运营"。① 尽管不可否认，在实践中私营部门发挥的作用极其宽泛，与中国过去的模式相比更为显著，不过政府深入参与了修建鸟巢的工作。2003年底，北京市人民政府国有资产监督管理委员会（简称"北京国资委"，北京市政府为其多数股权持有方）和中国国际信托投资公司（简称"中信"，是1979年在邓小平的支持下发起的国有公司。）牵头成立了合资公司：国家体育馆有限责任公司。② 中信领导的联合体由多个机构组成，而且其中大多数机构都很难用西方的标准定义来划分为"公立机构"或者"私营机构"，不过总体上倾向于政府模式。北京城建集团作为联合体的成员之一，拥有40家子公司，从理论上说属于"美国"公司的联合体成员，其总部位于北京（显然联合体纳入这类企业是为了享受外国资本的税收优惠政策）。③ 另外一个联合体由一家发源于英国的瑞士公司和一家中国机构组成，主要负责设计工作。④

中信联合体与北京市政府达成的协议要求联合体出资40%左右。作为交换，奥运会结束后，联合体将拥有国家体育场30年的使用权，到期后由北京市政府收回使用权。因此，项目将用未来预期的商业回报补偿核心参与者，使它们承担的风险和享受的自由裁量权与协同治理遥相呼应。或许用西方的标准衡量，这里所

---

① Sohu News. 2002 - 2003 Big Event: Bird Nest Design Won. 检索于 http://2008.sohu.com/20071212/n254238827.shtml。

② S. Wang and Y. Ke, *Fund Raising for Franchised Projects: BOT, PFI & PPP*. Tsinghua Press, 2008.

③ W. Yi, 2008. Investment Path of CITIC on Bird Nest. Manager. 7, p. 44; Bloomberg/Business Week Website http://investing.businessweek.com/research/stocks/private/snapshot.asp?privcapId=36219135（访问时间：2014年7月30日）。

④ 同本页注①。

说的核心参与者并非纯粹的私营机构，但至少相对于负责奥运会的核心公共机构来说处于项目外围。为了增强协议的吸引力，北京市政府还为修建鸟巢提供非常优惠的地价，并配套密集的基础设施。中国的所有土地都由政府所有（城市土地由地方政府支配，农地由农村集体组织支配），因此房地产开发项目的关键在于拿到土地使用权（详情请参见第四章）。此外，市政府为了提高国家体育场未来的盈利能力出台了相关政策，如在奥运会结束后30年内不批准兴建与其存在竞争关系的体育设施。鸟巢自身的设计和修建涉及错综复杂的协调工作，而且国家体育场的规划和体育场内举行的庆典方案在奥运会召开之前反复调整，其中不少工作毫无疑问都由政府负责。[1] 即使从这项协议最初的意图看，私营部门的自由裁量权也受到严格限制。

当一项复杂且全新的艰巨任务涉及各类机构，且这些机构的渊源、文化和利益都不尽相同时，各方之间摩擦不断完全在意料之中。除此之外，各个实体内部的利益相关方会在风险、收益和控制权的分配问题上争论不休。分别负责设计和建设的联合体在操作和财务等重要问题上没有停止过纷争。一旦按时建成高质量奥运会设施的目标与市政府以外其他参与方的利益发生冲突（这类冲突屡见不鲜而且相当激烈），市政府往往会严正承诺要成功举办奥运会而压制其他目标，要求其他利益相关方服从主要目标。

停车场地的规模持续压缩，原本可以使鸟巢全天候使用的活动式顶盖被取消，体育场内用于特许经营和其他商业用途的空间规划被大幅缩减，联合体推销国家体育场"命名权"的权力被撤

---

[1] Y. Liu, Research on the Government Responsibility in the City Infrastructure PPP Project. *Master's Thesis, Southwest Jiaotong University*, 2010.

销。除了以上四个变化，还有部分变化削弱了国家体育场在奥运会结束后的盈利能力。有一份独立报告分析了奥运会结束后的情况，预测说尽管当时国家体育场收支平衡，但其收入永远无法达到让中信收回投资成本的水平。[①] 各方重新开展多轮谈判后，最终由北京市政府掌控了鸟巢，而不是中信，这个项目的商业抱负大打折扣。[②] 鸟巢是奥运会的闪光点和人们关注的焦点，也是北京市政府宝贵的长期资产，无论用什么标准衡量，北京奥运会取得的成果都可圈可点，但确实没有达到预期，或者说没有达到之前的宣传目标。现在鸟巢已经成为一个旅游景点，偶尔用于举办类似2022年冬季奥运会等体育赛事或娱乐活动。事实证明，要想建立一种真正意义上的协作模式，为中国式奥运会样板打造出具有标志性的实物资产难度极大。

奥运会开幕式的台前幕后

2008年8月8日8时8分8秒最大限度地使用了中国人最喜欢的吉利数字"8"。这一刻，鸟巢座无虚席，全球数以亿计的电视观众与现场观众一起聆听2 008位中国传统鼓手用喧天鼓声为这场令人难忘的开幕式拉开序幕。巨大的烟花脚印阔步迈向国家体育场；佛经传说中的仙女围绕着巨大的五环飘浮在半空中；向中国文化和发明创造致敬的表演让人们印象深刻；2 008位太极大师在2 008位舞者之后步入会场，中间还穿插着宇航员、杂技演员和音

[①] Wang Zipu, Liang Jinhui, Lu Weiping, and Huo Jianxin, 2010, "Investment and Financial Models of National Stadium and Financial Analysis of Its Operation after Olympic Games," *China Sport Science*, 30(1), 16–29.

[②] Xiao, T. and Zhu, H. *Annual Report on Development of Sports Industry in China: 2013*. Social Sciences Academic Press (China).

乐家的表演。精彩壮观的演出结束后，国际奥委会和主办方等相关人员发表演讲。最后，著名体操运动员李宁宛如空中漫步般扶摇直上，在万众瞩目中正式点燃奥运火炬。这场开幕式持续了4个小时，直到午夜才结束，不过几乎没有人中途离场。在西方人看来，这场绚丽夺目的表演竟然是通过政府自上而下的规划创造出来的。不过比起设计开幕式和同样精彩绝伦的闭幕式并将它们变成现实的整个过程，以上描述并不算夸大其词。

北京奥组委自2005年春天起开始征集开幕式和闭幕式的方案，一年后宣布胜出者。从表面上看，这个流程并不符合标准的国际惯例。几乎所有奥运会主办方都会组织这种方案征集活动，不过中国组织这次活动的时机有些不同寻常：在大多数情况下，提前两年才准备这种事关重大的庆典时间很紧张。由于政府征集活动方案的时间较晚，所以据说部分外国咨询公司完全无法适应中国政府专注于一个目标时的推进速度。[①] 中国政府还定向向11位设计师或设计团队征集了方案，而且他们都进入了第二轮选拔（398位没有收到定向邀请的设计师或设计团队提交了方案，只有2位通过第一轮选拔）。

开幕式和闭幕式的筹备工作涉及周密复杂的组织结构矩阵，包含三个维度：负责决策的"领导团队"，包括北京奥组委主席刘淇（时任北京市委书记）、前国务委员兼北京奥组委副主席陈至立和三位级别略低的副职官员（其中包括北京市政协前副主席张和平）。[②] 张和平带领第二梯队（即"工作部门"）负责监督和协调

[①] 搜狗新闻（2008），"北京奥运开幕式诞生记 智慧和汗水凝聚中华文明"（http://2008.sohu.com/20080809/n258700832.shtml）。

[②] BOCOG, Official Report of the Beijing 2008 Olympic Games. Volume 3 Preparation for the Games: New Beijing, Great Olympics, 2010.

工作。实际工作由底层的"北京奥运会开闭幕式运营中心"完成。该中心相应地划分为三个主要团队：创意团队、技术和制作团队、管理团队。

创意团队的负责人是过去几十年蜚声国际影坛的知名导演张艺谋。张艺谋没有在政府中担任要职，这在他的同龄精英中并不多见。他主要以独立艺术家的身份参与筹备奥运会，这与他仰慕的史蒂文·斯皮尔伯格参与类似活动的身份相仿。[①] 创意团队的副主任也是知名艺术家，但并非独立于政府之外。他们分别是中国人民解放军总政歌舞团的张继钢（他与中国人民解放军创意规划集团关系密切）和中央电视台的陈维亚。北京奥运会开闭幕式运营中心的其他成员都属于中国政府体制内的工作人员，其中中国人民解放军原总装备部和中国太空计划的总工程师发挥了带头作用（这几乎在意料之外）。在中国，政府几乎将国内的顶级人才悉数招至麾下，即使在艺术创意领域也不例外。大多数西方国家的情况与此截然相反。在西方最有创意的艺术家中，只有不足1%的人才愿意为政府工作。在美国，这个比例不足1‰。

北京奥组委明确拒绝将开幕式和闭幕式承包给民营娱乐公司，部分原因在于这些工作交给营利性机构会大幅提升筹备成本，另一部分原因在于政府希望持续严格管控这项复杂且事关重大的活动。[②]

看起来北京奥运会的各个元素中一再出现同样的模式。毫无疑问，私营机构也参与了这项重大活动。以火炬接力为例，中国

---

① 我们卓越的研究助理Wang Yuzhou花费大量时间勤勉地搜索了北京奥运会中经典的协同治理案例。他认为创意团队于开幕式和闭幕式所发挥的作用最接近协同治理的典范。

② Sohu News, 2008a.

企业（如联想、中国移动和中国国际航空）和外国企业（如大众、UPS和三星）都发挥了重要作用。[1] 奥运会还从大学以及奥组委等核心部门、官方机构以外的组织招募志愿者。绿色和平和联合国环境规划署等环保组织努力使奥运会达到理想的环保水平。[2] 不过事实上在所有情况下，中国私营部门发挥的作用都小于近年西方举办规模相当的奥运会时私营部门发挥的作用。正如本书强调的那样，尽管中国的公共部门和私营部门之间很少泾渭分明，但事实上在北京奥运会涉及的所有重要案例中，起引导作用的是政府机构，而且政府的作用发挥得淋漓尽致。

2002年盐湖城冬奥会与2008年北京夏季奥运会形成了鲜明的对比，给本书的研究提供了很多参考。盐湖城冬奥会的不少元素都为协同治理模式提供了佐证。奥运村从本质上说属于犹他大学和盐湖城奥组委组成的合资企业。盐湖城奥组委承担的职责和北京奥组委类似，但与后者的差别在于它更像协调机构，专门协调各类协作者组成的网络，而不是奥运会筹备机构组成的等级体系的掌管者。犹他大学承担了80%的建设成本，牵头设计了奥运村的住宅楼。其首要目标是奥运会结束后可以将奥运村长期用于学生住宿。盐湖城奥组委提供了五分之一的投资成本，由此换得的权利是对奥运村的住宅设计进行轻微且暂时性的调整，以满足奥运会的短期需求，然后在奥运会召开期间向大学租用这些住宅

---

[1] BOCOG Official Report of the Beijing 2008 Olympic Games. Volume 3 Preparation for the Games: New Beijing, Great Olympics.

[2] UNEP *Beijing 2008 Olympic Games: Independent Environmental Assessment*. United Nations Environment Programme, 2009.

楼。① 安海斯—布希和可口可乐等公司为奥运会设施的减排等环保工作做出重大贡献，大大提升了自己的公众口碑。② 或许与北京奥运会对比最鲜明的是，盐湖城火炬传递活动是由总部位于科罗拉多州的营利性活动管理公司阿勒姆国际管理股份有限公司（Alem International Mangement）组织的（此外还有五届奥运会聘用了这家公司）。①

笔者希望通过介绍2008年北京奥运会的组织架构来阐述本书的观点（或许本书不打算阐述的观点同样重要）。从本质上说，我们发现比起美国、加拿大、英国甚至俄罗斯，中国举办奥运会时更倾向于通过政府来组织这项重大赛事，这完全在意料之中。尽管中国的经济发展突飞猛进，私营部门活力十足且利润率很高，有时会阻碍我们看清事实，但中国的核心是政府发挥主导作用。我们很难用国际标准来清晰地衡量中国的体制，但毫无疑问，中国的大多数重要机构都属于公共部门，而不属于私营部门。除了少数几个领域（如张艺谋所属的电影业），精英人才仍要通过政府实现个人抱负。

本书观察到的以上现象丝毫没有减损中国成功举办奥运会的成就。笔者的意思并不是指中国承办2008年北京奥运会时应该降

---

① Mike Gorrell, "U. Backs Going for Olympics Again, Wants Rest of Fort Douglas," Salt Lake Tribune, June 1, 2012 at www.sltrib.com/sltrib/news/54218687-78/games-olympic-report-olympics.html.csp; Robert J. Martinson, "A Real Options Analysis of Olympics Village Development: How Design Flexibility Adds Values," http://dspace.mit.edu/bitstream/handle/1721.1/54860/609677156.pdf; Scott Taylor, "Olympic Village a Class Act," Deseret News, January 27, 2001.

② Salt Lake City Olympic Committee, *Official Report of the XIX Olympic Winter Games*, http://library.la84.org/6oic/OfficialReports/2002/2002v1.pdf.

① 同上。

低对政府的依赖,也不是暗示中国有能力在不依赖政府的情况下成功举办奥运会。自上而下的政府体系是中国的优势所在。在引发高度关注、事关重大和时间有限的背景下,中国有理由充分发挥自己的长处。

2022年冬奥会筹备工作

中国已经在实现多元化发展。冬奥会充分展现了中国在公私协作方法上的演进过程,只是我们尚不清楚参与冬奥会筹备的企业在最终决策和获取长期利益方面拥有多大自主权。

与2008年奥运会在支出上"大手大脚"比起来,2022年冬奥会"精打细算"[1],在部分筹备工作中引入私营协作者,并且以生产率和资源性协作为主。在一定程度上,中国采用公私协作的原因是夏季奥运会与冬季奥运会有所不同,而且中国在2022年的经济状况与2008年也不同。此时,中国的经济增长率不再保持两位数的高速增长,而且在地方债务和环保等领域面临诸多挑战,急需加强公私协作。

2022年北京冬奥会和冬残奥会组委会、各市政府和不同部委都吸取了2008年北京奥组委的经验教训[2],并认真借鉴了其他冬奥会的做法。北京冬奥会和冬残奥会组委会向2018年平昌冬奥会派出254位实习生或观察员,同时汇编整理了2022年北京冬奥会

---

[1] Xi Jinping, http://103.42.78.227/Discipline_Inspection/content/2018-03/20/content_7500820.htm?node=84346.

[2] 北京冬奥会和冬残奥会组委会主席是时任北京市委书记蔡奇。组委会的其他执行主席包括国家体育总局局长、河北省省长(承办冬奥会的张家口市属于河北省)、北京市市长和中国残疾人联合会主席。中国残疾人联合会由中国前领导人邓小平的儿子建立,属于半官方机构。www.beijing2022.cn/en/about_us/leadership.htm.

第五章　独一无二的比赛

和冬残奥会组委会在筹备工作中遇到的设施规划、赛事协调、服务供给和城市管理等2 000个关键问题。①

由于北京的高山景观不足,所以2022年北京冬奥会和冬残奥会的举办地设在北京延庆和河北张家口两地。组委会讨论后决定以公私协作的方式修建交通设施,将各个会场连接起来,同时促进地区发展。体育场馆的预算为15.1亿元,原计划其中65%来自私人投资。组委会打算在奥运会结束后将北京和张家口崇礼的奥运村作为商业住宅出售,将延庆奥运村改造成度假村。② 在北京的18座奥运场馆中,8座为新建场馆,2座为临时征用的体育场馆,剩下8座是翻新的2008年奥运会场馆。③

毫无疑问,在筹备2022年冬奥会的过程中,中国政府继续发挥了协调和主导作用,但修建国家速滑馆等不少工作表明这个过程中加强了公私协作。政府邀请私营合作伙伴为2022年冬奥会修建新的速滑馆,且这个公私合作项目在北京市重大项目建设指挥部办公室的监督下推进,该办公室负责监管北京市的重大建设项目。中标方有权在奥运会结束后将速滑馆改造成商业用途并运营25年。北京国资委将作为政府股东与中标方成立合资公司。北京市重大项目建设指挥部办公室党组书记王钢表示,"与社会资本分担建设成本,鼓励它们提供具有商业实用性的创新解决方案,

---

① Wang, Y., and Ji, Y. (April 20, 2018). www.xinhuanet.com/politics/2018-04/20/c_1122715829.htm。
② 请参见2015年7月31日的新闻报道(www.xinhuanet.com/world/2015-07/31/c_128078040.htm)。
③ 请参见http://zhengwu.beijing.gov.cn/zwzt/dah/bxyw/t1556296.htm(访问时间:2018年7月15日)。

使奥运场馆实现可持续利用"。① 2018年1月,4家公司中标并签署合同。②

张家口作为主办城市之一,也借助公私协作推动了本地发展。张家口有时采用"改造—运营—转让"模式(ROT),即允许私营企业在奥运会结束后改造并运营奥运场馆,到期后再将这些场馆重新转让给市政府;有时采用"建设—拥有—运营"模式(BOO),即合同双方签订为期30年的合同,其中私营公司拥有60%的股权。③

除了让私营部门参与场馆建设,北京冬奥会和冬残奥会组委会还请华扬联众和美国国际数据集团提升赛事营销和赛后开发的水平。④尽管北京冬奥会和冬残奥会组委会与两位官方合作伙伴(伊利集团和安踏运动)及士力架和英孚教育等多家赞助商签订了协议,但这些合作伙伴是否在关键决策上享有自由裁量权,我们对此不得而知。⑤此外,美国国际数据集团花大力气将卢西诺(Rossignol)等国外品牌引入中国市场,有时需要通过修建长期性冬季运动配套设施来实现这一目的。这也表明国际机构在赛后开发利用方面发挥的作用有所提升。⑥尽管2020年初暴发了新冠疫

---

① Sun, X.(2018年7月15日), Private sector to help build skating oval. *China Daily*. www.chinadaily.com.cn/china/2017-07/15/content_30122069.htm。
② 过去可在以下网址查到www.bjzdb.gov.cn/bjzdb/tzgg/2018-01/05/content_1050648.shtml。
③ 请参见www.ccgp.gov.cn/cggg/dfgg/zgysgg/201804/t20180403_9743019.htm(访问时间:2018年4月3日)。
④ Yi, Yuan.(2019年12月9日), www.beijing2022.cn/a/20191209/005352.htm 和(2019年1月18日)www.xinhuanet.com/english/2019-10/10/c_138461425.htm。
⑤ Yi, Yuan.(2019年12月26日), www.beijing2022.cn/a/20191226/022601.htm。
⑥ 请参见2022国际冬季运动(北京)博览会官网(访问时间:2019年1月18日):www.wwse2022.com/xiang-qing_en.aspx?id=193。

第五章　独一无二的比赛

情，但大多数奥运项目没有停止建设，只是为了实现年底完工的目标加强建筑工地的健康监测，尽量降低人员聚集的规模。① 不过新冠疫情引发的危机确实延误了延庆比赛场馆完工后举办的测试赛。②

奥运会闭幕式

近年来，中国和美国都成功举办了奥运会。不过其他不少国家举办奥运会时并不顺遂。中美两国是在公私协作的基础上取得这些成果的，即两国政府和营利性部门都为成功举办奥运会做出重大贡献。中美政府对赛事筹备的组织安排反映出各自的特色优势和倾向。美国主要依靠非营利性实体主导奥运会的组织工作，这是它在大多数文化活动中的常规操作。中国主要由政府牵头筹备和组织奥运会，不过我们可以预期2022年政府会在其他领域让渡更多权力。

奥运会与本书探讨的其他政策领域不太一样。奥运会并不是国家年复一年持续承担的职责，因此国家筹备和组织奥运会时会面对一些特有的挑战。每次举办奥运会都要为它组建全新的组委会，但一个城市很少会承办两次奥运会，即使这两次奥运会相隔几十年依然如此，尽管北京和洛杉矶马上就要申办第二次奥运会，盐湖城也可能申办两次奥运会。这种一次性活动的性质为奥运会带来不小的挑战，因为这种活动需要的体育设施、住房和交通造价不菲，但使用时间不足三周，随后就要转为他用，而这几乎不

---

① 请参见2020年2月18日的新闻报道（www.beijing2022.cn/a/20200218/003884.htm）。
② Hang, Chen.（2020年1月29日），https://m.chinanews.com/wap/detail/zw/ty/2020/01-29/9072912.shtml。

可避免地削弱了这些设施的价值，常常需要政府提供其他裨益来加以弥补，如提高交通便利性，但这些补偿性设施的投资很难收回。因此，政府必须对奥运项目提供大力支持，不可避免地拥有大量自由裁量权。①

主办方在承办奥运会时面临着巨大挑战，而作为补偿，它也享受到奥运会带来的巨大裨益。尽管无论过去还是现在，奥运会都没有完全杜绝丑闻②，但依然给主办国和主办城市带来不小的声望，让它们声名远播。这种国际声望会影响与奥运会有关的各个人群，吸引运动员等众多人群参与奥运会，还可以帮助奥运会直接获得捐赠。主办国内的顶级精英会像盐湖城奥运会中的米特·罗姆尼和北京奥运会中的张艺谋那样，为了确保奥运会成功举办而孜孜不倦地辛勤工作。

"让我们勠力同心，共同努力举办精彩的奥运会。"这是中美两国共同提出的"战斗"口号，而且在这两个高度务实的国家充分变成现实。尽管奥运会主办国遇到的重重困难使很多国家望而却步，连竞争奥运会主办权的活动都不愿参与，但中国和美国都会在未来数年里再度申办奥运会。

本书第二章探讨了"中国式协同治理"的概念框架，而主办奥运会的案例清晰地展现出它的另外一面。中国取得的卓越经济成就、在新型制度形式上的演进过程、开展的公私协作实验，甚至本书描述的协同治理实践都证明未来中国必将找到更具普遍性、更细致入微的方式创造价值。只要中国相信公私协作会给自己带

---

① 譬如，营利性体育运营在美国大行其道，但在中国仍处于发展阶段。这种模式几乎无法适用于比赛时间较短的奥运会。

② Andrew Zimbalist. *Circus Maximus*: *The Economic Gamble behind Hosting the Olympics and the World Cup*. Brookings Institution Press, 2016.

来利益，就会不断推广它。2008年中国第一次举办奥运会时，几乎完全规避了公私协作模式。尽管这么说多多少少有些自相矛盾，但本书依然认为，过去中国不愿采用公私协作模式，反而表明它越来越适应充满挑战但前途光明的未来时，开展公私协作的潜力更大，这不仅在2022年冬奥会中展现得淋漓尽致，在其他领域中也是如此。

第六章　最真实的国家财富

创造人力资本

在任何文化体系中，工作和才智领域的人力潜力都是其资源的重要组成部分。提升人力资本潜力的职责主要由政府承担，这个过程被称为教育、培训或人力资本开发。用保守定义来衡量，2015年经济合作与发展组织（OECD）成员开发人力资本的支出平均占到GDP的5%。[1] 在大多数富裕国家，教育在公共支出中的占比仅次于医疗。譬如在美国，教育支出占到GDP的6.1%。[2] 中国作为中等收入国家，教育支出的占比显然相对较低，2017年中国小学、中学职高和高等教育的支出占到GDP的4.14%。[3]

为人力资本发展投入较高公共支出具有深远意义。教育帮助

---

[1] 尽管各成员都用标准定义来衡量教育支出的比例，但常常忽略各类在职培训和学习的机会成本。OECD, *Education at a Glance 2018: OECD Indicators*, OECD Publishing, Paris, 2018. https://doi.org/10.1787/eag-2018-en.

[2] OECD（2018），OECD Indicators（同上）。

[3] 中国教育部（2018年10月8日），www.moe.gov.cn/srcsite/A05/s3040/201810/t20181012_351301.html。

人们发掘更多可能性，能够在一定程度上提高民众的收入，但从更广泛的角度来说，它拓展了人们追求幸福的范畴。古典经济学认为人力资本政策会使个人受益，如工人的技能提高后收入会随之提高。不过教育产生的效益会在更宽泛的社会范畴里产生连锁反应而惠及雇主，并且提高税收[1]，使人民的文化生活更加富足。政府推动人力资本发展还有助于降低经济不平等。经济不平等对中国和美国的困扰日益加剧。如果所有人力资本支出都由私营部门提供，那么富裕家庭的支出会远远超出贫困家庭，导致不平等程度恶化。

  无论在理论还是实践层面，人力资本发展都代表了跨部门协作的多种可能性。在这个领域里，成本、收益、激励和信息错综复杂地混合在一起，提升了公私互动的潜力。不过这种复杂性也导致人们难以识别和落地有效的协作安排，而且它们产生的结果常常让人们大失所望。本章先概述美国采用的公立教育、私立教育及公办/民办混合制办学模式，随后直接切换到中国的教育发展状况。本书没有紧跟两国人力资本发展的最新态势，而是关注了它的总体发展情况，譬如美国的公私合作模式极其多样且来之不易。本章从三个维度分别探讨了两国的教育情况：中小学教育、大学教育和中学后职业培训。

  在正式开展讨论之前，本章要强调教育和培训是中美两国提高生产率的主要途径。两者相互关联但泾渭分明。在中国和美国，大量人口从农村转移至城市、从农场转移至工厂、从生产率较低

---

[1] 政府支出每增加1 000美元，产生的税收优惠远远低于1 000美元。假定它能创造出600美元税收优惠，那么成本收益分析会认为人力资本带来的效益相当于400美元净成本。

的地区转移至低技能工人收入较高的领域。在美国,农村人口在1970年至1990年间减少了一半。在中国,三分之一的人口在1980年后的30年里从农村流向城市。从平均水平看,中国农民工和美国流动人口的收入和生活水平都大幅提升。

公私协作在美国教育中发挥的作用

种族渊源和人力资本

本书通篇强调了中国和美国在很多领域表现出的相似性极其显著,远远超出人们对它们的表面印象。不过在人力资本领域,两国之间的一个根本性差异产生了深远影响:美国的人种和种族极其多样化,而中国并非如此。汉族约占中国人口的92%,而且这个比例自1949年中华人民共和国成立以来几乎没有改变。尽管中国官方承认的55个少数民族总计1.12亿人[1],比美国人口的三分之一还多,但他们在中国的总人口中只占到8.4%。[2] 当然中国内部的很多深层差异对人力资本产生了影响。此外,中国在人力资本方面最重要的差异是城市及农村在学校资源和教育成就上的重大差距,数亿人因此受到影响(后面关于中国教育的章节会详细探讨这个问题)。

---

[1] 请参见Thomas S. Mullaney, 2010, "Seeing for the State: The Role of Social Scientists in China's Ethnic Classification Project," *Asian Ethnicity*, 11(3), 325–342;Thomas Mullaney, James Leibold, Stéphane Gros, and Eric Armand Vanden Bussche, eds., *Critical Han Studies: The History, Representation, and Identity of China's Majority*. Berkeley, California: University of California Press, 2012。

[2] 国家统计局,2010年中华人民共和国人口普查资料(2012),引自www.unicef.cn/en/atlas/population/774.html。

尽管本书不会深入讨论两国的人种或种族问题，但需要强调的是人种和种族问题与美国教育和培训的方方面面都息息相关，这一点非常重要。过去美国由白人主导，但现在已经成为多民族的大熔炉，而且民族融合的趋势在未来会进一步加强。在二战前夕，美国的人口中有90%是白人，而在非白人的人群中，大多数是作为奴隶后代的非洲裔美国人。[①] 近年来，即使到了1980年，白人在人口中的比例仍然接近80%。不过到了2017年，白人在总人口中的占比不足61%（请参见表6.1），而黑人的人口占比从11.5%缓慢上升至12.5%。移民的人口占比急剧上升，用一块多姿多彩的马赛克掩盖了自殖民时代起占据主导地位且较为简单的"白人+黑人"模式（这些移民既包括记录在案的移民，也包括非法移民）。拉美裔美国人的比重在1980年后直接飙升至18%，接近原来的三倍。亚裔美国人的占比以更快的速度攀升至5.6%。

各个种族的移民速度和生育率不尽相同，所以学龄儿童的变化更加显著，这个事实对于本节探讨的主题至关重要。在5~17岁的学龄儿童中，白人的比例已经从75%左右下滑至50%左右，而其他种族（特别是拉美裔美国人）的比重大幅攀升。

考虑到美国人种和种族的多样性，美国推行人力资本政策的经历对中国的借鉴意义不会太强，两者可能完全没有关联。首先，美国的不同人种和不同种族取得的教育成就差别很大（尽管这种差距在缩小），因此用总体趋势来描述美国的人力资本情

---

① 这个计算结果来自美国商务部 Historical Statistics of the United States, Colonial Times to 1957, Series A 23 - 33, Estimated Population by Sex, Age, and Color 1900 - 1957, Page 8 (www.census.gov/library/publications/1960/compendia/hist_stats_colonial-1957.html)，访问时间：2018年8月28日。

况会产生误导性。在1980年，超过70%的白人成年人拿到了高中毕业证，而在黑人成年人中，这个比例刚刚超过50%，拉美裔成年人的这个比重不足50%（请参见表6.2）。到了2017年，这些差距都在缩小。尽管白人与黑人的差距已经缩小至6个百分点，而白人与拉美裔美国人的差距仍然较大，接近14%。各个种族之间存在教育差距以及差距不断缩小的趋势在高等教育中表现得更为显著。1980年，白人获得本科或以上学历的可能性远远高于非白人。2017年，白人的大学毕业率仍然比拉美裔的大学毕业率高出一倍有余。不过白人与黑人在大学毕业率上的差距显著缩小，而亚裔美国人获得本科或以上学历的可能性远远超过白人。

表6.1 按种族划分的美国人口（全年龄段）[①]　　　　　　　　（单位：%）

	白人	黑人	拉美裔	亚裔	其他人种[②]
1980年（全年龄段）	79.7	11.5	6.5	1.6	0.6
2017年（全年龄段）	60.8	12.5	18.0	5.6	3.0
5~17岁年龄段					
1980年（5~17岁）	74.6	14.5	8.5	1.7	0.8
2017年（5~17岁）	51.2	13.7	24.9	5.0	5.2

[①] 来自美国教育部 *Digest of Education Statistics*, Table 101.20: Estimates of resident population, by race/ethnicity and age group, selected years 1980 through 2017（https://nces.ed.gov/programs/digest/d17/tables/dt17_101.20.asp?current=yes），访问时间：2018年8月28日。
[②] "其他人种"包括两种或更多种族（最大类）和太平洋岛印第安人或阿拉斯加人。

表6.2　1980年及2017年美国25岁以上人群的受教育程度① 　　（单位：%）

	白人	黑人	拉美裔	亚裔
中小学教育				
高中毕业（1980年）	71.9	51.4	44.5	相关数据缺失
高中毕业（2017年）	94.1	88.1	70.5	90.9
高等教育				
本科及以上学历（1980年）	18.4	7.9	7.6	相关数据缺失
本科及以上学历（2017年）	38.1	24.3	17.2	55.4

以上数据展示了不同人种的教育成就差异，帮助人们更深入地掌握美国的人力资本存量和流动情况。除此以外，人种和种族问题贯穿了美国对教育和培训政策开展的所有辩论。中国从来没有出现过这种情况。青少年及儿童教育和高等教育也是如此，只是表现方式略有不同。

由于移民的生育率较高，再加上白人纷纷迁离黑人社区，所以过去白人在公立中小学占据主导地位的情景一去不返。1995年，白人学生在公立中小学的注册率为65%左右。非拉美裔白人学生的比重在2014年下滑至50%以下，而且人们预测这种下滑势头不会终止。② 在

---

① *Digest of Education Statistics*, Table 203.50, Enrollment and percentage distribution of enrollment in public elementary and secondary schools, by race/ethnicity and region: Selected years, fall 1995 through fall 2027（https://nces.ed.gov/programs/digest/d17/tables/dt17_203.50.asp? current=yes），访问时间：2018年8月29日。

② *Digest of Education Statistics*, Table 104.10, Rates of high school completion and bachelor's degree attainment among persons age 25 years and over, by race/ethnicity and sex: selected years, 1910 through 2017（https://nces.ed.gov/programs/digest/d17/tables/dt17_104.10.asp?current=yes），访问时间：2018年8月29日。

规模最大的城市学区，毫无疑问白人学生已经成为少数群体。对于注册学生超过15 000人的学区，拉美裔成为（略微）多数群体，占比达到34.3%，而白人学生的占比为34.1%，黑人学生的占比为20.4%，亚裔学生的占比为6.6%。学区的规模越大，不同种族的教育差距收窄的倾向越明显。譬如，洛杉矶的学生超过60万名，芝加哥的学生超过40万名，白人学生在学生总数中的占比不足十分之一。纽约市约有100万幼儿园至高中的学生，其中白人学生只占到15%。[1] 私立学校的学生占到学生总数的十分之一左右，其中白人学生的比重超过白人学生在学生总数中的比重。相较而言，特许学校的学生占到学生总数的4.6%，其中白人学生的占比超过白人学生在学生总数中占比的可能性，远远低于黑人或拉美裔的学生占比超过他们在学生总数中的占比的可能性（随后就会讨论这个问题）。大多数特许学校都位于规模较大的城市社区。[2]

一旦黑人和拉美裔学生在管理混乱的城市学校占据主导地位，

---

[1] *Digest of Education Statistics*, Table 215.10, Selected statistics on enrollment, teachers, dropouts, and graduates in public school districts enrolling more than 15,000 students: Selected years, 1990 through 2014（https://nces.ed.gov/programs/digest/d16/tables/dt16_215.10.asp?current=yes），访问时间：2018年8月28日。

[2] 2016年，处于K–12教育阶段（学前教育至高等教育的缩写）的美国学生中有9.5%就读于私立学校。其中白人学生的占比极高（白人学生在私立学校的占比达到11.5%，而黑人学生的占比为8%，拉美裔学生的占比为6%）。特许学校的情况则大不一样：在公立特许学校中，白人学生的占比为2.7%，黑人学生的占比为8.5%，拉美裔学生的占比为6.7%。*Digest of Education Statistics*, Table 206.30, percentage of students enrolled in grades 1 through 12, by public school type and charter status, private school type, and selected child and household characteristics: 2016（https://nces.ed.gov/programs/digest/d17/tables/dt17_206.30.asp?current=yes），访问时间：2018年8月28日。

那么政界也会受到冲击。如果学校里的学生以其他种族为主，那么白人家庭往往不承担自己对学校的职责。即使这些城市学校拿到的资金相对较多，其表现往往也不尽如人意。非白人家庭牢骚满腹，认为学校里教育设施不足，师资力量匮乏，学校没有能力妥善地应对贫困、家庭功能不健全和种族主义等问题对自己的冲击，导致非白人家庭的孩子被抛弃。

白人主导地位下滑的现象也出现在高等教育领域。在1976年之后的40年里，白人学生在美国高等院校的学生占比从84%左右下降至57%左右（请参见表6.3）。①

表6.3 白人学生在高等教育机构中的比重 （单位：%）

	1976年	2016年
总体	84.3	56.9
四年制公立学校	86.1	59.5
四年制私立学校	86.7	61.0
两年制公立学校	80.2	50.6
两年制私立学校	80.3	38.0

不过白人学生的比重在各类机构的变化情况参差不齐。在四年制高等院校中，白人学生仍然占到学生总数的60%左右，只是非白人学生在社区大学和其他两年制高等院校学生的占比直线上升，这

---

① 表中和本段的所有数据来源于 *Digest of Education Statistics*, Table 306.20, Total fall enrollment in degree-granting postsecondary institutions, by level and control of institution and race/ethnicity of student: Selected years, 1976 through 2016（https://nces.ed.gov/programs/digest/d17/tables/dt17_306.20.asp?current=yes），访问时间：2018年8月29日。

类院校中有部分院校为学生创造出大量就业机会,而剩下的院校花费不菲却没能为学生找到出路。① 在两年制私立院校里,2016年非白人学生在学生总数中的占比超过60%。[各类院校没有单独列出亚裔美国学生的人数,但在规模最大的院校类别里(即四年制公立院校),他们的占比从2%一路飙升至8%左右。]在选拔性极强的公立和私立高等院校中,白人和亚裔学生的比例超出其各自的种族在总人口中的占比,黑人和拉美裔学生的比例则低于其种族在总人口中的占比。

美国的种族政治在高等教育领域引发的争议远远超过K-12教育面临的困扰。黑人和拉美裔(及他们的自由联盟)通过操纵政治压力和法律策略来努力缩小不同人种和种族在高等教育领域的差距,特别是在顶级院校。长久以来,美国的顶级院校一直扮演着美国特权阶层的"前厅"。部分白人和亚裔美国人在传统主义者、支持无视人种而任人唯贤的群体、"政治正确"反对派等群体的协助下,挥动着同样的武器来实现相反的目标。学生、教职工、校友和政客都参与了这些战斗,分别摆出大量词不达意的数据和漏洞百出的逻辑,并且经常背信弃义。

由此可见,种族多元化是美国人力资本政策最根本的特征,也是常常导致其意志消沉的特征之一。如果要为美国教育和培训政策撰写一部专著,那么除了深入彻底地探讨人种和种族问题以外别无选择。鉴于本书重点研究的主题是协同治理,并且特别关注了中国可借鉴的经验教训,因此回避了这一系列极其繁杂的问题——这些问题在很大程度上是美国特有的。

---

① Clive R. Belfield, 2013, "Student Loans and Repayment Rates: The Role of For-Profit Colleges," *Research in Higher Education*, 54(1), 1‑29.

美国的中小学教育

为了帮助不熟悉美国中小学教育的读者理解本章，笔者简要介绍了相关背景：美国政府高度分权，但分权程度并不均衡。国防等部分职责主要或全部由联邦政府承担。执法等职责由联邦政府、州政府和地方政府共同承担。中小学教育是分权程度最高的政府职能之一，地方政府和州政府分别承担的职责以及教育的资金来源在各州的情况不尽相同，而且时时发生变化。中国常见的安排是中央政府要求地方政府投入大量资源来实现政策目标，但各地在经济发展和资源水平上差异极大。这种情况在美国并不多见。

美国有四百余万中小学教师。州政府和地方政府每年为K-12教育投入5 000亿美元。[①] 政府没有垄断美国教育，但属于主要的教育服务供应者。大多数中小学生都会选择财政资助的学校。大部分（并非全部）公共财政资助的学校也直接由政府运营。唯一的例外是下面即将分析的特许学校。

美国教育经历了长期发展才形成现行体系。美国成立未久时，政府在教育领域发挥的作用非常有限。家庭条件优越、文化程度较高的美国人会请家教辅导自己的孩子。不少市镇都以某种形式用本地财政资助学校或给学校提供生源。定期到这些学校上学的儿童不足学龄儿童的一半。即使在依靠公共财政支持的学校，它们的课程中也充斥了不少宗教内容。

到了19世纪30年代末，教育的地位开始发生转变。作为倡导普及免费世俗教育的先驱者，霍瑞斯·曼（Horace Mann）在全美

[①] 2014—2015年的教育支出为6 680亿美元（https://nces.ed.gov/fastfacts/display.asp?id=66）。就业数据来源于《职业就业统计》（Occupational Employment Statistics）（www.bls.gov/oes/current/oes_nat.htm 25-0000）。

第一个州教育委员会（即马萨诸塞州教育委员会）中担任首任秘书长。他在马萨诸塞州创建了遍布全州的"师范学校"网。① 其他州效仿马萨诸塞州，根据本州特点成立了自己的教育委员会。到了19世纪60年代，一半以上的5~17岁青少年踏入学校接受正规教育。② 到了1889年，入学率超过77%，而且在1 430万在校学生中，有1 300万学生就读于公立学校，而不是私立学校。大众教育的时代就此开启。不过在19世纪，大多数美国青少年上到八年级就终止自己的学习时代，甚至可能比这还早。

公立学校运动结束后，美国在20世纪初又经历了一场人力资本革命，即民众普遍接受高中教育。③ 这次它的主战场是美国中西部而不是新英格兰。在19世纪，高中生的人数从来没有超过几十万人，但到了1910年已经接近100万人，在二战前夕暴增至近700万人。尽管在这一时期，总体人口规模也在扩张，但高中入学率火箭式上升，其增速比人口增速高出数倍。八年制小学教育日益兴起，对私立精英高中和宗教高中的优势地位提出挑战。在19世纪80年代末公立高中崛起之前，近三分之一的中学生就读于私立学校。到了1915年，私立高中生的比重直线下滑至10%以下，而且除了偶尔小幅上升以外，私立高中生的比重很少超过这个基准。2011年，私立学校的学生在K-8学生（即基础教

---

① 第一家师范学校于1839年成立于列克星敦镇。如今学校的校舍依然保留，而且本书作者是在穿越校舍的街道上完成了本书初稿。
② Historical Statistics of the United States, Table Bc7-18, "School enrollment and pupil－teacher ratios, by grades K-8 and 9-12 and by public-private control: 1869-1996"（访问时间：2015年7月）。
③ Claudia Goldin and Lawrence Katz, "Human Capital and Social Capital: The Rise of Secondary Schooling in America, 1910 to 1940," NBER Working Paper No. 6439, March 1998.

育1~8年级的学生）中的比重为10%左右，在高中生中的比重为8%左右。①

2011年，拉美裔占到美国总人口的16.3%，但在私立学校的学生占比只有8.9%；黑人占到美国总人口的12.6%，但在私立学校的学生占比为9.8%。非拉美裔白人学生和亚裔美国学生在私立学校的学生占比超过这两个种族在总人口中的比重。尽管城市里的天主教学校接收了大量非天主教黑人学生，吸引了不少媒体关注，但私立学校的黑人学生进入非天主教宗教学校或世俗学校而不是天主教学校的概率远远高于私立学校的白人学生。②

私立学校的收费水平差别极大。宗教学校往往能从广泛的宗教团队那里得到稳定的资金支持。此外，它们的教职工愿意以低于其他学校的薪酬水平在学校工作，相当于学校获得了非现金补贴。部分世俗学校专注于实现特定使命，而且收费相对较低；其他世俗学校则学费高昂。在2011—2012学年，私立天主教学校的学费平均为7 000美元左右，其他私立宗教学校的学费平均为9 000美元，私立世俗学校的学费平均为22 000美元。③

---

① Digest of Education Statistics Table 2015.10, "Private elementary and secondary school enrollment and private enrollment as a percentage of total enrollment in public and private schools, by region and grade level: Selected years, fall 1995 through fall 2011."

② Census Bureau, Census Brief C20110BR-02, Overview of Race and Hispanic Origin, March 2011, Table 1 and NCES, Table 205.40 "Number and percentage distribution of private elementary and secondary students, teachers, and schools, by orientation of school and selected characteristics: Fall 1999, fall 2009, and fall 2011."

③ NCES Table 205.50, Private elementary and secondary enrollment, number of schools, and average tuition, by school level, orientation, and tuition: Selected years, 1999－2000 through 2011－2012.高中学费通常都会超过低年级的学费，有时会达到私立精英大学的学费水平。

几乎美国的每个政治阶层都对公立学校的表现不甚满意。当然，美国部分公立学校能够与各国最优秀的公立学校或私立学校一较高下，特别是富裕郊区的公立学校。不过办学经费不足的村镇学校及大多数市中心学校在教育质量方面一直令人担忧。只有在教育发挥效力时，"政府支持教育方能抵御不平等"的说法才站得住脚。人种和种族之间的严重不平等持续困扰着美国，如他们在考试成绩、毕业率、大学入学率和就业前景方面都极不平等。2002年，联邦政府签署了《有教无类法案》以竭力削弱这些不平等。该法案要求各州定期对所有学生进行测试，而且除非所有学生（包括弱势群体和富裕群体、有特殊需求的群体）都达到规定的升学率，否则学校就要受到惩罚。学生的成绩确实有所提高，只是没有达到部分发达国家的水平。不过在所有学生的成绩全面提高的情况下，种族不平等的程度只是略微降低，或许根本没有变化。[①]

　　当然，误人子弟的老师和校务管理者厌恶对他们来说失败风险很高的测试制度。学生家长和有能力的老师既反对单调乏味的测试制度（因为这往往会使学校减少对艺术、音乐等没有纳入测试体系的课程投入的资源），也反对《有教无类法案》中看起来不合情理的惩罚措施。譬如，在部分拔尖的学校，几乎所有学生的测试成绩都接近最高分，但由于他们几乎没有更多空间来达到法

[①] Thomas S. Dee and Brian Jacob, 2011, "The Impact of No Child Left Behind on Student Achievement," *Journal of Policy Analysis and Management*, John Wiley & Sons, Ltd., 30(3), 418–446, Summer; M. Wong, T. D. Cook, and P. M. Steiner, 2015, "Adding Design Elements to Improve Time Series Designs: No Child Left Behind as an Example of Causal Pattern-Matching," *Journal of Research on Educational Effectiveness*, 8(2), 245–279.

律要求的成绩提升比率，所以反而可能受到惩罚。

公私混合模式：在人们普遍反对传统公立教育的背景下，形形色色的公私混合制教育模式作为克服这些弊病的解决办法浮出水面。毫无疑问，利用美国强大的私营部门提升K-12教育质量的想法对人们颇具吸引力，特别是在美国人民倾向于市场导向的情况下，不过即使如此，人们依然存在很多根本性的担忧。亚当·斯密有一句名言家喻户晓："我们期望的晚餐并非来自屠夫、酿酒师或面包师的恩惠，而是来自他们对自身利益的关注。"他或许还应该补充说："不过从传道士或教师的角度来说，我们确实需要他们略施恩惠。"我们之所以这么说，是因为人们更善于评判火腿、啤酒和英格兰松饼的质量，这都是我们经常购买的日用品，但要想评判高等教育的质量则没那么容易。有时，努力提高教育质量的美国人会记得教育属于特殊服务，有时却不尽然。

里根政府组建的一个委员会从美国民众的倡议中听到了引入私营部门提升教育质量的"开市钟"。该委员会完成的报告《国家危机》引发广泛关注，而且影响深远。这份报告从头到尾声讨了劣质公立教育。在报告发布后的几十年里，美国推出三项相互关联但有所区别的举措，为了显著改善K-12教育而引入私营机构以促进竞争。这些举措包括让私营部门管理公立学校、让公立学生转而接受私立教育、在公立教育体系内引入市场化的选择和竞争方式。

很多美国人曾在20世纪末满怀希望地认为本国私营部门强大的创新能力和效率能够弥补K-12公立教育的不足。为什么不顺水推舟用市场化手段来完善小学和初中教育？美国人已经利用市场化手段轻松享用到很多产品和服务。企业家编制出很多方案，用敏捷灵活的私营机构取代行动迟缓且固化的官僚机构，从而实现压缩成本、提升教育水平并且加快创新的目标。政治领袖为这些企业家鼓励打气,并为了支持他们调整政府政策(特别是共和党人),但他们并不是唯一这么做的群体。

营利性企业表现出特有的敏捷性,随时准备好动用资本来实现自己的目标。营利性企业是率先进入教育领域的私营实体,完全在人们的意料之外。1990年,因为教育质量而屡受诟病的佛罗里达州戴德县宣布将对学区教育开展重大市场化改革。它在一所新建的小学里试点了完全不同的管理模式。营利性公司"教育选择"(Educational Alternatives Incorporated, EAI)全面负责学校管理工作,如遴选教职工。EAI的规模迅速膨胀,很快就高调地签署了在巴尔的摩运营9家学校的合同,并且接手了帮助康涅狄格州哈特福德地区提升公立教育体系水平的工作。[1] 几年后,媒体企业家魏克礼(Chris Whittle)宣布了一项更加宏大的计划——"爱迪生项目",准备让私营营利机构引领公立学校迈向新高度。"爱迪生项目"在达拉斯和费城拿下的公立学校管理合同引起很多关注。他还宣布了一系列计划,准备在整个20世纪90年代全力提升学生的教育水平,为股东创造财富。

事实证明,以"爱迪生项目"和EAI为代表的营利性教育成为社会敏感话题。有人疯狂诋毁它,也有人为它大唱赞歌。公立学校的教师及其所属的工会几乎众口一词地反对营利性教育,传统教育流派的大多数学者也与他们站在同一阵营。鉴于人们监控学校教育质量时很难做到面面俱到,也不容易让学校管理者为此承担责任,所以有人预言对高利润率的渴望必然会导致私营企业

---

[1] Steven A. Holmes, "In Florida, a Private Company Will Operate a Public School," *The New York Times*, December 7, 1990, p. 1.

以"抄近道"的方式提高教育质量。其他人感到,尽管在一定程度上,营利性教育维持了教育水平,甚至使其有所提高,但公立教育确实不应该有利润动机。[①]

很多观察者都期望为教育系统注入一些市场力量来清除美国学校中的弊端。不过尽管官僚体系和工会限制了学校聘用和解聘教职工的能力,在一定程度上可以解释为何学校的教育质量不尽如人意,但营利性学校的管理模式无法从根本上解决很多问题,如民众的居住模式和人口模式导致弱势学生聚集到同一所学校,家庭功能不健全削弱了学习产生的积极影响(即使在顶级学校也是如此),青少年文化中经常包含不健康的内容。[②] 此外,教育产生的收益极其复杂、分散,而且可能不会即时显现(特别是对年纪较轻的青少年而言),因此与主张通过选择和竞争来提升效率的理论出入很大。

在过去20多年里,美国努力在公共教育领域推行协同治理,已经取得部分显而易见的成果。"爱迪生项目"和EAI对公立学校开展的营利性管理实验没有对学生造成某些批评者描述的那些灾难。但在很多情况下,这些项目的投资者损失惨重。2001年,爱迪生的股价接近40美元,但在几年后跌至谷底14美分。2003

[①] 这些批评意见的代表性观点可参见以下文献:Daniel Tanner, November 2000, "Manufacturing Problems and Selling Solutions: How to Succeed in the Education Business without Really Educating," *The Phi Delta Kappan*, 82(3) and January 1999, "The Hazards of Making Public Schooling a Private Business," *Harvard Law Review*, special issue, 112,(3)。请参见本书第二章的内容,这章讨论了难以监控或保障教育质量中的某些重要范畴时,各种所有制形式所具有的比较优势。

[②] 譬如,请参见Tony Wagner, September 1996, "School Choice: To What End?" *The Phi Delta Kappan*, 78(1), 70–71。

年，它完成公司私有化后，股价保持在1.8美元左右。[1] 最重要的是，营利性教育的拥趸一直畅想这场变革会大幅提升教育成就，但这从来没有变成现实。兰德公司认真研究这个问题后称，营利性教育机构宣扬自己在提高教育质量方面占有优势，但大多只是夸夸其谈。"爱迪生项目"和EAI在达拉斯、巴尔的摩、哈特福特和费城高调签下的合同被提前终止，或者到期后没有续约。哥伦比亚大学教授兼教育私有化研究中心主任亨利·莱文（Henry M. Levin）简要总结了营利性教育取得的总体结果："它们没有摧毁学校，但也没有产生重大积极作用。"[2] 到了21世纪初，大部分营利性教育公司要么回归传统的私立学校，要么在推行特许学校的运动中找到细分市场。[3]

在营利性学校管理的发展跌宕起伏的时期，人们关注到另外一种公私混合制K–12教育模式，即为私立学校的学生提供公共财政支持的教育券。当时教育券大受欢迎，表明不少现实情况交织在一起：私立学校费用高昂，公立教育质量参差不齐的情况极其严重，大多数城市贫困地区无法提供充足公立教育的事实触目惊心，政治保守派大行其道。

这种混合制教育源自20世纪末和21世纪初政界围绕教育券展开的激烈争论。1955年，知名的自由市场派经济学家米尔顿·弗

---

[1] Marc Caputo, "Edison Schools Accepts Buyout," *Miami Herald*, November 13, 2003. 如果营利性教育项目的负面信息还没有出现，那么40美元的股价或许是合理的。虽然"爱迪生项目"成功的概率很小，但一旦达到预期目标，其股价可能会飙升至200美元。

[2] Martha Woodall, "Nationally, Hired Firms Have Had Little Effect," *Philadelphia Inquirer*, February 1, 2007, pp. A–10.

[3] 请参见Peter Applebome, "For-Profit Education Venture to Expand," *The New York Times*, June 2, 1997, p. 12 on Edison's shift to charters and Woodall, 2007 on EAI's.

里德曼（Milton Friedman）提议政府以教育券的形式补贴私立学校，激发竞争以提高学校教育质量。美国南部有一些反对取消种族隔离的人借用了这个观点，要求资助白人家庭逃往实施种族隔离的私立学校，因此该观点的合理性大打折扣。[1] 法院很快叫停了这个对种族隔离主义推波助澜的手段。不过教育券的想法最终赢得保守派的主流支持，特别是罗纳德·里根总统。教育券不时在政坛引发争议，支持派称它救美国教育于水火之中，反对派则表示它摧毁了美国教育。

由于支持和反对教育券的政治力量大体上旗鼓相当，所以教育券计划的实际规模一直没有扩大，无论是个别城市和个别州推出的教育券计划，还是美国教育券的总体规模都较为有限。1989年，威斯康星州通过的一项法案决定在密尔沃基推出教育券计划。自那以后，12个州和哥伦比亚特区都发行了某种形式的K-12教育券。[2] 然而，尽管有一个大力倡导教育券的机构在竭力迎合日益兴起的"选择和变革"浪潮，但在2013—2014学年，它只为115 580名K-12学生提供了教育券，在所有K-12学生中的占比不足0.25%。[3] 在长达数十年的教育券"堑壕战"中，任何一方都不可能很快胜出，因为两派观点水火不容，而且现状的惯性过于强大。

特许学校运动是另外一个让民众享有更多教育选择权，从而

---

[1] Paul Peterson, "School Vouchers in the United States: Productivity in the Public and Private Sectors," *Zeitschrift für Erziehungswissenschaft*, 11(2), 2008, p. 2.
[2] 请参见美国各州立法会议官网（www.ncsl.org/research/education/voucher-law-comparison.aspx），访问时间：2015年7月。
[3] 请参见美国儿童联合会官网（www.federationforchildren.org/ed-choice-101/facts/），访问时间：2015年7月。

促进教育竞争的途径。它的出现是为了规避教育券引发的争议和僵局。特许学校的资金来源是公共财政（有时只是部分资金来源于政府拨款，但大多数情况下全部资金都由政府提供），但由私营部门运营。[①] 尽管部分特许公立学校以营利为目标，但绝大多数都属于非营利性机构。它们的典型特征即"特许"，从本质上来说属于以履行教育使命为目标的合同，而且涵盖的内容非常广泛。这限制了教师、学校管理人员和董事等按照自己的想法运营学校，不过也并没有完全束缚他们的手脚。

1991年，明尼苏达州授权成立了首个特许学校。到2013年，这场运动席卷了42个州、哥伦比亚特区和波多黎各的6 000余所学校。约230万名美国青少年和儿童没有去传统的公立学校求学，而是选择了特许学校。他们占到美国学生总数的5%左右。[②] 特许公立学校的主要资金来源是公共财政，政府按照入学人数拨款。不过不少特许学校也会接受私人捐赠及各类公立机构和私立机构提供的补贴。很多亿万富翁都在慷慨地支持自己心仪的特许学校。特许学校使人们拥有更多教育选择，而且推动了竞争，这些都是保守派珍视的特征。同时，自由派可以通过特许学校维护"教育为集体财产"的原则，使教育服务提供者对公众承担责任。没有一个派系能全盘接受特许学校，但所有人都能从它身上找到自己

---

① 美国教育部将特许学校定义为，在本州立法机构及其他对口政府机构的特许下，提供免费公立小学教育和初中教育的机构。请参见国家教育统计中心（National Center for Education Statistics, NCES）的统计分析报告 Overview of Public Elementary and Secondary Schools and Districts: School Year 2001–02, US Department of Education, May 2003, Glossary of Key Terms。

② NCES 2015, Table 216.20, Number and enrollment of public elementary and secondary schools by level, type, and charter and magnet status, Selected years 1990–1991 through 2012–2013（访问时间：2015年7月）。

第六章　最真实的国家财富

倡导的教育精神，而且就算对它不满意，也不会将其作为政治日程上的优先事项来应对。

特许学校的表现可圈可点，但确实让人们喜忧参半。人们期望特许学校运动能够同时提升公立学校和特许学校的教育水平，不断复制成功模式，逐步淘汰效果不佳的措施。有三股力量推动各方形成良性循环：公立学校和新建公立学校可以复制成功的办学模式；择校家长可以让孩子用脚投票，使教学有方的学校得到回报[①]；州政府和地方政府的管理者（包括公立学校的董事会）可以惩戒收效甚微的模式，支持成效显著的模式。

那么，这种理想模式是不是在变成现实？学界及其他领域的分析人员极其深入地研究了特许学校的发展状况。很多研究探究了它的诸多方面，用各种方式衡量其教育成果，采用各种分析策略，并且展现出研究者在技能水平、客观性和坦诚度方面的差异。有一份公开发布的研究报告全方位支持了称赞特许公立学校的所有观点。

成功学院（Success Academy）是一家受到交口称赞的特许学校，在纽约市颇有影响力。它有45所分校，招收了17 000名学生。一旦申请入学的人数过多，特许学校就会按照本地的法律规定，以抽签形式从申请者中选拔入学者。成功学院的学生大多数出身贫寒，其中95%的学生来自少数族群。他们表现出的特点是，过去的成绩远低于国家标准，不过他们在特许学校接受教育后，参加纽约州标准化测试取得的成绩超过传统公立学校的表现，数学和英语达到"精通"水平的学生比例分别为95%和84%，而

[①] 请参见 D. A. Neal, *Information, Incentives, and Education Policy*, Harvard University Press, 2018中的讨论。

公立学校的同类比例分别为41%和38%。当然，这夸大了特许学校的成就：学生积极申请进入成功学院，而不是被动地进入政府指定的公立学校，这原本就暗示着学生的学习能力和对学习的投入程度。不过，如果把成功学院的学生与没有抽中签而错失成功学院入学机会的学生进行比较，可以在一定程度上消除这种偏差。后者的数学和英语测试达到"精通"水平的学生比例分别为60%和44%，高于没有申请成功学院的学生，但低于因为中签而成功申请成功学院的学生，这表明成功学院的模式确实创造了价值。成功学院属于非营利性机构，完全依靠富裕的慈善家慷慨解囊才能正常运营。这多少影响了它与投入同样资金规模的传统公立学校相比取得的成效。成功学院将自己的教育理念定义为"严谨"，而批评者称这"压制了学生的天性"，同时过分关注测试成绩。如果批评者采用本书中的概念，那么表示成功学院采用的"偏好裁量权"缺乏正当理由。成功学院则会反驳称自己提供的教育质量极高。

如果从各个角度全面审视特许学校，而且只参考比较重要的统计研究，那么可以得出一个相当稳健的结论：从平均水平看，特许学校和普通学校的教育质量之间不存在显著的系统性差异。[1] 如果从整体来看，特许学校取得的教育成果长期优于其他类型的学校，或者一直表现不佳，那么时至今日人们早已有所体会。美国在开设特许学校方面已经积累起充足的经验，而且反对派和拥护派都有不少成员迫切想证明己方观点，因为它们之间巨大的平均差异还没有完全暴露。

---

[1] Bifulco and Bulkley, chapter 24 in H. F. Ladd and E. B. Fiske, eds., *Handbook of Research in Education Finance and Policy*, Routledge, 2012.

"平均水平"是前文的一个关键词。使用这个词描述特许学校会掩盖与其有关的核心研究发现。大量证据显示部分特许学校的教育成果相当突出,但其他特许学校远远逊于传统的公立学校。一些特许学校充分利用自主权开设能够大幅提升学生表现的课程(学生的表现用测试成绩来衡量),创造出更多无法用标准化测试量化的公共价值。毫无疑问,不少特许学校真心诚意地希望提高教育质量,但是没能做好自己的工作。更糟糕的是,部分特许学校以机会主义或损人利己的方式使用手中的自由裁量权,在设置课程时为了照顾私人利益而牺牲公共价值。

人们广泛认为美国特许学校运动的特色是减轻了政府的负担,将创造公共价值的职责转移到私营部门,不过这种说法并不正确。事实上,特许学校的出现代表着政府在重新定位自己的角色,而不是放弃原本属于自己的职责。从传统的公立学校转向特许学校,意味着政府承担的任务有所变化,但新任务同样不可或缺。事实上,这总体上属于协作措施。为了最大化私营部门利用自由裁量权创造公共价值的概率,政府必须遴选、赋能、激励和监管自己的合作伙伴。如果从总体情况看,特许学校没有像拥护者期望的那样显著提升教育质量,那么并不是因为观察者高估了私营部门的创新力或者低估了传统公立学校的表现,而是因为观察者没有正确解读特许学校涉及的治理工作。为了重新平衡公共部门和私营部门在中小学教育中的混合比例,美国开展了诸多实验,但结果混乱不堪。或许这是中国可以从美国学到的最重要教训。当人们希望通过驾驭私营部门来实现公共目标时,他们学到的总体教训是政府必须承担新的职责来确保公共价值最大化,而且政府通常不太熟悉如何履行这些新职责。

美国的中学后教育和培训

学位授予院校：如果说K-12教育被普遍视为美国的弱势领域，那么中学后教育则是公认的优势领域。至少三分之二的美国青年在中学毕业后接受了高等教育。在2007年进入四年制院校的学生中，约60%的学生在六年内成功毕业，不过平均数据掩盖了不同群体之间的显著差异，如精英私立学校的女生毕业率超过92%，而免试入学类公立学校的男生中只有30%的人成功毕业。[1] 尽管并不完美，但美国的高等教育水平在全球遥遥领先，拥有各类顶尖机构，如庞大的州立大学和小规模的私立文理学院。在2013—2014学年，近90万名青年从全球各地涌向美国接受中学后教育，其中仅中国学生就有27.5万人。[2]

美国的高等教育反映出一个极其多元化的制度生态环境。2013年，美国有4 724家高等教育机构（其中包括大学分校），其中约三分之二是四年制大学院校，剩下的是大专、社区大学及其他两年制院校。私立院校（3 099所）的数量几乎比公立院校（1 625所）高出一倍。不过公立院校的平均规模要大得多。公立院校的学生总数接近1 480万，而私立院校的学生约为560万。[3]

截至目前，营利性院校在美国高等教育中发挥的作用几乎微不足道。从学生人数看，公立院校始终主导着高等教育，但在私立教育领域内部，非营利性模式正在没落。在整个20世纪，营

---

[1] NCES Table 326.10, Graduation rate from first institution attended for first-time, full-time bachelor's degree-seeking students, 1996 through 2007.
[2] NCES 2015, Table 310.20, Foreign students enrolled in institutions of higher education in the United States, by continent, region, and selected countries of origin.
[3] NCES 317.10 and 303.25.

利性教育机构的学生人数在高等教育学生总数中的比重远远低于2%，但最近这个比重直线上升（请参见表6.4）。[1]

表6.4 学位授予院校的注册学生人数 （单位：%）

	公立院校	私立非营利性院校	私立营利性院校
1970—1979年	77.5	22.1	0.4
1980—1989年	77.8	20.7	1.4
1990—1999年	77.8	20.3	1.9
2000—2009年	75.0	19.6	5.4
2010—2013年	72.1	18.9	9.0

大体上说，美国将私营部门引入高等教育后成果显著。美国的教育机构数量众多，而且极其多元化。这意味着任何课程和文化主题都对应着一个或多个供给机构。几乎每一位即将步入大学的学生都可以找到不少与自身匹配程度很高的院校。不过不少大学院校的教职工（包括本书作者）看到技术和市场力量正在摧毁美国高等院校的生态环境。很多学校将在未来几十年里逐渐退出。不过笔者强烈地感觉私营非营利性院校将继续成为美国高等教育领域中一支生机勃勃的力量，成为其至关重要的组成部分——它理应做到这一点。

至少部分理论认为，营利性机构与非营利性机构一样造福了美国高等教育，甚至前者的贡献可能超越后者。约翰·洛克菲勒携手与他长期保持密切关系的非营利性机构美国浸信会教育协会（The America Baptist Education Society）共同创建了芝加哥大学。洛克菲

---

[1] 这个计算结果来源于NCES Table 303.25, Total fall enrollment in degree-granting postsecondary institutions, by control and level of institution: 1970 through 2013。

勒和浸信会同僚修建起宏伟壮丽的高等院校来推动美国中西部的中学后教育，而且（至少在早年间）大力宣扬浸信会的信仰，使其大放光芒。他们完全可以为此感到骄傲。不过假设洛克菲勒不是和浸信会联合创建大学，而是和另一家与自己有联系的私营机构联合开展这项工作——标准石油公司（或者标准石油公司的教育子公司），那么情况会怎样？为什么营利性机构不能在高等教育里承担非营利性机构有能力开展的所有工作？毕竟盈利动机会强有力地激励教育机构开展优化和创新，压缩成本。

近年来，营利性高等教育机构的学生在高等院校学生总数中的占比显著膨胀。不过营利性高等院校的重点已经偏离传统的高等教育，公立机构和非营利性机构在传统高等教育领域里占据先发优势，譬如已经建立起口碑，积累了实物资本，搭建好制度结构，而且部分学校拿到丰厚的捐赠。目前，人们在高等教育市场获得的服务不尽如人意，营利性实体在这个市场上的发展突飞猛进。事实证明，营利性实体在业务层面反应敏捷，随时可以调动资本，而后者正是它们具备比较优势的领域。它们充分运用了日新月异的信息技术。不少营利性机构专攻在线教育。如果不是新冠疫情迫使知名教育机构在线上教育发力，它们可能会在这个领域里一直落后于营利性机构。

知名在线课程公司Coursera虽然是营利性机构，但是与斯坦福、普林斯顿和密歇根大学等美国名校及全球顶级院校建立了合作关系。它代表着一种颇具前景的公私协作模式，即公立大学和非营利性大学在某个重大领域里与营利性机构开展合作。营利性机构在这个领域里的生产优势较为显著。有意思的是，哈佛和MIT牵头建立的edX与Coursera相互竞争，却属于非营利性机构。这两个实体的发展态势都非常喜人。只有时间可以证明它们之间终究会决出一个优胜者，还是两者大体势均力敌而长期共存。

营利性实体还在两年制大学市场上大展拳脚。在美国的大部分地区，公共部门和传统非营利部门在这个市场的表现相对疲软，慈善家对它的关注也远不及对四年制教育机构的关注。看起来营利性两年制教育机构让不少学生顺利毕业，所以其表现更加突出。在两年制公立院校里，只有五分之一的学生切实拿到副学士学位或非学历证书。在非营利性私立机构中，学生的毕业率略微高于50%，而营利性机构的学生毕业率接近60%。[①]

在2011—2012年，营利性机构授予的学位占到学位总数的11%左右，与他们的学生占比大体相当。营利性机构授予的学位中约有一半是两年制副学士学位，而不是学士学位、硕士学位或博士学位。所有机构（即公立机构、非营利性机构和营利性机构）共同发放的副学士学位占到总量的四分之一。在通信、信息技术、国土安全和执法等教育领域，营利性机构授予的学位数量远远超过其在这些领域里的占比，清晰地反映出它们快速地转向热门就业的能力。在新闻学、哲学和人文学科等相对冷门的技能领域，营利性机构授予的学位比例远远低于它们在这些领域的教育占比。与此形成鲜明对比的是，在提供补贴教育的公立机构和非营利性机构，其教员可以利用自己的偏好裁量权，将学生推到就业前景没那么光明的领域。

营利性机构在特定细分领域里大放异彩的模式，成了很多协同治理领域里的典范。譬如，在医疗保健服务方面，营利性机构

[①] NCES Table 326.20, "Graduation rate from first institution attended within 150 percent of normal time for first-time, full-time degree/certificate-seeking students at two-year postsecondary institutions, by race/ethnicity, sex, and control of institution: Selected cohort entry years, 2000 through 2010"（访问时间：2015年7月）。

在检测设备、透析中心和紧急医疗诊所等领域发挥了重要作用，但为普通医院提供的服务极少。在医学研究方面，营利性机构是药物研发的主要参与者，不过在基础科研和初步临床研究领域里几乎没有发挥任何作用。

营利性机构给高等教育带来的威胁也很特别，在高等教育这个领域，潜在消费者很难评判它的质量，但又容易曲解其取得的成就。进入21世纪后，高等教育迅速崛起。在此背景下，大量新闻报道了轻信他人或孤注一掷的学生对经不起推敲的推销话术信以为真，或为了价值不大（甚至一文不值）的文凭押上自己的未来。① 其中最为人所知的案例是唐纳德·特朗普创办的营利性企业特朗普大学。这家机构成为多起诉讼案的被告。人们称其利用了数以千计希望在房地产业大展宏图的学生。特朗普曾在公开场合愤怒地否认这些诉讼，但在当选美国总统后和正式就任期间悄无声息地斥资2 500万美元完成和解。另外一个更加重要的案例涉及拥有100处校园的科林斯大学（Corinthian College）。不少学生对学校大失所望而投诉它，因此科林斯大学丑闻缠身，在2015年关门。联邦政府一笔勾销了科林斯大学学生的35亿美元贷款。② 人们从20世纪90年代中期开始收集机构倒闭的数据，发现营利性机构的倒闭概率比其他学位授予机构的倒闭概率高出一倍。

低收入学生可以申请联邦政府的经济补助。这类措施往往提

---

① 近期的研究分离了因果效应，发现营利性机构的学生回报率较低。"对于四年制教育机构来说，营利性机构的学生贷款更多，贷款额、借贷概率和违约率更高，在劳动力市场上的发展前景也更不理想。" Luis Armona, Rajashri Chakrabarti, and Michael F. Lovenheim, 2018. "How Does For-profit College Attendance Affect Student Loans, Defaults and Labor Market Outcomes?" NBER Working Paper No. 25042.

② "Lessons of a For-Profit College Collapse," *The New York Times*, July 9, 2014, p. 24.

升了他们向更高的社会阶层流动的概率，但给学生和学校都带来道德风险。它使营利性院校和培训项目确信，即使学生没有任何储蓄和收入，也可以成为招生对象，因为它们总是能获得可靠的学费收入，有时它们甚至不知道谁会在本机构接受教育。在2011—2012学年，营利性机构的全日制学生中有93%申请到联邦政府的教育补贴。这个比例远远高于其他中学后教育机构的申请比例。① 到了2015年，在政府贷款违约的毕业生中，有近一半就读于营利性教育机构。② 这比营利性教育机构在学生总数中的比重高出近四倍。

在某种程度上，这类"贷款违约灾难"标志着协同治理的失败。从原则上说，联邦政府为那些无力提供抵押品的高等教育学生补贴贷款利息是有意义的，其目标是希望他们在职业发展上有更美好的未来，缴纳更多税款，对社会的贡献超出他们未接受教育时对社会的贡献。学生自己选择教育供应商时也会采用类似的逻辑。问题在于政府提供贷款时几乎没有能力验证这些贷款实现了哪些教育价值，也没有办法证明还款的可能性。它忽略了有效的协同治理周期中四个关键要素中的"评估"步骤。

正规高等教育以外的在职培训

不少中学后教育都包含职业培训的元素。很多大学生采用了半工半读的模式，特别是来自弱势群体的学生。大学院校提供了

---

① NCES Table 331.90 Percentage of full-time and part-time undergraduates receiving federal aid, by aid program and control and level of institution: 2007–2008 and 2011–2012.

② Tamar Lewin, "For-Profit Colleges Face a Loan Revolt by Thousands Claiming Trickery," *The New York Times*, May 4, 2015.

大量不授予学位的培训。不过劳动力开发工作不同于中学后教育。前者倾向于为年纪较大的人群提供教育服务，帮助他们围绕明确的目标找工作，并且尽快在职业发展上收到回报。很多在职培训都在公司内部开展。受训者和雇主会共享培训带来的回报。劳动力开发产生的裨益会四处扩散，既可以增强它的总体价值，又可以提升公私协作的吸引力。在某些情况下，公私协作成为必不可少的要素。不过这突显了另外一个问题，即如何构建公平高效的成本、风险和自由裁量权分摊模式。

　　K-12和中学后教育的支出非常明确，但产生的效益不容易衡量。相较而言，劳动力开发的支出和结果都模糊不清。开发劳动力产生的效益在广泛性和规模上都让人们摸不着头脑，而且引发大量争议。在20世纪90年代中叶，《劳动经济学》杂志（*Journal of Labor Economics*）发表的文章"我们如何衡量培训"（How Well Do We Measure Training?）长达21页，不过其核心要点可以简要总结为"衡量手段的效果不甚理想"。[1] 有一项广受好评的经济研究提出很多理由证明人力资本投资的总体收益（特别是在职培训）非常显著。不过该研究也列出不少因素解释为什么从本质上说，很难找到方法来准确衡量劳动力开发的影响及程度。[2] 另外一项被人们推崇的研究表明，就连人力资本体系常常不屑一顾的政府资助类项目，其平均收益也相当高，只是它们的支出规模不大，因

---

[1] John M. Barron, Mark C. Berger, and Dan A. Black, July 1997, "How Well Do We Measure Training?" *Journal of Labor Economics*, 15(3), 507 - 528.

[2] Sandra E. Black and Lisa M. Lynch, May 1996, "Human-Capital Investments and Productivity," *The American Economic Review*, 86(2), 263 - 267.

第六章　最真实的国家财富

此在整个人力资本体系中所占的比重较小。[1]

近年来联邦就业培训的伞形立法取得长足进展。20世纪70年代颁布的《综合就业培训法案》(Comprehensive Employment and Training Act)表现出政府直接管控的显著特点，甚至经常由政府直接提供培训。随后1982年出台的《职业培训合作法案》(Job Training Partnership Act)迅速转向，刻意迈向由私营部门提供服务并获权管理公共培训资金分配的模式。1998年颁布的《劳动力投资法案》(Workforce Investment Act)创建了一个更加复杂的模式，将自由裁量权分配给个人、雇主、非营利组织和各级政府。用本书的术语体系来说，劳动力开发经历了两个转变：首先从公共裁量权转向私人裁量权，随后又回到公私部门共享自由裁量权的模式。这成为公私治理的标志性特征。

正规课堂培训是一类重要的劳动力开发项目。这类培训可以由大学院校、社区大学或职业学校组织，也可以由州政府或地方政府提供。部分由机构组织的在职培训由员工自己支付费用，部分在职训练由雇主支付费用，而其他培训项目由政府支付费用。如前文所示，不少用来资助学位类培训项目的联邦贷款和助学计划也可用于不授予学位的劳动力开发项目。

联邦政府还紧紧围绕在职培训的狭义定义开展培训。如果能用令人信服的方式测量这些培训项目的效果，那么不同目标群体参与这些项目后取得的成果在不同司法管辖区和不同时期迥然不同，它们的成本收益比也大不一样（目标群体可包括青年人、需要帮助的成年劳动力、出狱后的罪犯和残疾人）。总体来说，机

---

[1] Robert J. LaLonde, Spring 1995, "The Promise of Public Sector-Sponsored Training Programs," *The Journal of Economic Perspectives*, 9(2), 149–168.

构培训表现出的特点是其效果难以直接测量。尽管营利性中学后培训机构同时表现出优势和劣势，但在不提供学位的员工培训领域，它们的重要性远远超过传统的高等教育。在营利性机构攻读学位的学生在同类学生中的占比约为10%，但他们在短期非学历培训项目学生中的占比超过四分之一，在长期非学历培训项目学生中的占比超过一半。① 毫无疑问在这个领域里，公立部门和私营部门的参与者及它们秉承的原则以极其错综复杂的方式混合在一起。

几乎所有工作都涉及培训，就连专门负责烤汉堡肉饼的员工也需要学会何时翻动肉饼。勤工俭学的青少年清理到第二条车道时，其铲雪技术一定会比清理第一条车道时有所提高。在职培训无所不在，而且往往由于雇主掌握信息优势而效率极高。雇主掌握的很多信息并不为政府所知，而且也不容易被他人掌握，如目前业务最需要的技能，这些需求可能存在的发展轨迹，员工的个人优势、劣势和潜力。

通过在职培训累积的人力资本可以使员工、雇主和整个社会受益，因为培训帮助员工成为更优秀的共事者、家长、纳税人和公民。利益相关方如何分享培训带来的收益，取决于培训本身的关键细节，特别是培训项目在培训"频谱"上的位置。这个"频谱"的一端是只对雇主本人有用的技能，另一端是具有普适性的技能［诺贝尔经济学奖获得者加里·贝克尔（Gary Becker）主导建立了一个简单但功效强大的方程式，能够说明

---

① NCES, Table 320.10 Certificates below the associate's degree level conferred by postsecondary institutions, by length of curriculum, sex of student, institution level and control, and discipline division: 2012 - 2013.

这种情况]。

如果员工掌握的技能只适用于本公司，那么他的工资杠杆就会受到限制。他不能把这些技能用于公司以外的地方。如果这些技能对其他任何公司都无用武之地，那么雇主为它们支付培训费不仅公平合理，而且效率显著。反之，普适性较高的技能可以全面提高员工的赚钱能力，因为员工可以向任何雇主（包括现任雇主）要求加薪并得偿所愿。[1] 相关理论表明，在雇主的资助下习得通用技能的员工将（极不公平地）要求雇主大幅提升自己的薪酬水平，一旦未能如愿，他就会带着雇主培训的技能跳槽去其他公司。因此，如果员工通过在职培训习得的技能可以随时用于其他公司，那么就有理由让他支付培训费（在全社会特别重视雇员福利的情况下，这些培训费也可以由政府承担）。

现实情况与理论预测的情景大体相符。在职培训的费用大多由雇主支付，而且培训的技能多半与本公司息息相关，由此产生的主要效益和成本也归雇主所有。[2] 不过从其他角度看，在职培训的整体情况要复杂得多。很多经济学家和人力资源专家相信雇主的确围绕通用性技能提供了部分在职培训（而且没有要求员工以

---

[1] Cihan Bilginsoy, October 2003, "The Hazards of Training: Attrition and Retention in Construction Industry Apprenticeship Programs," *Industrial and Labor Relations Review*, 57 (1), 54 – 67.

[2] John M. Barron, Mark C. Berger and Dan A. Black, Spring 1999, "Do Workers Pay for On-the-Job Training?" *The Journal of Human Resources*, 34(2), 235 – 252. See also US Departments of Labor, Commerce, Education, and Health and Human Services, "What Works in Job Training? A Synthesis of the Evidence," July 22, 2014, especially pp. 7 – 8.

降低薪酬的方式支付培训费用)。① 从理论上讲，雇主应该只投资于那些最可能坚守公司的员工，培训他们的通用技能。此外，不少专家坚信很多在职培训没有实现预期回报。② 由于难以明确在职培训的成本和收益，也无法对它们进行公平切分，所以看起来雇主开展的培训没有达到社会预期。这可能是人力资本开发中的一个方面，即（在不同部门之间，以及雇主和雇员之间）加强协作技能会提升社会创造价值的集体能力。

中国的情况

中国人口众多、充满活力而且多元融合。与它的很多领域一样，中国在人力资本开发方面的研究展现出截然不同的画面。一方面，中国在短短十年里将大学入学率提高了5倍，而且自1997年开始，中国每年毕业的工程师人数超过美国、日本和德国毕业的工程师人数总和。另一方面，中国的教育支出在GDP中的占比相对低于其他中等收入国家，因此受到不少批评。国务院发展研究中心和世界银行称，中国需要在2030年前将公共教育支出的GDP占比至少提高1~1.5个百分点。③ 有些研究者的估算结果表明，即使经济增长速度只维持在保障生活水平继续上升的较低水平（即3%~4%），中国也需要提高民众受教育的数量和质量。中

---

① Margaret Stevens, October 1994, "A Theoretical Model of On-the-Job Training with Imperfect Competition," *Oxford Economic Papers*, 46(4), 537–562; esp. 537.
② 同上，请参见Black and Lynch和跨部门著作"What Works?"的摘要。
③ 请参见World Bank and Development Research Center of the State Council, PRC. 2012. *China 2030: Building a Modern, Harmonious, and Creative High-Income Society*中第57页的内容。本项目由中国财政部、国务院发展研究中心和世界银行共同完成。

国的人力资本水平向全球高收入国家大幅趋同并非遥不可及的目标。只要将不足1%的GDP投入急需提高的领域就可以实现这个目标，特别是提高高中入学率，改善老师受到的激励。[①]（2007年，只有33%的农村学生和68%的城市学生结束小学和初中义务教育后继续接受高中教育。）[②]

图6.1和表6.5表明中国私立学校的入学率自2001年开始一路走高。私立学校学生在各个年级的占比从相对较低的1%或2%开始直线上升。到了2016年，约8%的小学生和12%的初中生就读于私立学校。中国传统上由公立学校主导其教育体系，而且人们普遍认为公立学校教育质量较高，因此中国的私立学校发生这样的变化算是相当显著的。

在高等教育领域（后文会深入讨论这个问题），私立教育的快速增长更为显著，同时总体入学率大幅上升。在中国的大学生中，几乎每5个人中就有1人就读于私立学校。2001年，私立学校在学生总数中的占比只有2%，但随后直线上升（请参见表6.5），当然，1949年所有私立学校被国有化时，私立教育的比例更

[①] 这两章探讨了人力资本中的教育元素和卫生元素表现出的很多相似之处，其中一个是改善公立和私立供应商的激励措施至关重要，如为了实现公共目标、提升学生的学习效果和病人的救治结果而分别提高老师和医生的工资水平。请参见 P. Loyalka, S. Sylvia, C. F. Liu, J. Chu, and Y. J. Shi, 2019, "Pay by Design: Teacher Performance Pay Design and the Distribution of Student Achievement," *Journal of Labor Economics*, 37(3), 621–662以了解中国激励教师的举措。

[②] Hongbin Li, James Liang, Scott Rozelle and Binzhen Wu, "Human Capital and China's Future: Imperatives, Challenges, and Prospects," chapter 8 in Thomas Fingar and Jean C. Oi, eds. *Fateful Decisions: Choices That Will Shape China's Future*, Stanford University Press, 2020, pp. 200–221; and Hongbin Li, Prashant Loyalka, Scott Rozelle, and Binzhen Wu, 2017, "Human Capital and China's Future Growth," *The Journal of Economic Perspectives*, 31(1), 25–47.

低。① 中国的私立教育占比也低于全球平均水平（3%）和东南亚邻国的水平（50%~60%）。②

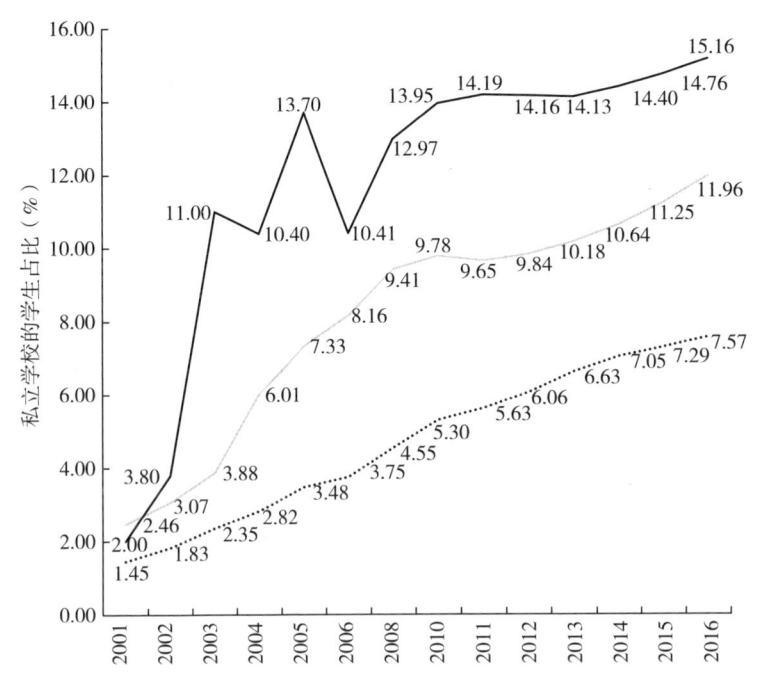

图6.1 2001—2016年私立学校的学生占比

---

① 1949年中华人民共和国成立时，私立学校的学生在中国高等教育学生中的占比为39%。数据来源于Yuzhuo Cai and Fengqiao Yan, 2011. "Organizational Diversity in Chinese Private Higher Education" in Pedro N. Teixeira and David D. Dill eds. *Public Vices, Private Virtues? Assessing the Effects of Marketization in Higher Education*, pp. 47–66, Rotterdam: Sense Publishers。
② Fengqiao Yan and Jing Lin, 2010. "Commercial Civil Society: A Perspective on Private Higher Education in China," *Frontiers of Education in China*, 5(4), 558–578.

表6.5 2001—2016年私立小学、初中和高等教育在中国学生总人数中的占比

	2001	2002	2003	2004	2005	2006	2007	2008
小学生人数（人）	125 434 667	121 567 086	116 897 395	116 304 200	111 718 300	109 767 000	107 898 700	105 665 928
私立小学的学生人数（人）	1 818 438	2 221 370	2 749 341	3 283 213	3 889 404	4 120 907	4 487 915	4 804 015
私立小学的学生占比（%）	1.45	1.83	2.35	2.82	3.48	3.75	4.16	4.55
中学生人数（人）	64 310 539	66 040 609	66 184 186	101 839 200	102 971 500	103 502 400	103 216 000	102 043 595
私立中学的学生人数（人）	1 583 552	2 024 687	2 565 747	66 118 550	7 548 237	8 447 424	NA	9 606 897
私立中学的学生占比	2.46	3.07	3.88	6.01	7.33	8.16	NA	9.41
高等教育的学生人数（人）	NA	NA	18 372 660	21 273 696	24 068 010	26 940 653	28 756 247	30 933 944
私立高等教育的学生人数（人）	NA	NA	NA	2 082 954	2 126 281	2 804 982	NA	4 012 486
私立高等教育的学生占比（%）	2	3.80	11	10.40	13.70	10	NA	12.97

协同治理

	2009	2010	2011	2012	2013	2014	2015	2016
小学生人数（人）	102 822 860	101 353 616	100 942 847	98 602 286	94 848 050	95 674 926	97 869 989	99 962 809
私立小学的学生人数（人）	5 028 766	5 376 255	5 678 255	5 978 535	6 286 015	6 741 425	7 138 225	7 563 291
私立小学学生占比（%）	4.89	5.30	5.63	6.06	6.63	7.05	7.29	7.57
中学生人数（人）	101 141 675	100 129 290	98 078 540	94 214 196	88 582 754	86 015 438	83 833 441	83 274 403
私立中学的学生人数（人）	N/A	9 791 778	9 467 961	9 272 466	9 019 335	9 152 304	9 432 563	9 960 356
私立中学学生占比（%）	N/A	9.78	9.65	9.84	10.18	10.64	11.25	11.96
高等教育的学生人数（人）	32 832 077	34 168 470	35 592 411	37 658 065	39 443 960	40 766 458	41 395 905	41 814 539
私立高等教育的学生人数（人）	N/A	4 766 845	5 050 687	5 331 770	5 575 218	5 871 547	6 109 013	6 340 556
私立高等教育学生占比（%）	N/A	13.95	14.19	14.16	14.13	14.40	14.76	15.16

中国的私营部门为处于生命轴两端的民众提供了极其重要的服务：儿童早期教育（幼儿园日托）和长期老年看护（第七章将讨论这个问题）。在学龄前阶段，私营教育的市场份额与教育发展水平之间清晰地呈现反向关系，表明地方财政情况改善后会提升学龄前公共教育的质量和数量，降低对学龄前私立教育的依赖。不过在中国最发达的地区，私立学校提供的教育服务质量最高，公立学校通常无法企及私立学校的教育水平。[1]

笔者将延续前文探讨美国教育的结构，依次研究中国的小学教育、中学教育、高等教育和在职培训。

中国的中小学教育

在中国，资助和管理基础教育的职责由城市的区政府和农村的县政府承担。2015年，约三分之二的教育支出是通过地方政府拨款的。[2] 由于中国最富裕的地区和最贫困的地区在生活水平上差异巨大，而且中央政府对公共收入的支出拥有话语权，所以人们假设中国在人力资本开发的资源配置方面干预更多。不过大多数国内外观察者指出，地方政府能够提供的公共服务，在很大程度上取决于当地的人均收入。因此，尽管中央政府提供了补贴，但贫困地区仍然难以承担维持和升级本地公共服务（如学校）的财政负担。

中国开设民办学校的传统由来已久，而且在很大程度上，这

---

[1] Sen Zhou, "Who Is Attending Private Schools in K–12? Evidence from China Institute for Educational Finance Research–Household Survey 2017," in Rong Wang, ed., *Annual Report on New Types of Education Suppliers (2017), Basic Education*, Social Sciences Academic Press, 2018: 72–94.

[2] 请参见 Hongbin Li et al.（2018）的讨论。

种办学形式出现和受到激励的原因是政府努力寻求额外教育资源。笔者将此称为"资源性协作"。中国的民办教育第一次出现在1927—1937年期间。它在共产党根据地的边界发展壮大，随后得到推广，在国家一穷二白、资源有限的背景下提供全民教育。[1] 事实上，私立教育在中国的历史相当久远。学界一直在争论这项历史遗产到底是被内战和毛泽东时代的计划体制全面清除了，还是仍然残存于中国社会。[2] 在中国，由于"私立"这个词在意识形态层面具有负面含义，所以非官办学校仍然被称为"民办"学校或"社会力量办学"。尽管"民办"学校和"社会力量办学"可能是营利性机构，也可能是非营利性机构，但它们包含的"准公共"含义接近英语中的"私营非营利性机构"。[3]

在毛泽东时代，贫困农村地区的地方政府常常没有财力独力提供教育服务，所以会引导村民把房屋贡献出来当作教室，为老师提供吃穿用度并修建学校。正如汉纳姆（Hannum）等人强调的那样，"在中国的'文化大革命'时期（1966—1976年），大部分学

---

[1] Xiaojiong Ding, 2008, "Policy Metamorphosis in China: A Case Study of Minban Education in Shanghai," *The China Quarterly*, 195, 656–674.

[2] 如请参见Zeyu Xu, 2002 "An Overview of Private Education Development in Modern China," *Education Policy Analysis Archives*, 10(47), http://epaa.asu.edu/epaa/v10n47/)。他认为民办教育表现出历史延续性。Fengqiao Yan and Jing Lin, 2010, "Commercial Civil Society: A Perspective on Private Higher Education in China," *Frontiers of Education in China*, 5(4), 558–578认为私立教育到了改革时期才重新焕发生机，在此之前已经被完全消灭。在这个背景下，值得注意的是一个世纪前清华大学等中国部分顶尖的公立院校刚刚成立时是由传教士创办的私立学校。

[3] Fengqiao Yan and Xiaoxiao Qu, 2015. "Emergence and Evolution of Private Higher Education in China: Market and Institutional Perspectives," in K. M. Joshi and Saeed Paivandi, eds. *Private Higher Education: A Global Perspective*. B.R. Publishing Corporation, Delhi, India, 2015:243–270.

校主要靠本地社区对民办老师和民办学校的支持勉力维持……教育部门将自己管理国有小学的权力让渡给地方生产大队、生产公社、工厂、企业、革命委员会等……民办教师的工资用口粮和补充性现金工资支付"。① 因此，非官办学校作为权宜之计出现在历史舞台上，为政府补充教育资源并帮助推动全民教育。随后，很多民办小学和中学转为公立学校，但第二类民办学校应运而生，即填补了细分教育领域的私立学校。这类学校的学生需要自己承担所有学费。②

在20世纪90年代，中国政府的收入仅为GDP的11%，很多地方政府无力及时或全额支付教师的工资，因此教师队伍士气低落，人才大量流失，贫困地区很难保障公立教育达到最低质量水平。民办教育随之全面复兴。正如丁笑炯所说，"很多地方的公立教育经费不足，民办教育已经成为填补公共教育支出赤字的一种手段"。③

1993年，中国政府正式颁布政策，鼓励社会团体和公民个人创办运营学校。非官办学校如雨后春笋般大量涌现，同时部分地方教育部门向民办学校派出公办教师。"显然地方教育部门感到与兴建政府学校相比，这种安排能够更加充分地调动资源"（Hannum et al., 2008，第13页）。中央政府从来没阻止地方政府资助民办学校。④ 政府拨款在教育资金中的占比从1991年的85%

---

① E. Hannum, J. Behrman, M. Wang, and J. Liu, 2008, "Education in the Reform Era," *China's Great Economic Transformation*, 215－249.
② Xiaojiong Ding. 2008, "Policy Metamorphosis in China: A Case Study of Minban Education in Shanghai," *The China Quarterly*, 195, 656－674.
③ 同上。
④ 同上。

下降至2004年的62%（Hannum et al., 2008，第11页）。即使相对富裕的上海也明确表示欢迎私营部门与政府开展"资源性协作"。事实上，90%左右的上海民办学校是在本地教育部门的资助下创办的。丁笑炯称，"在很大程度上，政府资助民办教育是地方政府确定总体财政支出的优先任务后产生的结果。地方政府竭力将公共资金节省下来推动工业发展，最终刺激经济增长"。[1]

如表6.5所示，私立小学的入学率从2001年的不足2%上升至2016年的7%以上，不过始终没有超过10%。私立中学的入学率从2001年的不足2.5%上升至2016年的12%左右。中国私立学校的入学率大幅提升，与詹姆斯（James, 1993）提出的"过度需求"假设高度吻合。这个假设指发展中国家的公共支出有限，导致私立中学的入学率相对较高（与高收入国家相比），即有些人群"非常乐意就读于公立学校，但在非自愿的情况下被排除在公立学校之外，被迫进入私立学校"，结果产生"过度需求"。[2]

随着时间的推移，私营部门在教育领域发挥的作用不断演进，逐渐占据主要公立学校没有填补的新型细分领域。与医疗领域的情况一样，这些细分领域不仅涉及教育"频谱"的精英端，还包括与其相对的另一端。譬如，市政府为农民工子弟提供中小学教育陷入困境时，民办学校也成为他们解决上学问题的首要选择。

由于公立教育体系未能覆盖农民工子弟，所以由私营部门运营、以学费为资金来源的营利性农民工子弟学校自20世纪90年

---

[1] Xiaojiong Ding, 2008, "Policy Metamorphosis in China: A Case Study of Minban Education in Shanghai," *The China Quarterly*, 195, 656–674.

[2] Estelle James, 1993, "Why do different countries choose a different public-private mix of educational services?" *Journal of Human Resources*, 28(3), 571.

代起蓬勃兴起,迅速成为农民工子弟接受教育的主要场所……尽管没有准确的数据展现农民工子弟在此类学校求学的比例,但人们估算这个比例并不低。譬如,人们估计北京的农民工子弟中有70%就读于农民工子弟学校。[1]

部分民办学校的办学初衷是吸收农民工子弟的过度需求,因为他们的父母没有达到落户标准而使他们无法就读公立学校。农民工子弟学校既不需要入学考试,也没有户口要求。此外,这些学校可以按照自己的市场定位确定收费标准,因此拥有传统公立学校不具备的自由度。它们的治理涉及一系列协作安排,从界限相对清晰且范畴较为狭窄的承包模式,到充分开展公私协作并且使私营部门享有广泛自由裁量权的模式,不一而足。后一种协作安排与美国的不少特许学校类似,但在中国,即使按照官方文件的说法,开办民办学校的根本原则也是为了获取额外资源,而不是大幅提升教育附加值。[2] 此外,鉴于国家严格管控大学升学考试涉及的课程,所以我们不清楚课程的多样性与中国的民办学校有何联系,而课程多样性是美国的特许学校表现突出的原因之

---

[1] 请参见 Fang Lai, Chengfang Liu, Renfu Luo, Linxiu Zhang, Xiaochen Ma, Yujie Bai, Brian Sharbono, and Scott Rozelle, 2014, "The Education of China's Migrant Children: The Missing Link in China's Education System," *International Journal of Educational Development*, 37, 68－77中的第69页。

[2] 《中华人民共和国民办教育促进法》(2002年12月28日)称"国家机构以外的社会组织或者个人,利用非国家财政性经费,面向社会举办学校及其他教育机构的活动,适用本法……国家鼓励捐资办学。国家对为发展民办教育事业做出突出贡献的组织和个人,给予奖励和表彰"。北京大学周其仁教授深入研究中国的教育券体系后,称(美国经济学家)"米尔顿·弗里德曼认为教育券可以在供给侧引入竞争而提升教育质量(生产率)。在中国,我们认为这类体制可以同时提高教育的数量(资源)和质量(生产率)"。(www.ep-china.net/content/academia/c/20040225123637.htm)

一。民办学校的学生规模在中国学生总数中的占比极小,尽管中国民办学校的中小学生超过1 000万人,比美国特许学校的学生总数高出数倍。

中国的政策要求民办学校明确自己是营利性机构还是非营利性机构,而且不断扩充相关管理规定来明确这两类机构的权责。不过,这些规定还没有全面落地,对它们开展的缜密的实证研究也比较有限(或者说关于中国私立小学和中学的实证研究不太多)。不过。有一些研究发人深省。有学者(Zhou,2018)分析了2017年全国调查得出的数据,发现民办学校填补了两个明显的细分市场:它为没能进入公立学校的学生提供了低成本解决方案,如农民工子弟(拥有本地户口的长期住户享有在本地公立学校上学的优先权);它作为一种学费较高的解决方案,提供了一系列公立中小学无法提供的教育服务。总体来说,高学费私立学校的市场份额并不大,所以随着中国的家庭收入水平持续上升,民办学校的入学率和学费水平也水涨船高。中国家庭借助补习班提升自己享受到的教育服务水平。当人们认为自家孩子在学校接受教育的水平低于本地的平均水平,那么他们就会花钱让孩子上补习班。[1]

还有学者(Lai et al.,2014)对两类学校的学业表现、学生背景和学校质量的衡量尺度进行了对比:一类学校是北京农民工子弟专属的私立学校(即北京的农民工子弟学校);另一类学校是山

---

[1] 请参见Sen Zhou, "Who Is Attending Private Schools in K-12? Evidence from China Institute for Educational Finance Research-Household Survey 2017," in Rong Wang, ed. *Annual Report on New Types of Education Suppliers (2017), Basic Education.* Social Sciences Academic Press, 2018: 72 - 94。

西省的农村公立学校。① 他们发现尽管流动儿童刚到北京时，在课业上的表现超过山西农村公立学校的学生，但随着时间的流逝，流动儿童相对于农村儿童的学习成绩逐步恶化。看起来导致流动儿童成绩下滑的主要原因是农民工子弟学校的资源不足，师资力量不够。"其他分析比较了农民工子弟学校的学生和北京公立学校的流动儿童，发现由于公立学校的教育资源相对丰富，所以流动儿童大幅提升学习成绩的可能性很高。"（Lai et al., 2014，第68页）当然，这个问题涉及很多因素而且难以梳理清楚，如和父母或监护人在一起生活的时长，以及选择效应（即如果农民工父母希望自己的孩子接受高中和大学教育，那么他们去外地打工时往往不会带着孩子和自己一起漂泊。他们打算让孩子回老家参加高考时，更容易做出这种决定）。

政府对民办学校的监管突显两类普遍存在的冲动，即控制"坏家伙"的剥削性行为或操纵性行为（收益裁量权）；政府和非政府机构之间微妙且不断变化的平衡。部分私人资助的学校 [如Wang and Chan（2015）描述的两所太原学校]② 尝试采用教育质量问责制，从监管机构手中拿到一部分自主权，如招募知名教师、加大新生选拔力度，努力取得突出的学业成果。部分学校利用自己与政府的关系，用公共资金招募老师，并提供公立学校的工作

---

① Fang Lai, Chengfang Liu, Renfu Luo, Linxiu Zhang, Xiaochen Ma, Yujie Bai, Brian Sharbono, and Scott Rozelle, 2014, "The Education of China's Migrant Children: The Missing Link in China's Education System," *International Journal of Educational Development*, 37, 68 - 77.

② Ying Wang and Raymond KH Chan, 2015, "Autonomy and Control: The Struggle of Minban Schools in China," *International Journal of Educational Development*, 45, 89 - 97.

环境，帮助学校找到能力卓越的教师，保障其就业稳定，提供额外福利。[1]

与此同时，不少私立学校不断拓展盈利行为的边界，利用监管条例和执法中的漏洞进行营私。人们最担忧的是私立学校在学费以外不合理地收费。目前政府主要采用三项策略来杜绝乱收费现象：赋予地方政府"核准"民办学校收取学费和其他费用的权力；要求民办学校公示学费水平、收费标准和投诉渠道；确定和公布收费上限。[2] 不过，私立学校已经发现规避这些监管措施的路径，有时甚至得到本地官员的默许。譬如，有的私立学校"要求"学生家长捐赠电脑和空调。[3]

私立学校在教育体系处于"次要"地位的一个主要表现是民办学校在招生方面受到限制。这也是政府监管它们履行职责的一种方式。譬如，民办学校不得在公立学校招生之前招收学生。上海等地还规定各区民办学校的学生人数不能超过学生总数的15%。[4] 各地严格执行这些规章制度，将优等生的"初级市场"预留给公立学校。它们规定公立学校的入学选拔结束后私立学校再招生，所以私立学校只落得"剩货市场"。中国富裕地区的公立学校在教育质量上优于所有私立学校。他们常常对此引以为豪，甚至将公立学校

---

[1] Ying Wang and Raymond KH Chan, 2015, "Autonomy and Control: The Struggle of Minban Schools in China," *International Journal of Educational Development*, 45, 89–97.

[2] Xiaojiong Ding, 2008, "Policy Metamorphosis in China: A Case Study of Minban Education in Shanghai," *The China Quarterly*, 195, 656–674.

[3] 同上。

[4] 同上。

表现出的竞争优势与政府公信力等宽泛的话题关联起来。①

中国私营企业协助政府在各级教育体系发展人力资本。其中一个颇有潜力的领域是教育科技研发。曾经拿下大奖的营利性在线教育公司CLASS100与全国各地的公立学校合作，为K-12学生提供在线英语教学技术。尽管这些科技服务于中国的义务制教育，但仍然与Coursera的案例遥相呼应。② CLASS100借助技术手段将母语为英语的教师引入实时课堂教学，同时在一位中国教师的协助下教授英语。它的规模迅速扩张，吸纳了2 000余名外国教师，与10个省市的500余家顶级公立学校合作开展教学项目（如北京史家胡同小学、南京金陵中学、江苏东台中学、江西少春中学）。有意思的是，这家公司采用"先试用，后付费"的方法，创造出协作方式，即鼓励合作学校让英语水平较差的学生先试用服务一至两个月。如果学校对学生取得的进步感到满意，同时公司能够根据学校的反馈调整自己提供的服务，那么再与CLASS100签订长期服务合同。CLASS100还在业务中纳入慈善的元素，为部分偏远地区的学校全额免除费用（如江西农村一所学校的费用）。不过，它面对的严峻挑战始终没有得到缓解，其中一个最大的障碍在于政府不允许用教育预算采购服务。相对来说，这类具体的采购服务在教育领域属于新鲜事物，所以行政采购监管条例没有进行相应调整并出台清晰的指导政策，阻碍了CLASS100与感兴趣的学校签

---

① 一位上海官员曾表示："我们一直要求公立学校不要被民办学校超越……如果公立学校与民办学校较量时没有胜出，那么市民会质疑'你们政府到底在干什么？'" Xiaojiong Ding, 2008, "Policy Metamorphosis in China: A Case Study of Minban Education in Shanghai," *The China Quarterly*, 195, 656–674.

② Rong Wang, ed., *Annual Report on New Types of Education Suppliers (2017), Basic Education*, Social Sciences Academic Press, 2018.

订协议，公司的扩张速度被迫放缓。

另外一个有趣的案例是农村学区（即县政府）直接与私营企业合作，由后者为学校提供信息技术服务。譬如2016年，中国西部的一个县与三家私营信息技术公司签订合作协议，由它们为本地学校提供Wi-Fi（移动热点）、电脑教室、云数据库、多媒体教室、视频会议室、校园监控系统及其他相关服务。这类协作安排涉及三方：学校、县财政局和三家科技公司。[①] 它们达成的协议属于金融租赁性协议。换句话说，该县用国家和省里下拨的教育预算采购服务，并且在市政府的监管下，按照约定向三家科技公司支付未来十余年的费用，总计约7 000万元人民币。这类协议的协同性体现在以下方面：信息技术公司与学校讨论确定了自己的工作范畴及可用的最新技术以后，拥有充足的自由裁量权来选择技术方案。这类案例充分展示了中国开展协同治理的潜力，即借助中国信息技术行业和人工智能行业的蓬勃发展，将适用的学习技术引入偏远的贫困农村地区来创造公共价值。新冠疫情暴发以后，数以百万计的中国儿童居家学习，刺激在线教育取得前所未有的发展，在各地得到广泛应用。危机中意外迸发出的机遇将深刻影响这个行业未来的发展轨迹。

中国的校外教育和周末补习教育市场也出现了爆炸性增长。这些教育培训主要是为了单独辅导学生或协助他们准备学科考试，此外也是为了培养孩子在艺术、体育等领域的广泛兴趣爱好，促进他们的课外发展。这些市场的供应商多半属于私营机构，即商业公司或公立学校老师（兼职）为学生提供私人辅导服务。优势

[①] 请参见Rong Wang, ed., *Annual Report on New Types of Education Suppliers (2017), Basic Education*. Social Sciences Academic Press, 2018。

人群对校外补习的需求最强烈，而且不同地区和不同收入阶层对校外补习的需求差异极大。2017年，城市地区的课外补习支出是农村地区同类支出的9倍，收入最高的四分之一家庭在这个领域的支出是收入最低的四分之一家庭同类支出的6倍。[1]

尽管私立国际学校的中小学生规模有限，但它们的兴起也暗示了中国教育体系正在发生根本性变化。私立国际学校作为一个重要案例充分展现了民办学校的作用，它们在细分教育领域里填补了民众的需求缺口。[2] 此外，越来越多的中国学生选择去海外深造，而且求学年龄越来越小，其中来自中等收入家庭的学生越来越多。海外求学不再是富裕学生的专属选择。国际学校通常将努力进入海外大学深造的学生家庭作为目标客户。

与美国学生形成鲜明对比的是，中国学生往往很早就确定了自己的教育"轨迹"，即长大以后读大学还是接受职业教育。因此，下一节将重点讨论私营机构在中国职业教育中扮演的角色。它们的作用与众不同且不可忽略，但显然没有充分发挥潜力。

中国的中等职业教育

无论在中等职业教育还是高等职业教育领域，私营部门对于培养专业技能领域里的人力资本都至关重要。中国企业家常常抱怨本国教育体系忽略了具有实用性的技能和创新，过于倚重死记硬背式的学习方法。不过，中国的职业培训乱象丛生，丑闻频发。一些学者（Hongbin Li et al., 2012）利用中国的双胞胎数据估算了

---

[1] 请参见Rong Wang（2018, 第10页）。
[2] 同上。

教育回报率，发现双胞胎接受教育的年限每增加一年，收入会上升4%。从国际标准看，这个回报率水平相对较低，表明人们对中国高中体系的批评并非空穴来风，即该体系更注重的是选拔大学生，而不是提升总体人力资本。①

尽管中国职业教育的实际成效总体上达到政府标准②，但异质性极强，而且无论是采用哪种所有制类型的职业教育机构，可以说它们的教育质量都不算突出，没能提升自己的声誉。在中国的很多省份，高等技术/职业教育和培训项目的辍学率极高（20%~30%），内陆贫困地区尤为明显。全国的平均辍学率超过10%。③

造成这种局面的一个原因是财政支持力度不足。④ 有学者（Loyalka et al.，2015）研究了10 000余名职校学生和高中生的纵向数据，并且解释了他们的选拔情况，用实证证据表明职校学生辍学的可能性高于高中生，而且弱势人群（即来自低收入家庭或

---

① H. Li, P. W. Liu, and J. Zhang, 2012, "Estimating Returns to Education Using Twins in Urban China," *Journal of Development Economics*, 97(2), 494－504.
② H. Yi, L. Zhang, C. Liu, J. Chu, P. Loyalka, M. Maani, and J. Wei, 2013, "How Are Secondary Vocational Schools in China Measuring up to Government Benchmarks?" *China & World Economy*, 21(3), 98－120.
③ H. Yi, L. Zhang, Y. Yao, A. Wang, Y. Ma, Y. Shi, J. Chu, P. Loyalka, S. Rozelle, 2015, "Exploring the Dropout Rates and Causes of Dropout in Upper-Secondary Technical and Vocational Education and Training (TVET) Schools in China," *International Journal of Educational Development*, 42, 115－123.
④ H. Yi, L. Zhang, C. Liu, J. Chu, P. Loyalka, M. Maani, and J. Wei, 2013, "How Are Secondary Vocational Schools in China Measuring up to Government Benchmarks?" *China & World Economy*, 21(3), 98－120.

自身能力较差的学生）辍学率明显高得多。[①]

政府为弱势学生提供了不少补贴：自2012年开始，中央政府规定免除农村地区和低收入家庭高职学生的学费，部分学生还会拿到助学金。由此可见，中国在努力出台政策，让农村学生在高职院校的求学道路比在普通高中求学的道路更顺畅，最终提升他们的就业机会。

如果私营企业能够贡献自己通过实际工作累积的专业技术，教授与就业市场息息相关的技能，那么就会在"信息性协作"中占据优势。譬如，约翰斯顿等人（Johnston et al.，2016）利用学生固定效应分析了中国东部1 000余名职校学生的数据，记录了老师的企业经验如何深刻积极地影响学生的专业技能。这些益处在优秀学生身上体现得最为显著。[②]

中国的职业教育在这方面有很大的提升空间，但不幸的是，它表现出教育质量欠佳和问责制不足的特点。有学者表示，在中国，就连生源相对优秀的"模范"高职学校的表现也不够理想。他们分析了调查12 000余名中国学生得出的数据，发现"在模范高职学校求学没有对学生的认知能力和非认知能力产生任何显著

[①] P. Loyalka, X. Huang, L. Zhang, J. Wei, H. Yi, Y. Song, and J. Chu (2015). "The Impact of Vocational Schooling on Human Capital Development in Developing Countries: Evidence from China," *World Bank Economic Review*, 30(1), 143－170; H. M. Yi, G. R. Li, L. Y. Li, P. Loyalka, L. X. Zhang, J. J. Xu, E. Kardanova, H. Shi, and J. Chu, 2018, "Assessing the Quality of Upper-Secondary Vocational Education and Training: Evidence from China," *Comparative Education Review*, 62(2), 199－230.

[②] J. Johnston, P. Loyalka, J. Chu, Y. Song, H. Yi, and X. Huang, 2016,"The Impact of Vocational Teachers on Student Learning in Developing Countries: Does Enterprise Experience Matter?" *Comparative Education Review*, 60(1), 131－150.

效果"。① 仅仅给这类学校提供额外资源而不改变其他条件并没有提升其教育质量，说明这些资源需要与有效的承包方式、管理模式和问责框架结合，使公共参与者和私营参与者向政策目标看齐。为此，改善与私营部门合作的策略并采取问责制，能够显著提升社会福祉。随着私立职业学校不断涌现，职业教育在协作方式上开展的创新日臻成熟，在政府角色转变的背景下充分发挥了私营部门的独创性和资源优势。

中国的高等教育和培训

中国自20世纪90年代末开始大幅提升高等教育的入学率，往往通过非精英机构（多半是私营机构）扩张高等教育。这种方法对很多发展中国家都不陌生②，特别是金砖四国（巴西、俄罗斯、印度和中国）从2000年开始，用这种方式大幅推高了高等教育招生率。③ 它们的初衷是与私营部门开展资源性合作。政府迫切希望满足人们对接受教育的期盼，又不用投入大量财政资金来修建完全由政府运营的学校。阎凤桥和林静写道："中国推行教育改革后，私营部门经营的高等教育机构蓬勃发展起来。鉴于公立高等教育资源不足……政府允许和鼓励民众个人及相关机构新建私立

---

① G. Li, L. Li, N. Johnson, H. Yi, J. Chu, E. Kardanova, and P. Loyalka (n.d.). "Do Resources Matter? The Impacts of Attending Model Vocational Schools on Student Outcomes in China," *REAP Working Paper*.
② Estelle James, 1993, "Why Do Different Countries Choose a Different Public-Private Mix of Educational Services?" *Journal of Human Resources*, 28(3), 571–592.
③ M. Carnoy, P. Loyalka, M. Dobryakova, R. Dossani, I. Froumin, K. Kuhns, J. B. G. Tilak, and R. Wang, *University expansion in a changing global economy: Triumph of the BRICs?* Stanford, CA: Stanford University Press, 2013.

学校。"[1] 不过，高等教育领域的不平等程度仍然触目惊心。譬如，李宏彬等人研究了2003年参加高考的所有学生，发现城市青年成功考入大学的可能性比农村青年高出6~7倍，他们进入知名学府的可能性是后者的11倍。[2]

有学者（Yan and Qu, 2015）将中国私立高等教育的历史发展过程划分为五个阶段：复兴和发展阶段（1978—1985年）；调整阶段（1986—1992年）；快速发展阶段（1993—1997年）；扩张和转型阶段（1998—2006年）；稳定发展阶段（2007年至今）。[3] 在早期阶段，私立学校如雨后春笋般涌现，专门培训学生的具体职业技能或为高考学生补课，帮助他们顺利应考。[4] 在21世纪初，高校纷纷兼并，规模经济带来的效益初见雏形，四年制本科和三年制大专院校迅速扩张。这些私立院校的平均规模小于传统的四年制高等教育机构。不少私立高等职业教育机构是由职业高中升级扩张而来。[5] 2002年和2004年分别颁布了两项重要法规。[6]

尽管私营部门在高等教育领域的份额已经上升，但从体制设计的角度看，公立院校就像顶尖大学一样，仍然占据着制高点。

---

[1] Fengqiao Yan and Jing Lin, 2010, "Commercial Civil Society: A Perspective on Private Higher Education in China," *Frontiers of Education in China*, 5(4), 558–578.
[2] H. Li, P. Loyalka, S. Rozelle, B. Wu, and J. Xie, 2015, "Unequal Access to College in China: How Far Have Poor, Rural Students Been Left Behind?" *The China Quarterly*, 221, 185–207.
[3] Fengqiao Yan and Xiaoxiao Qu, "Emergence and Evolution of Private Higher Education in China: Market and Institutional Perspectives," in K. M. Joshi and Saeed Paivandi, eds., *Private Higher Education: A Global Perspective*. B.R. Publishing Corporation, Delhi, India, 2015: 243–27.
[4] Yan and Qu, 2015.
[5] 我们非常感谢Lei Zhang教授对本段内容的建议。
[6] Yan and Qu, 2015.

中国政府将私立院校划分为不同类别，只有少数院校被授权独立颁发文凭。[1] 近年来，政府加强了对核心公立大学的投资力度，因此公立大学与私立院校在生均支出和各类教育质量衡量标准上的差距进一步拉大。譬如，有学者（Carnoy et al., 2013）称，2010年中国精英机构的生均支出约为10 000美元，而非精英大学的生均支出仅约4 000美元，两者的比例在十年左右的时间里从1.5∶1上升至2.5∶1。[2] 私立院校的排名往往低于中国的非精英公立院校，而且就像私立医院一样，私立院校寻找专业工作人员时往往先考虑公立院校的毕业生或退休员工。此外，政府在规章制度中清晰地规定了非营利性学校不同于其他院校的角色和职责，而且不断更新其内容。事实上，不少监管条例将采用私人所有制的教育机构视为营利性教育机构和/或职业教育机构。譬如，《高等职业学校设置标准》取代《民办高等学校设置暂行规定》，成为私立高等教育机构的设置标准。[3]

有不少因素表明中国政府倾向于支持公立大学在教育质量上维持精英水准，同时放松对私立学校的管制，甚至鼓励它们填补本国在群众教育、非精英大学录取率和职业教育等领域的缺口。近几年政府限制了公立学校继续扩张的步伐，并对其施压，督促它们在教育质量和研究上赢得国际社会的认可，同时期望私立学

---

[1] Fengqiao Yan and Jing Lin, 2010, "Commercial Civil Society: A Perspective on Private Higher Education in China," *Frontiers of Education in China*, 5(4), 558–578.

[2] M. Carnoy, P. Loyalka, M. Dobryakova, R. Dossani, I. Froumin, K. Kuhns, J. B. G. Tilak, and R. Wang, *University Expansion in a Changing Global Economy: Triumph of the BRICs?* Stanford, CA: Stanford University Press, 2013.

[3] Yan and Qu, 2015。教育部和国家计划委员会也在《试行按新的管理模式和运行机制举办高等职业技术教育的实施意见》中共同强调了私营部门发挥的作用。

校像社会期望的那样，迅速提升高等教育入学率。[1] 由于四年制私立大学的学费水平比四年制公立大学的学费高出一倍左右，而它们能够拿到的财政补助比公立大学有限得多。通常只有富家子弟有能力就读私立大学。然而，公立学校和私立学校大体上保持着共生发展的关系。[2]

中国高等院校面对的制度生态与美国的高等院校迥然不同。《国家中长期教育改革和发展规划纲要（2010—2020年）》要求区分非营利性私立教育机构和营利性私立教育机构，不过它们在运营上几乎没有区别。在实践中，这两类机构都要赚取净收益，依靠学费维持运营。它们多半聚焦市场需求极大的实用课程或职业课程，如商业管理、会计和财务。[3]《中华人民共和国民办教育促进法》规定教育机构的资助者可以从学校的结余现金中拿走"合理收益"。[4] 这种盈利能力吸引着私营部门以混合所有制的方式将手中的多余资金投入公立大学，这样公立大学就可以联合一位或多位私营合作者成立公立大学的附属学院，这类附属学院最初被称为"二本"，随后被称为"独立学院"。它们之前采用的治理结构是公共部门和私营部门分别根据自己的贡献或商定的股本派出代表来管理学校。[5] 各地也先后推出自己特有的公私合作模式，如"浙江模式"（由隶属于政府的"独立

---

[1] Yan and Qu, 2015.

[2] Yuzhuo Cai and Fengqiao Yan, 2011, "Organizational Diversity in Chinese Private Higher Education" in Pedro N. Teixeira and David D. Dill eds., *Public Vices, Private Virtues? Assessing the Effects of Marketization in Higher Education*, Rotterdam: Sense Publishers, 2011: 47–66.

[3] Yan and Qu, 2015.

[4] 同上。

[5] Yuzhuo Cai and Fengqiao Yan, 2011.

学院"发挥主导作用）和"陕西模式"（由"纯私立"大学发挥主导作用）。①

事实上，不仅营利性私立学校和非营利性私立学校之间的区别模糊不清，就连私有制与公有制的界线也并不清晰。私立学校的很多捐赠者都是公立大学，私立学校的口碑和师资力量得到提升，而公立大学能够增加收入。这类采用混合所有制的机构就像其他行业的合资公司一样，被称作"伪私立"大学。它们将国有合作伙伴拥有的土地、基础设施和品牌与私营合作伙伴提供的资源、灵活性和创收机会结合起来。这方面的先行者是浙江大学城市学院，它的所有者为浙江大学（提供管理者和师资）、杭州邮电大学（提供校址）和本地政府（提供三分之一资金）。② 此外，在实践中，公立大学和营利性企业在法律层面确定合作伙伴关系，会引发大量极其复杂的情况，因此很多独立学院由公立学校全资拥有和运营，但与为它们提供大多数资金的公司或基金会结成合作伙伴。③

中国的私立大学很少能够募到捐赠或拿到政府补贴。有学者（Cai and Yan，2011）借用狄马吉奥等人（DiMaggio and Powell，1983）的同构过程理论进行了研究，表示迄今为止中国的强制性、模仿性或规范性流程在很大程度上强化了私立院校的营利倾

---

① Yuzhuo Cai and Fengqiao Yan, 2011, "Organizational Diversity in Chinese Private Higher Education" in Pedro N. Teixeira and David D. Dill eds., *Public Vices, Private Virtues? Assessing the Effects of Marketization in Higher Education*, Rotterdam: Sense Publishers, 2011: 47–66.
② Yuzhuo Cai and Fengqiao Yan, 2011.
③ Yuzhuo Cai and Fengqiao Yan, 2011.

向。① 阎凤桥和林静研究了三所知名私立大学的收入和支出，称这三所大学90%或90%以上的营收来源于学费。② 此外，它们积极采用各种策略招收付费学生。这些行为及其他行为与美国营利性大学的行为非常相似，进一步强化了中国私立学校成为利润导向型机构的形象。事实上，有些研究者认为在分析中国高等教育私立体系的特点时，应该把"商业"这个术语纳入"公民社会"的概念。①

不过，中国企业家还在高等教育领域创造出混合模式，利用公私协作在具体领域里与一流公立大学一较高下。譬如，2018年，杭州的西湖大学获教育部批准成立，成为中国首家私立研究性大学。它与纽约的洛克菲勒大学非常相似，专攻具体科学领域的研究生教育。西湖大学的投资总额达到36.8亿元（约合5.85亿美元），校园占地99.6英亩。④ *西湖大学的模式与前面提到的"浙江模式"一脉相承，充分展现了公私协作的模式，由地方政府提供校址等必要投入（如西湖区政府、杭州市政府及浙江省政府）。正如有学者强调的那样，中国在研究生教育领域开展的公私协作实验需要花费数年时间，但潜力巨大。

---

① Yuzhuo Cai and Fengqiao Yan, 2011. 从本质上说，DiMaggio和Powell发现，无论是公立部门还是私营部门，都采取了自己所处市场上的主导性行为。DiMaggio, Paul J., and Walter W. Powell, 1983, "The Iron Cage Revisited: Institutional Isomorphism and Collective Rationality in Organizational Fields," *American Sociological Review*, 48(2), 147–160.

② Fengqiao Yan and Jing Lin, 2010, "Commercial Civil Society: A Perspective on Private Higher Education in China," *Frontiers of Education in China*, 5(4), 558–578.

① 同上。

④ Ma Zhenhuan, 2018, "Westlake University is dream come true for academic," ChinaDaily.com.cn. www.chinadaily.com.cn/a/201804/03/WS5ac36d09a3105cdcf65160c6.html.

* 英亩，英美制面积单位，1英亩约为4 046.86平方米。——编者注

中国的创新模式更多地受到国家和公司的引领，存在局限之处，但私营部门仍然对培养商业领袖创新力和生产力的教育培训项目发挥重要作用。①

正规高等教育以外的员工培训

即使在采用"自由市场经济"的美国就业培训市场，过去也表现出由政府直接提供培训的显著特点，因此在中国从计划经济向市场经济转型的过程中，大规模的员工再培训项目主要由政府主导也就在情理之中了。近年来，中国开展的就业培训实验强化了公私协作，但既没有实证证据支持倡导者对它的乐观描述，也没有证据支持诋毁者对它的非难。

卓有成效的公私协作需要政府发挥高超的领导力。负责监管员工培训项目的政府部门不仅包括中国教育部、人力资源和社会保障部，而且包括其他大权在握的部委，如中共中央组织部、国家发展和改革委员会。其他重要参与者包括私营企业、工会和非政府组织等开展培训和颁发证书的机构。中国经济在20世纪90年代经历了重大转变，也为很多曾经在国企捧"铁饭碗"的下岗员工推出规模庞大的再就业培训项目。政府规定给下岗员工发放满足其三年基本生活的补贴和福利。再就业项目包含了不少资源协作的元素，因为下岗工人仍然与企业保持着正式劳动关系。这些企业为下岗工人支持项目提供资金，有助于维持社会稳定。在

---

① 请参见 C. Eesley, J. B. Li, and D. Yang, 2016, "Does Institutional Change in Universities Influence High-Tech Entrepreneurship?: Evidence from China's Project 985." *Organization Science*, 27 (2), 446–461。

不同人群中，接近法定退休年龄人群的劳动力参与度下降最多[1]，这对再就业培训提出严峻挑战。1998年劳动和社会保障部联合下属技术和职业学校以及授权认可的院校、私营培训机构，共同推出了"三年千万"再就业培训计划[2]，为1 000万失业者提供就业咨询和培训（还针对600万失业者推出额外的职业技能和创业培训）。[3] 劳动和社会保障部发布的官方数据显示，截至2003年底，共2 160万下岗工人成功实现再就业。[4]

自1995年开始，北京的"温暖工程"不仅为下岗员工提供职业培训，而且将农民工和出狱人员纳入培训范围。这项倡议与其他类似计划的差别在于，它由非政府组织，即中华职业教育社发起和组织，资金来源于捐赠和慈善组织。中华职业教育社称该项目在帮助人们实现就业方面成效显著。

世界银行的报告浓墨重彩地介绍了部分成效显著的公私协作培训项目。中国多个部委联合推出《2003—2010年全国农民工培训规划》，为2亿多农民工提供职业和技术培训服务。这项规划要求中央政府和地方政府安排专项资金鼓励雇主加强对农民工的培训。培训专项费相当于员工工资的1.5%，可从应税所得中扣除。参加这个项目的农民工能够拿到培训补贴和证书。任何符合资质

---

[1] John Giles, Albert Park, and Fang Cai, 2006, "How Has Economic Restructuring Affected China's Urban Workers?" *The China Quarterly*, 185, 61 - 95.

[2] 请参见 C. Dahlman, D. Z. Zeng, and S. Wang, 2007, "Enhancing China's Competitiveness Through Lifelong Learning", p. 220。

[3] C. Dahlman, D. Z. Zeng, and S. Wang, 2007, Enhancing China's Competitiveness through Lifelong Learning. DOI:10.1596/978-0-8213-6943-2.

[4] 中国文化部，"中国的再就业项目"（www.chinaculture.org/cnstatic/doc/photo/zjye.doc）。

要求的培训机构都可以申请农民工培训基金。[1]

早在20世纪90年代，上海就一马当先推出很多类似的农民工培训项目，如"4050"工程（主要为年龄在40岁以上的女性或50岁以上的男性解决就业困难）。1997年，它还尝试以竞标的方式外包培训，并且将培训后成功再就业的人数作为指标来评估培训机构。其他省份也推行了自己特有的培训项目。例如江苏省将培训重心放在社区就业上。[2] 全国性培训项目惠及数百万工人。[3] 尽管人们对于这些项目是否充分发挥潜力开展了很多辩论，不过大力推广职业培训是大势所趋，这意味着未来公共部门和私营部门在就业培训方面的协作会不断加强。[4]

美国和中国在发展人力资本时选择的路径表现出重要的相似

---

[1] DFID & WBG,《中国农民工的教育和培训》，英国国际发展部（DFID）和世界银行的研究。

[2] Dahlman, Zeng, and Wang, Enhancing China's Competitiveness through Lifelong Learning.

[3] H. Huang, 2013, China Vocational Training: Current Status, Objectives and Policies, Ministry of Labour and Social Security, P.R.China.

[4] 请参见U. Jürgens, and M. Krzywdzinski, 2015, "Competence Development on the Shop Floor and Industrial Upgrading: Case Studies of Auto makers in China," *The International Journal of Human Resource Management*, 26(9), 1204–1225; M. Warner, *How Chinese Managers Learn: Management and Industrial Training in China*. Springer, 2016; V. Stewart, 2015, "Made in China: Challenge and Innovation in China's Vocational Education and Training System. International Comparative Study of Leading Vocational Education Systems," *National Center on Education and the Economy*; Koo, A., (2016), "Expansion of Vocational Education in Neoliberal China: Hope and Despair among Rural Youth," *Journal of Education Policy*, 31(1), 46–59; M. Ling, 2015, "'Bad Students Go to Vocational Schools!': Education, Social Reproduction and Migrant Youth in Urban China," *The China Journal*, (73), 108–131。

性，但差别也极其显著，这与两国在其他公共事业上的表现基本一致。此外，两国有一个相似之处让人们感到不安，即这两个国家都需要汲取关于承包责任制和协作的教训，在实践中认识到它们的必要性。

未来的方向

无论在中国还是美国，国家的总体政策目标都应该是改善民众生活水平。如果用这个原则衡量，那么没有多少政策任务比开发人力资本更重要。中美两国都以公私协作为基石稳妥地推进了这项任务，但各自在教育和就业培训质量上都有不少提高空间，需要在协作项目中更充分地发挥资金价值。

如果想让私营部门充分发挥作用，为人力资本开发做出贡献，政府就需要扮演全新的角色来确保公共价值最大化，尽管它们常常对这类角色不甚熟悉。这些任务要求政府像本书第二章讨论的那样，不断重复"分析、指派、设计和评估"周期。政府的代理机构必须分析各种交付模式的成本收益，将提供服务的职责指派给适宜的私营代理机构，设计一系列任务、奖励机制、管理办法和监控措施，诸如此类。最后，政府必须通过评估其私营代理机构的表现来确定承包模式或公私协作是否达到预期效果。这些领域应该重视公私协作试点和早期工作，不仅因为它们可能产生积极的结果，而且因为它们能够帮助政府汲取协同治理方面的经验教训。中国的地方政府尤其应该注重这一点。

未来人力资本开发领域会涌现大量机遇，但也会遇到严峻的挑战。过去几十年已经见证了中美两国的劳动力从农业生产大规模转移至工厂，并在近年来进一步转移至服务业的变化。中国出现这种现象的时间晚于美国，但势头更加迅猛。劳动力生产出来的产品从庄稼转变为货物，进而转变为服务，这需要工人具备新的技能，因此要接受与过去截然不同的教育和培训。

未来，生产方式必将发生转变。目前机器生产发挥的生产力仍然较小（其销量在美国的GNP中只占到0.001%），但有望在中美这两个经济体中发挥重大作用。中国已经将机器人产业确定为重点产业，其机器人销量在全球销售中的比重从2000年的0.4%上升至2016年的29.6%，操作型机器人的存量约占全球操作型机器人总量的19%左右，在全球居于首位。① 相较于机器人，人工智能所处的发展阶段更加早期，但学界和产业界的研究发现这项技术有可能具有强大的变革性。它听起来仍然像科幻小说中描述的内容，还没有成为重要的经济驱动力，但终将深刻影响未来中国和美国工人的工作内容，即他们能做什么，不能做什么。因此，人力资本的发展必须迅速转向。

在未来几十年里，那些以公私协作的方式投入所有资源，使本国人民在全新的世界里享受幸福生活的国家将成为最成功的国家。

---

① 请见 Hong Cheng, Ruixue Jia, Dandan Li, and Hongbin Li, 2019, "The Rise of Robots in China," *Journal of Economic Perspectives*, 33(2), 第71—88页，尤其是第73页。

第七章　让我来保障你的健康

医疗保健的现状和市场

几乎没有哪个领域比医疗保健更复杂、更重要，而且像它那样把公立性和私营性混杂在一起。在美国，这个领域的公私互动最引人注目，但在大多数情况下表现得并不尽如人意。① 这个重要的经济部门占到GDP的六分之一以上。它的治理表现出明显的协同性，即公共资金支付约一半医疗服务的费用（大部分私人医疗支出会享受税收优惠补贴），而绝大多数服务供应者都是私营机构。美国的公共领袖常常没有认识到在医疗保健体系的核心分享自由裁量权带来的活力，而这导致私营部门提供医疗保健服务的效率、可得性和可负担性低于预期。

众多社会因素决定了美国民众的健康状况，而这些因素往往比医疗服务重要得多。② 美国医疗服务的质量比起大多数经济发展水平相同的国家算不上突出，而且在很多情况下逊于后者。在美

---

① Donahue and Zeckhauser, 2011.
② V. R. Fuchs, *Who Shall Live? Health, Economics and Social Choice.* World Scientific, 2011.

国，不同种族和不同民族获得的医疗服务存在巨大差异。① 让人痛心的是，这一点在新冠疫情中暴露无遗，就连美国非拉美裔白人的健康状况也逊于大多数欧洲国家非拉美裔白人的健康状况。② 美国是唯一没有推行全民医疗的高收入国家，大多数分析人员都认为美国的大部分医疗支出被浪费了。2017年，美国的医疗支出占到GDP的17.9%，人均支出达到10 739美元③，远远超过其他高收入国家（请参见表7.1和图7.1）。美国公共支出的一半几乎超过任何一国的全部医疗支出。此外，美国应对新冠疫情的糟糕表现，暴露出美国医疗体系的缺陷，以及公共医疗体系资金不足的现状与政治极化等宽泛的议题相互影响的情况。这些共同削弱了科学的力量，制约了政府的治理能力。正如法里德·扎卡利亚（Fareed Zakaria）强调的那样，"新冠疫情应

---

① 2016年，美国人的平均寿命为78.6岁，自2014年开始减少了0.3岁。亚裔美国人和拉美裔美国人的预期寿命最高（亚裔美国人的预期寿命比白人高出约8岁），非拉美裔黑人的预期寿命相对低于白人。National Center for Health Statistics. Health, United States, 2017: With special feature on mortality. Hyattsville, MD. 2018, www.cdc.gov/nchs/data/hus/hus17.pdf. Racial differences also shape clinical encounters and use of preventive services (M. Alsan, O. Garrick, and G. C. Graziani, *Does Diversity Matter for Health? Experimental Evidence from Oakland* (No. w24787). National Bureau of Economic Research, 2018，关于种族不平等的历史遗留问题，请参见M. Alsan, and M. Wanamaker, 2017, "Tuskegee and the Health of Black Men," *The Quarterly Journal of Economics*, 133(1), 407–455。

② A. Case, and A. Deaton, 2015, "Rising Morbidity and Mortality in Midlife among White non-Hispanic Americans in the 21st Century," *Proceedings of the National Academy of Sciences*, 112(49), 15078–15083.

③ A. B. Martin, M. Hartman, B. Washington, A. Catlin, and National Health Expenditure Accounts Team, 2018, National Health Care Spending In 2017: Growth Slows To Post-Great Recession Rates; Share of GDP Stabilizes. *Health Affairs*, 10–1377. https://doi.org/10.1377/hlthaff.2018.05085.

该为我们敲响警钟。美国需要重新构建自己的执政能力。它的目标不是建立一个大政府或小政府，而是建立一个明智的政府。到目前为止，现行体制表现得非常愚蠢"。[①] 任何政治派别中消息灵通的观察者都不会认为美国医疗体系的现状达到了他们心目中的理想状态。

表7.1　美国、其他OECD国家及新兴市场经济体的平均寿命和医疗支出（2017年或近年数据可得的年份）

国家/地区	总人口平均预期寿命（岁）	人均医疗支出（以PPP美元计算）	医疗支出在GDP中的比重（%）
澳大利亚	82.5	4 543	9.1
奥地利	81.7	5 440	10.3
比利时	81.5	4 774	10.0
加拿大	81.9	4 826	10.4
智利	79.9	1 914	8.1
捷克共和国	79.1	2 629	7.1
丹麦	80.9	5 182	10.2
爱沙尼亚	77.8	2 125	6.7
芬兰	81.5	4 175	9.2
法国	82.4	4 902	11.5
德国	81.1	5 728	11.4
希腊	81.5	2 324	8.4
匈牙利	76.2	2 044	7.2

---

① 法里德·扎卡利亚表示："明智的国家拥有抵抗新冠疫情的优势，但其中并不包括美国。"2020年7月9日（https://www.washingtonpost.com/opinions/global-opinions/smart-states-have-the-edge-in-fighting-covid-19-the-united-states-isnt-one-of-them/2020/07/09/8b82ce3e-c21d-11ea-9fdd-b7ac6b051dc8_story.html）（访问时间：2020年8月7日；*OECD Health Statistics*, 2018）。

（续表）

国家/地区	总人口平均预期寿命（岁）	人均医疗支出（以PPP美元计算）	医疗支出在GDP中的比重（%）
冰岛	82.3	4 580	8.5
爱尔兰	81.8	5 446	7.1
以色列	82.5	2 833	7.4
意大利	83.3	3 541	8.9
日本	84.1	4 717	10.7
韩国	82.4	2 897	7.6
卢森堡	82.8	7 048	6.1
墨西哥	75.4	1 034	5.4
荷兰	81.6	5 385	10.1
新西兰	81.7	3 682	9.0
挪威	82.5	6 351	10.4
波兰	78.0	1 955	6.7
葡萄牙	81.2	2 888	9.0
斯洛伐克	77.3	2 268	7.1
斯洛文尼亚	81.3	2 884	8.3
西班牙	83.4	3 370	8.8
瑞典	82.4	5 510	10.9
瑞士	83.7	8 009	12.3
土耳其	78.0	1 193	4.2
英国	81.2	4 264	9.7
美国	**78.6**	**10 739**	**17.9**
OECD平均水平	79.0	3 729	8.6
巴西	74.8	1 401	8.9

（续表）

国家/地区	总人口平均预期寿命（岁）	人均医疗支出（以PPP美元计算）	医疗支出在GDP中的比重（%）
中国	76.0	762	5.6
印度	68.4	238	3.9
俄罗斯	71.8	1 304	5.3
南非	57.4	1 090	8.2
新加坡	83.0	4 047	4.9

注：加拿大采用了2011年的数据。爱尔兰和英国的预期寿命是根据OECD健康数据库的数据估算的。为了反映国家卫生支出账户（US National Health Expenditure Accounts）的实际情况，美国的数据小幅上调。

资料来源：OECD Health Database（2018）；World Health Organization Global Health Expenditure Database, World Bank Data, Singapore Ministry of Health Website for Singapore data; Martin et al.（2018）。

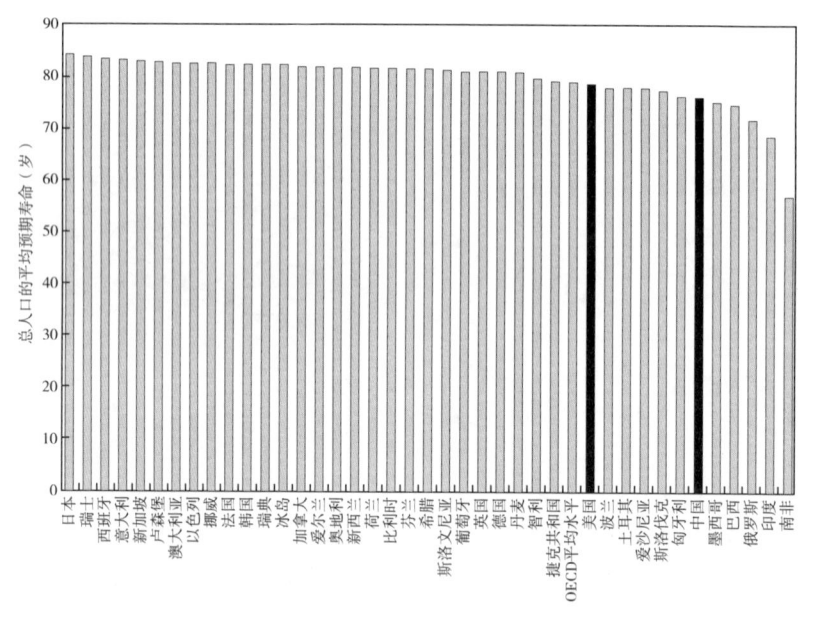

图7.1a　2017年美国、其他OECD国家和新兴市场经济体的平均预期寿命

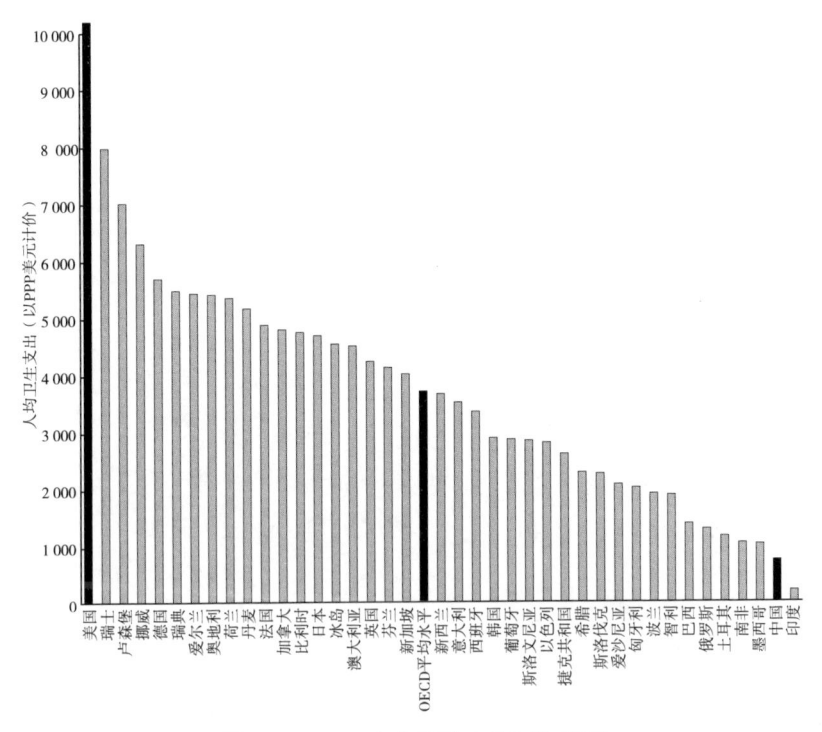

图7.1b 2017年各国的人均卫生支出

奥巴马政府在2010年颁布的《平价医疗法案》（Affordable Care Act, ACA）常常被称为"奥巴马医改法案"。这个法案建立起的机制代表了政府努力弥补医疗体系不足的最新举措，也是近几十年来力度最大的医改方案，而它得以出台的背景是民主党同时掌控了政府和国会。特朗普就职后，他所属的共和党也控制了参众两院，所以一直试图破坏《平价医疗法案》。他第二次打算推翻这个法案时推出了俗称的"瘦身版医改废除法案"，以两票之差没有得到参议院的批准。《平价医疗法案》始终是民主党和共和党之间一触即发的导火索，尽管它没有违反两党达成的长期休战协议，即允许政府为退伍军人以外的人群支付医疗费用，但不负责提供医

第七章 让我来保障你的健康

疗服务。

中国政府也必须保障自己的人民享受到医疗保健服务，但不用纠缠于党派之争，而且可以迅速采取行动。中国正是这么做的。譬如在与新冠疫情的斗争中，尽管中国在初期出现一些失误，但随后的反应相当敏捷。中华人民共和国成立70年以来，中国人的预期寿命大幅上升。世界卫生组织称中国人的预期寿命已经超过富裕程度远胜于它的美国。中国的地区差异和城乡差异始终比较显著。最富裕四省的平均收入水平是最贫困四省平均收入水平的3倍左右，前者的平均寿命比后者高出10年。[①] 诚然，促使平均寿命大幅上升的主要原因是中国的生活水平持续改善，而不是医疗保健水平的提高。不过，中国的医疗机构已经发生转变，它们的支出也呈现爆发式增长。

过去中国政府完全主导了为医疗体系筹措资金并提供医疗服务的工作。不过目前中国的医疗领域和美国一样，在很多重要领域采用协同治理的模式。中国的人均收入总额（8 827美元）比美国的人均医疗支出还低，但公共医疗支出的比重差不多（约占医疗支出的一半），而且政府使用公共资金的形式是政府为体制内的医疗服务提供者直接拨款，为农村和失业人群的医疗保险提供补贴。

在20世纪80年代和90年代，预算外的私人支出开始上升，在世纪之交达到医疗支出总额的60%。受到信贷约束的人群或贫困人口很难享受到医疗服务，而且加剧了地区差异和城乡差别。21世纪初暴发的严重急性呼吸综合征（SARS）危机和一系列

[①] Karen Eggleston, 2019, "Healing One-fifth of Humanity: Progress and Challenges for China's Health System," Stanford Asia Health Policy Program working paper (https://aparc.fsi.stanford.edu/asiahealthpolicy/research/asia_health_policy_program_working_paper_series) and *Milken Institute Review* companion piece.

类似事件刺激中国政府将医疗改革的重点放在恢复政府资金支持，利用社会保险提供全民医疗上。这个路径取决于各地建立起的具有垄断性和基础性且由公共机构管理的医保体系。中央政府和地方政府为农村地区的基础自愿医疗保险（即新型农村合作医疗制度）提供补贴以支持其发展，同时资助无法参与员工保险计划的城市居民参与类似的自愿性补贴项目（即城镇居民基本医疗保险）。各地政府将这两个项目越来越深入地融合为规模更大的风险池。这些项目与更全面的强制性城镇职工保险制度（即城镇职工基本医疗保险）、重新投资体制内医疗服务供应者、降低预算外私人支出和实现全民医保等举措，都划归国家医疗保障局统一落实。

在中国，提供医疗保健服务的机构越来越多样化。到2018年，私立医院的床位占到总量的四分之一以上，私立医院在部分非医疗机构医疗服务中所占的比例不断上升。此外，医疗改革拓展了政府预算支持的基本公共医疗服务，中央政府对低收入省份的补贴不断上升（这与美国的医疗补助计划大体相似）。

中国推行医改后，医疗服务的覆盖范围大幅扩展，越来越多的人能够享受到医疗服务。到2017年，医院服务的覆盖率远远超出高收入国家（即OECD国家/地区）的平均水平。[1] 笔者研究了2000年至2016年的数据共同采用的衡量标准，发现中国医疗的进步速度在195个国家中高居榜首。在人均医疗支出与中国相当或低于它

---

[1] Qingyue Meng, Anne Mills, Longde Wang, and Qide Han., 2019, "What Can We Learn from China's Health System Reform?" *BMJ*, 365, l2349. 如果想了解中国医疗体系的总体情况，请参见《英国医学杂志》2019年6月的特刊；L. R. Burns and G. G. Liu. eds. *China's Healthcare System and Reform*. Cambridge University Press, 2017。

的国家里，中国的医疗服务表现最为人称道（请参见图7.2）。①

尽管中国推广了全民医疗并开展一系列医改措施（这些改革偶尔采用公私协作模式），不过这并没有让广大病患停止抱怨"看病难、看病贵"。不同地区和城乡在医疗服务上的巨大差异仍然没有消失。先前的研究也反映出，在中国，医疗服务可得性和质量得分最高的地区与得分最低的地区之间的差异相当于冰岛（全球医疗保障水平最高的国家）和朝鲜之间的差异。②

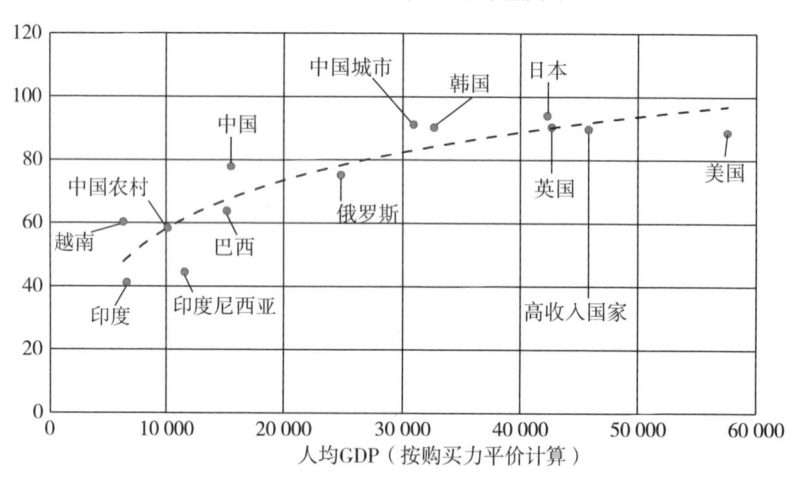

图7.2a 2016年"医疗可及性和质量"指数

注：中国农村的指数是西藏、新疆、青海和贵州的均值。中国城市的指数是上海、北京、天津和浙江的均值。

---

① 2016年全球疾病负担研究（Global Burden of Disease Study 2016）和医疗保健可及性与质量研究项目协作组（Healthcare Access and Quality Collaborators）（2018）推出的"医疗可及性和质量"（Healthcare Access and Quality，HAQ）指数测量了过早死亡的诱因。这类诱因指个人能够享受到高质量的医疗服务时不会出现的早死情况的诱因。GBD 2016 Healthcare Access and Quality Collaborators, 2018, "Measuring Performance on the Healthcare Access and Quality Index for 195 Countries and Territories and Selected Subnational Locations: A Systematic Analysis from the Global Burden of Disease Study 2016," *Lancet*, 391(10136), 2236－2271.

② Eggleston, 2019.

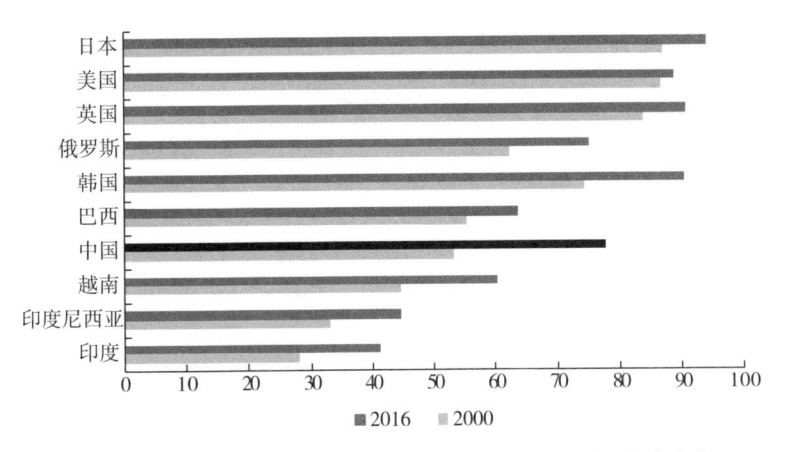

图7.2b　2000—2016年"医疗可及性和质量"指数的变化

本书第二章强调过，协同治理模式要求人们不断重复"评估—完善"周期（即AADA周期），从而根据地方政府面对的治理挑战量身定制解决方案。对美国医疗而言，这个周期进展得极其缓慢，而且总是磕磕绊绊。究其原因，主要是医生及其他医疗专业人士、保险公司、医院管理层、药物和医药设备研发者、医学院、以选民和利益相关者的身份参与就业保险的雇主、患者倡导组织等核心参与者，对医疗业产生了强大的惯性影响。在民主体制中推行医疗改革极其复杂，进一步强化了以上惯性力量。即使在美国的两党内部，政治意识形态在医疗领域里也表现得极为显著。人们很少能平心静气地讨论这个问题，而且几乎从未达成共识。这个问题引发的争论如此激烈，所以尽管共和党掌控着参众两院，但2017年特朗普政府仍然没有实现大选中的承诺来推翻"奥巴马医改法案"。这也在情理之中。意识形态常常压倒理性分析，因此人们分析困扰美国医疗体系的因素时得出的结论都难以捉摸。毫无疑问在医疗保健领域，中国不应该效仿美国，不过它应该谨慎地从美国的做法中汲取教训，特别是在支出方面。

中国医疗支出的GDP占比是美国的三分之一，几乎相当于20世纪60年代美国启动大规模社会医疗保险方案时的医疗支出。不过中国的医疗支出增长速度超过GDP的增长速度，而且由于中国的人均收入显著上升，人们的期望不断提升，人口日益老龄化，所以看起来中国做好了继续大幅上调医疗支出的准备。中国的医疗体系还在不断完善的进程中，笔者期盼并且预期它会更加有效地将公共部门和私营部门的职责结合起来。中国要想实现自己公开宣布的目标，如满足人们对高端医疗服务日益增长的需求，限制政府的医疗支出，同时在其雄心勃勃的国家规划（即2030年前在人工智能领域成为全球领袖）中实现相关医疗目标，那么与私营实体开展信息和生产率协作势在必行。不过由于监管力度不足，病患无法有效监控医疗安全和质量，所以公私协作中的丑闻也彰显了这种模式蕴含的风险，如前文提到的2018年的疫苗造假事件。

本章尽力做到冷静客观。在未来20年里，协同治理将继续成为中美两国医疗体系的特色。事实上，医疗保健往往表现出极为强烈的协同治理性。公共部门和私营部门都贡献出大量资源，影响医疗体系的运转方式，并且动用不少自由裁量权。因此，协作生产可以提高生产效率，有利于获得信息、资源和合法性。不过，本章观察到一个令人沮丧的现象，即有时公共部门和私营部门的目标背道而驰，它们发挥的角色可能相互冲突。有时它们共享自由裁量权的结果是双方的裁量权相互冲突，结果它们共同创造的价值反而低于分别创造的价值总和。

新冠疫情将不少生活常态化时可能被遗忘的问题推到人们面前，如功能完善且强大的医疗体系，其中还包括发挥重要社会和经济作用的公私合作（及具有一定韧性的民间组织）。要想有效应对新冠疫情，需要各方在研发检测方法、疫苗和治疗方法上加强监管和科研合作，同时采用基于社区的政策缓解最脆弱的群体受到的社会和经济冲击（如推出病休、医疗保健服务和失业保障等支持性政策）。中国在疫情期间，动用了前所未有的手段遏制病毒传播。[1] 此次医疗体系对突发状况的应急准备明显强于非典暴发时的情况。过去发生的历次危机推动着中国努力将全民纳入医疗体系。

疫苗研发是"中国式协同治理"的缩影，即中央政府通过国企牵头研发工作，同时动员采用多种所有制的实体在全球范围内开展科研协作，与国内的研发工作相辅相成。国务院联防联控机制[2]与有关科研攻关组以多管齐下的方式精心组织了疫苗研发工作。科技部协同国家卫生健康委员会、国家发展和改革委员会与教育部共同发起了"新型冠状病毒技术响应计划"。国资委敦促中国医药集团等国企加快新冠治疗药物和疫苗的研发与生产工作。[3] 中国的营利性私营企业和事业单位（即政府管控下的非营利性机构）共同组成一流的疫苗研发团队，同时推进三项协作：

---

[1] Bao Zhiming, Qin Jianhang, Gao Yu, Xiao Hui, and Timmy Shen, "Wuhan Doctors Say Colleagues Died in Vain Amid Official Coverup," March 10, 2020, *Caixin Global*, www.caixinglobal.com/2020‐03‐10/wuhan-doctors-say-colleagues-died-in-vain-amid-official-coverup-101526650.html（访问时间：2020年3月10日）。

[2] 王秉阳，《国家卫生健康委员会同相关部门联防联控 全力应对新型冠状病毒感染的肺炎疫情》，新华网（http://www.xinhuanet.com/politics/2020‐01/22/c_1125491587.htm）。

[3] 《国资委：迅速安排部署医疗物资转产扩产 全力推进药物疫苗科研攻关》，国务院国有资产监督管理委员会官网，2020年2月18日，http://www.sasac.gov.cn/n2588025/n2588119/c13830323/content.html。

沃森生物（Walvax）和艾博生物（Abogen）联合军事医学科学院开展研究；康希诺生物（CanSino）联合军事医学科学院开展研究；智飞龙科马生物联合中国医学科学院开展研究。其他协作形式包括国内外私营企业成立合资企业［如复星医药与德国拜恩泰科（BioNTech）设立的合资公司］；国内私营企业科兴生物获得北京市政府的"巨大支持"；三叶草生物（Clover Biopharmaceutical）与海外基金会"流行病防范创新联盟"（Coalition for Epidemic Preparedness Innovation）开展协作。

尽管总体上看，美国应对新冠的表现相当拙劣，但其少有的一个亮点是利用协作加快了疫苗研发。它采用的一种合作模式是充分发挥美国国立卫生研究院的国家过敏与传染病研究所（National Institute of Allergy and Infectious Disease）与Moderna生物公司的专业能力。[①] 美国卫生与人力资源服务部牵头多家机构共同推进的协作项目，即人们所说的"曲速行动"（Operation Warp Speed），计划在2021年1月前生产3亿剂新冠疫苗。[②] 在第一批进入美国三期临床试验阶段的疫苗中，有一种疫苗是牛津大学和阿斯利康通过公私协作研发出来的。[③] 从全球的角度看，多种疫苗采用了不同的研发原理并且竞相面世，产生的结果必然优于不开展

[①] Andrea Kane. "The first Phase 3 coronavirus trial in the US is expected to begin next week," CNN Health, 27 July 2020, https://www.cnn.com/2020/07/24/health/moderna-vaccine-barney-graham-gupta/index.html.

[②] Fact Sheet: Explaining Operation Warp Speed. HHS, 7 August 2020, https://www.hhs.gov/about/news/2020/08/07/fact-sheet-explaining-operation-warp-speed.html.

[③] Matthew Herper. Studies provide glimpse at efficacy of Covid-19 vaccines from Oxford-AstraZeneca and CanSino, Stat, 20 July 2020. https://www.statnews.com/2020/07/20/study-provides-first-glimpse-of-efficacy-of-oxford-astrazeneca-covid-19-vaccine/.

公私协作得到的结果。

除了新冠疫情以外，中美两国的医疗危机正在进入一个持续经历剧变的时代。一方面是"精准健康"和"个性化医疗"领域里的科技变革风起云涌，中美两国引领着全球生物技术的发展，另一方面老年人群体存在巨大的需求，医疗服务可得性方面的不平等难以消除。这两种局面将长期共存。公私协作需要孕育出新型生产模式来满足人们的需求，缓解不平等程度。不过，公私协作可以从任何一个方向切入这个领域。为了满足本国人民对安全、高质量、具有创新性但负担得起的医疗服务的期望，中美两国需要在强化医疗业的协同治理时慎之又慎。

下一节将继续简要讨论对于理解两国医疗协作挑战至关重要的概念问题，随后分别探讨了美国和中国的情况。

为什么医疗体系在本质上具有协作性？

促使政府在医疗保健领域发挥重要作用的原因很多，如医疗能够辅助教育为人力资本和人民福祉奠定基础；控制传染病的工作具有显著的外部性；与致病机理有关的基础研究属于公共品；监管对保障医疗服务的安全和质量至关重要，可以有效地避免保险市场失灵；基本医疗护理常常被视为有益品；帮助穷人获得医疗保健服务可以辅助其他举措抵消收入不平等产生的消极影响，实现收入再分配的目标。以上只是医疗保健最显著的几项收益。

在医疗领域，各种组织形式几乎总是在不同领域里相互影响。政府拥有监管权，对确定规则及抑制支出裁量权和偏好裁量权负有首要责任。不过用一种组织形式提供全部医疗服务的情况少之又少。组织形式 G 可能负责提供资金，而组织形式 N 负责提供服务。组织形式 P 或许在核心发挥管理作用，而组织形式 N 负责选拔工作人员和确定工作职责。无论在中国还是美国，营利性私营企业都在混合性组织形式中发挥了一定作用，从制药商、医疗设备制造商到药店店主和个体供应商，不一而足。简言之，当我们观察到众多组织形式混杂在一起时，各类裁量权也相互结合。为了引导这些混合体创造出公众价值，而不是引发类鸦片药物泛滥或迅速产生大量废弃物的恶果，必须对它们开展卓有成效的政府监管和监督。

在深入探究中美两国的医疗结构之前，笔者讨论了左派和右派批评医疗体系时最常采取的行动。第一，他们常常提出激进的方案解决医疗体系的弊端，而医疗领域里的惯性力量反对彻头彻尾的变革，所以激进派的解决方案往往很难存续。美国表现出的特定形式是例行辩论。左派倡导单一给付制度，右派鼓吹市场的魔力。① 第二，左右两派的批评者都发现其他国家采用了自己推崇的医疗体系，这似乎证明了美国或中国可以（或应该）效仿这些国家。

新加坡的医疗体系展示了这些批评者的希望是如何破灭的。医疗护理在新加坡国民生产总值中的占比不足5%，但成功地支撑这个城市国家维持了极高的平均寿命。左派反对新加坡式医疗体

---

① 高扣除额健康计划在美国的参与率已经提升，有证据显示其降低了医疗支出，但没有证据表明消费者学会如何将大手大脚的医疗护理与有价值的医疗护理区别开。如请参见 Z.C.Brot-Goldberg, A.Chandra, B. R. Handel, and J. T. Kolstad, 2017, "What Does a Deductible Do? The Impact of Cost-Sharing on Health Care Prices, Quantities, and Spending Dynamics," *The Quarterly Journal of Economics*, 132(3), 1261-1318。

系的原因在于，虽然这个医疗体系为民众提供的是有补贴的服务，但是从不提供免费服务，而且医疗储蓄账户发挥了重要作用。右派则对新加坡政府深度介入医疗体系确定费用水平和目标的工作感到不满，因为这迫使民众注重储蓄，而且政府从总体上指导着医疗体系发展。另一个让右派不满的原因在于，四分之三的新加坡民众通过公共医疗体系获得医疗保健服务。不过协同治理的支持者认为新加坡的医疗体系可圈可点，它展示了如何将公共部门和私营部门有效地组合在一起，以高效节约的方式提供高质量的医疗服务，尽管新加坡国土面积不大，倡导高薪养廉，而且很少需要围着选民心血来潮的政治念头团团转。中国领导人认为新加坡模式有不少可取之处[1]，但没有证据表明美国领导人熟悉这种模式。

提供医疗服务

无论中国还是美国都发现了跨部门提供医疗服务的模式，不过两国推行这个模式的路径千差万别。作为共产党领导下的国家，中国先是依靠政府独力运行医疗体系，随后才演进至混合所有制模式。这完全在意料之中。中国政府主导下的医疗体系包罗万象，从毛泽东时代的"赤脚医生"到占据"制高点"的现代医院悉数纳入。中国的现代医院号称拥有最先进的设备、专业水平最高的医师和最可靠的质量口碑。

---

[1] 譬如，中国正是借鉴新加坡的中央公积金制度建立了经济适用房制度（请参见本书第四章）。如果想进一步了解新加坡医疗体系与其公共部门和私营部门发挥的作用，请参见 Lim, Meng-Kin, 2004, "Shifting the Burden of Health Care Finance: A Case Study of Public‑Private Partnership in Singapore," *Health Policy*, 69(1)。

自19世纪中叶开始，公共部门和私营部门共同组成的混合生态就成为美国提供医疗服务的典型特征。从较长的时间跨度看，提供医疗服务的各种模式大体上都延续至今。因此，在1928年，美国的短期综合医院共有37.1万张床位，其中16%属于营利性机构，53%属于私营非营利性机构，31%归政府所有。[1] 到了2012年，美国的社区医院共有80.0566万张床位，其中17%属于营利性机构，68%属于私营非营利性机构，15%归政府所有。[2] 在过去80年里，医院提供医疗服务时取得的一项重大进展是政府提供的服务占比下降一半，而这部分份额由非营利性部门承接了。

并非美国医疗的所有特征都合乎理性，有时甚至可以说不够理性，不过考虑到政府自身提供医疗服务时面对的诸多障碍和受到的约束，医疗服务的主要供给者从政府转向其他机构大体上是合理的。对政府医院和诊所不满意的群体批评它们的主要原因如下：效率低下，缺少资本市场监督，存在软预算约束，目标不明

---

[1] Rorem, C. Rufus, 1930. *The Public's Investment in Hospitals*. Chicago: University of Chicago Press, p. 14.

[2] Centers for Disease Control and Prevention (CDC) National Center for Health Statistics, www.cdc.gov/nchs/data/hus/2014/098.pdf. 出于以下多种原因，笔者使用了"政府所有"这个术语，而不是更常用的"公立"这个词。"公立"这个词适用于很多场合，如相对于"私营营利性实体"的公营公司、相对于"个人医疗保健服务"的公共医疗保健服务或者公共品。此外，在部分国家，公立医院指所有不计较营收而接收所有病人的医院。譬如，Boychuk（1999）回顾了医院在美国和加拿大的发展历程，强调说，在法律层面，加拿大的"慈善机构和市政机构都被赋予'公立医院'的称号，意味着它们对各个社会阶层和经济阶层的人群敞开大门"（第20页）。要考虑到"公立"和"私立"在下文中可能存在根本上的冲突："公立医院体系的主力军是慈善医院（即私营非营利性机构）"（第41页）。即使在美国，全国公立医院协会（National Association of Public Hospitals and Health Systems）的成员也包括多家私营非营利性企业（如波士顿医疗中心或芝加哥大学医学中心）。

确或存在多个目标，资源配置存在政治化倾向。看起来政府侧提供医疗服务时难以抵抗来自政界的压力，厌恶负面媒体宣传，而且被采购和管理层薪酬方面的规定束缚了手脚（这类规定常常需要提高合理性）。

　　提供医疗服务需要大量头脑灵活且专业技能高超的工作人员，而该人群在私营部门的收入远远高于在公共部门的收入。底层的公务员通常薪酬偏高，而处于顶端的公务员薪酬偏低。造成这种局面的原因非常多，而且通常都不是政府的本意，却难以消除。[1] 这种模式在医疗领域表现得尤为显著。譬如，有证据显示，美国的政府医疗机构能够接受低于私营同行的薪酬水平，但享受较强的就业保障。[2] 这个模式使私营部门在提供高质量医疗护理时具备一定优势，而且在美国保持这种优势地位，避免了美国的医疗服务模式与美国文化和政治力量相互协调时出现结构性变化。中国的医疗模式不太一样。体制内的医疗服务供给者对于医学精英往往有特别的品牌和体制吸引力，而私营医疗机构的工作人员以毕业生和退休人员为主，特别是在初级医疗领域和偏远地区。

---

[1] 请参见 *The Warping of Government Work*, John D. Donahue, Harvard University Press, 2008。

[2] 譬如，政府问责局（Government Accountability Office, GAO）在20世纪90年代初对368家医院进行问卷调查后，分析了CEO的薪酬水平，发现政府医院CEO的薪酬收入比非营利性医院CEO的薪酬收入低9%（分析时控制了医院规模、教学状况、地点和其他特点）。营利性医院对管理层支付的薪酬比接近的非营利性医院高出12%左右。政府问责局发布的报告暗示就业保障是解释这种薪酬的原因之一（GAO, 1994）。Zeckhauser, Patel, and Needleman（1995: 106）发现与营利性私营医院和非营利性私营医院比起来，（非教学类）公立医院的全职员工人均薪酬最低。

鉴于非政府非营利性机构在很多国家的医疗体系中都发挥了重要作用（特别是美国。此外这类机构在政府的鼓励下在中国发挥的作用也日趋重要），学界和政界都围绕营利性机构和非营利性机构的动机及应当扮演的角色开展了相当深入的辩论。[1] 学术理论常常假设非营利性机构的动机别具特色。这些理论认为非营利性机构的目标包括服务质量、服务数量或专业声望[2]，而不是净收入[3]（或者说净收入包含在这些假设目标内）；协助满足本地民众的医疗需求[4]，或填补社区的需求缺口[5]；最大化医务工作者[6]或

---

[1] K. J. Arrow, 1963, "Uncertainty and the Welfare Economics of Medical Care," *The American Economic Review*, 53(5), 941–973.

[2] J. P. Newhouse, 1970, "Toward a Theory of Nonprofit Institutions: An Economic Model of a Hospital," *The American Economic Review*, 60(1), 64–74. Later mathematical formalizations of Newhouse's model include Sloan and Steinwald (1980) and Phelps (1997).

[3] D. Lakdawalla, and T. Philipson, 1998, *Nonprofit Production and Competition* (No. w6377). National Bureau of Economic Research.

[4] Weisbrod 1975; B. A. Weisbrod, 1997, "The Future of the Nonprofit Sector: Its Entwining with Private Enterprise and Government," *Journal of Policy Analysis and Management*, 16(4), 541–555; J. P. Ballou, and B. A. Weisbrod, 2003, "Managerial Rewards and the Behavior of For-Profit, Governmental, and Nonprofit Organizations: Evidence from the Hospital Industry," *Journal of Public Economics*, 87(9–10), 1895–1920.

[5] R. G. Frank, and D. S. Salkever, 1991, "The Supply of Charity Services by Nonprofit Hospitals: Motives and Market Structure," *The Rand Journal of Economics,* 22(3), 430–445.

[6] M. Pauly, and M. Redisch, 1973, "The Not-for-profit Hospital as a Physicians' Cooperative," *The American Economic Review*, 63(1), 87–99.

消费者[①]等特定选民的福祉。反之，营利性机构的目标及它们具备的优势得到广泛认同。部分理论框架强调了监管和税务政策的重要性，并且假设营利性企业从特定所有制中受益的能力不同于非营利性企业。[②]

非营利性企业和营利性企业在激励上的差异是否能解释它们的行为？在中国，政府医院的股东不会对净收入有强烈主张。尽管如此，它们的表现可能会非常接近追求利润最大化的人群，后文将深入讨论这个问题。如果你了解到美国非营利性医院的股东也对利润没有强烈主张，但医院营收常常远超医院成本（在其他背景下，营收超过成本的部分被定义为"利润"），那么上文观点中蕴含的讽刺意味就会大大缩小。事实上，2013年在美国最赚钱的10家医院里，有7家医院是非营利性机构，它们的净收入从1.635亿美元至3.02亿美元不等。[③] 由于法律禁止这类机构营利，所以它们的收入

[①] A. Ben-Ner, and B. Gui, *The Nonprofit Sector in the Mixed Economy*. University of Michigan Press, 1993.关于非营利性机构的部分理论强调要满足捐赠者的预期（Rose Ackerman, 1987; Lakdawalla and Philipson, 1998, 2001; Glaeser and Shleifer, 2001）。Sloan（2000）和Malani, Philipson, and David（2003）指出由于捐赠在非营利性医院的营收来源中占比极小，所以医院并不认可"捐赠者是组织中的主要决策者"这种观点（Lakdawalla and Philipson, 1998, 2001）。

[②] David（2009）对私营营利性机构和非营利性机构建模且没有假设它们的目标不一样。Lakdawalla and Philipson（1998）研究了拥有不同目标的企业，但目标和所有制选择之间不一定存在一一对应的关系。请参见David, 2009, "The Convergence between For-profit and Nonprofit Hospitals in the United States," *International Journal of Health Care Finance and Economics*, 9(4),403–428; A. Malani, T. Philipson, and G. David, 2003 Theories of firm behavior in the nonprofit sector. A synthesis and empirical evaluation. In *The governance of not-for-profit organizations* (pp. 181–216). University of Chicago Press。

[③] "Non-profit Hospitals Earn Substantial Profits." Johns Hopkins Bloomberg School of Public Health. N.p., May 2, 2016. Web. August 10, 2016.

盈余要用于其他用途。譬如，虽然这类非营利性机构的CEO收入很高，但与同类营利性机构CEO的收入相比，仍然相形见绌。[1]

不过协同治理的协调机构为了实现具体的医疗业目标而选择适用的所有制时，需要了解这些行为模式对绩效表现的重要性。譬如，医院采取不同组织形式时，是否会导致医疗护理的质量出现系统性差异？与这个问题有关的证据模糊不清。鉴于美国是少数同时拥有三种所有制的国家之一，而且采取不同所有制的医疗机构直接争夺病人，所以大量实证研究采用了美国的数据。有一项分析表明，大部分研究都没有发现营利性医院和非营利性医院在死亡或其他不良事件方面的表现存在统计显著性。不过，另一组研究指出营利性医院的不良事件发生率高于私营非营利性医院。不少研究将非营利性医院与政府医院进行对比后，表示政府医院的服务质量相对较差。不过也有些研究认为所有制状况影响了医疗护理的质量，这些研究成果受到研究涉及的地区、市场和时代的影响。总体来说，所有制产生的真实影响似乎在很大程度上受到它们所处背景的影响。[2]

看起来持续存在差异的是医疗体系提供的一系列服务。研究

---

[1] 学者们研究了美国98%的非营利性私营医院，发现它们的CEO在薪酬方面差异显著。2009年，这些CEO的薪酬均值为59.5781万美元（他们的薪酬中位数为40.4938万美元）。大型城市医院的CEO薪酬水平远远超过其他类型医院的CEO薪酬水平。研究发现CEO的薪酬水平与病人满意度成正相关，与医院的医护方案、患者愈后或社区福利（免费医疗）之间没有正相关。Karen E. et al. 2014, "Compensation of Chief Executive Officers at Non-profit US Hospitals," *JAMA Internal Medicine*, 174(1), 61–67.

[2] Karen Eggleston, Yu-Chu Shen, Joseph Lau, Christopher H. Schmid, and Jia Chan, 2008, "Hospital Ownership and Quality of Care: What Explains the Different Results?" *Health Economics*, 17(12), 1345–1362.

者分析了美国数据后，称政府医院最可能提供无利可图的医疗服务，而贫困人群对这类医疗服务的需求极大。营利性医院可能提供利润最丰厚的服务，非营利性机构主要提供介于两者之间的宽泛服务。[1]

因此，政府、非营利性机构和营利性机构提供医疗保健服务的动机和行为特征存在显著差异。本书第二章讨论比较优势时认为，这三种形式中的任何一种都在某些情形下暂时受到倚重，而在其他情形下受到制约。

不过实际情况比理论描绘的情形复杂得多。譬如，美国有哪些力量导致不同机制形式相互纠缠？为什么它没有在概念层面加强条理性？政府、私营非营利性所有制和营利性所有制混合在一起组成的生态是否符合民心所向？如果不是，如何对其进行完善？

我们可以用两个主要原因来解释为什么这些机制能够经历时间的洗礼而没有消亡。它们之所以能够长期存在，就是因为它们符合发展方向和实际需求，反之亦然。换言之，它们能够长期存在，这本身可能使它们占据了优势地位。我们可以观察21世纪美国的主要非营利性医院。它们不少都规模庞大，随着时间的流逝积累起巨额捐赠，由此在竞争中优势显著，直接或间接建立起声望。它们将拥有实权或高额财富的精英吸纳至自己的董事会，拓展资源，影响相关政策。在这个组织化的世界里，新出现的组织形式必须拥有强大的优势才有能力取代已经根深蒂固的组织形式。

从更广泛的角度看，以下多个原因帮助非营利性医院在协作

---

[1] Horwitz, Jill R., 2005, "Making Profits and Providing Care: Comparing Nonprofit, For-profit, and Government Hospitals," *Health Affairs*, 24(3), 790–801.

式医疗体系中确保自己的优势地位，并使其长期存在（在美国，这类非营利性医院大多是私营机构；在中国，这类非营利性医院多由政府所有和管理）：

- 官僚体制和政治体系大体上顺应现状。
- 非营利性医院的资源和声望使它们直接享有一定优势，对政界和政策产生影响力。
- 它们分配资源时发挥的功能接近营利性医院。正如人们所说，"没有利润，就无法使命必达"。在一定程度上，营利性机构具有效率优势；非营利性机构可能受到严重掣肘。因此，现在部分非营利性医院（特别是美国的非营利性医院）开始聘请营利性公司管理医院。
- 人们预期非营利性机构会提供大量慈善服务和医疗补贴（他们常常也会要求非营利性机构这么做）。医疗保险服务全面推广后，这种预期大幅减少，对医疗补贴的需求也显著降低［这里所说的保险指美国的《平价医疗法案》（ACA）和中国通过地方政府推行的全民医疗］。

监管和竞争

大多数医疗系统都对私营供应商采取了一系列监管性限制措施，努力促使它们创造出公共价值。以美国为例，这方面最典型的做法是出台法律，充分利用公共采购来要求私营供应商服务脆弱人群，并规定非营利性机构要想维持自己的免税地位就必须提供社区公益服务，如开展慈善医疗、为公共项目受益人提供医疗护理、提供包括24小时创伤中心在内的社区服务和为特殊需求人群提供的医疗护理。诚然这些监管结构有待完善，但它们确实搭建起一个框架来展示如何充分利用私营供应商的能力服务具体人群。后文将深入探究中美两国在这方面的实践案例。

竞争在医疗领域发挥的作用引起较大争议，而且在保险和提供服务等领域的表现不尽相同。[1] 人们在设计保险体系时应该像美国的ACA那样鼓励竞争，还是应该通过由单一保险公司提供保险服务来规避逆向选择或者确保其他保险公司不会采取手段进行逆向选择？我们对这个重要问题的回答很简单："酌情而定。"

本章不会深入探讨这个问题，但需要强调的是，所有权和竞争完全不同，可以以多种方式组合。譬如，依靠私营保险公司提供医疗保险无疑会确保竞争。在二战结束后的几十年里，蓝十字蓝盾公司（Blue Cross-Blue Shield）是美国重点地区的主要医疗保险商，尽管其他保险公司原本也有机会进入这个市场。政府医保计划则成为人们选择医保时的众多选择之一。中国确立了以独家专营的方式提供医疗保险的路径，即各地政府管理特定人群的"社会医疗保险"（"社会医疗保险"指享受税收优惠的医保或强制性医保）。竞争的地位下降，只能出现在补充性保险市场和交付体系。

在服务交付侧，有不少令人信服的证据显示在监管得当的情况下，患者自行选择医疗服务的供给者（即"供给者竞争"）有

---

[1] Martin Gaynor and Robert J. Town, 2011, "Competition in Health Care Markets," chapter 9 in M. Pauly, T. Mcguire, P. Barros, eds., *Handbook of Health Economics*, 2, Elsevier, 499–637.

助于提高服务质量。[①] 相关文献中有一篇传播甚广的文章，其标题为"市场力量引发的死亡"，表明供给者之间缺乏竞争会推高死亡率。[②] 因此，无论在本地占据垄断地位的医疗护理机构属于公立部门还是私营部门，只要它们称自己占据主导地位有助于更加充分地协调护理服务，提升医疗水平，并且控制支出，那么决策者在协调协作时就应该对它们多加留意。患者能够"用脚投票"，就会创造出社会价值，尽管这意味着部分供给者会将重点放在患者可以观察到的护理上，而不是这些护理在技术层面的质量表现。还有一些证据将医院争夺病人的行为与医院的管理质量关联起来。[③] 如果综合性医疗网络或初级医疗供给者必须依靠提高服务质量来吸引患者，从而在竞争中胜出，那么医疗服务供给不足的问题就会自动消失，使决策者掌握关键的反馈回路来监控医疗供给者是否切实满足了人们的需求。

一方面，医疗保健与餐厅等服务大相径庭，对后者来说，"用脚投票"显然能够刺激服务效率大幅提升。医疗服务的供应者竞相争夺利润率更高的患者，特别是与"按服务收费"的模式结合起来，进一步刺激了"医疗军备竞赛"，即医疗业过度投资高科技

[①] 譬如，请参见 Cooper, Zack, Stephen Gibbons, Simon Jones, and Alistair McGuire, 2011, "Does Hospital Competition Save Lives? Evidence from the English NHS Patient Choice Reforms," *The Economic Journal*, 121(554), F228–F260 和 Gaynor, Martin, Carol Propper, and Stephan Seiler. 2016, "Free to Choose? Reform, Choice, and Consideration Sets in the English National Health Service," *American Economic Review*, 106(11), 3521–3557。

[②] Gaynor, Martin, Rodrigo Moreno-Serra, and Carol Propper, 2013, "Death by Market Power: Reform, Competition, and Patient Outcomes in the National Health Service," *American Economic Journal: Economic Policy*, 5(4), 134–66.

[③] Bloom, Nicholas, et al., 2015, "The Impact of Competition on Management Quality: Evidence from Public Hospitals", *The Review of Economic Studies*, 82(2), 457–489.

或采取其他效率低下的行为。因此，竞争、激励和问责制都是公私协作创造公共价值的重要工具，根据它们的不同组合方式展示出的比较优势来决定如何付诸实施；承包模式和营利性供应商之间相互竞争的模式或许适用于牙科护理或药物研发的大部分工作，但完全不适用于认知严重受损或患有精神疾病的患者护理工作。

美国的医疗保健体系

美国的医疗保健体系花费高昂，但取得的成果乏善可陈。分析人员追踪了医疗体系的高昂支出，挖掘出美国医院体系的诸多特征，从医师服务、药物和其他投入的高昂收费到高价服务组合及较高管理成本，不一而足。[1] 在美国，具备这些特征的医药机构与其他高收入民主国家的医药机构差别极大，在很大程度上是因为美国采用了协作性更强的模式，而这么做的根源是它不相信政府深度介入监管、保险供给和医疗保健服务交付等工作会产生理想的效果。[2] 为了研究清楚现行系统的起源，本章首先回顾了公共部门和私营部门医疗服务供给者的发展史。

美国医疗业采用混合所有制的历史进程

本节描绘了美国医院采用混合所有制的历史动力。它从"可

---

[1] 如请参见 Victor R. Fuchs, *Health Economics and Policy: Selected Writings by Victor Fuchs*. Singapore: World Scientific, 2018。
[2] "在其他高收入民主国家，由于它们强烈地信奉平等主义，而且为了让政府参与其中而愿意使政府发挥作用，所以采取了全民医疗（同时降低支出）。在美国，人们对再分配的支持力度较小，而且希望限制政府发挥的作用，避免出现全民医疗。" Fuchs 2018, *Health Economics and Policy*, p. 289.

怕的不洁之地和被放逐的残躯聚集地"进化至"社会和官僚秩序维系的巍峨城堡"（Starr, 1982，第145页）。部分像医疗保健现在这样关键且规模庞大的产业在一个世纪前尚未存在，但医院（或收容所和救济院的前身）的历史相当悠久。在过去百年间，医疗保健经历了激动人心的科技变革，但在组织结构方面的进展几近停滞。1928年，美国有6 852家医院提供医疗保健服务，其中15家早在公元1800年以前就已经在治病救人。

在美国，用所有制结构来确定分工的实践早就广为流行，即体制内的政府机构扮演最终供给者的角色。在某种程度上，政府和私营部门分别提供的医疗服务相辅相成，而不是互相替代。最初这个领域的治理没有采用本书重点研究的协作模式，而是让两个不同"物种"在同一个生态系统中保持共生关系。政府安排体制内的供给者在财政支持下提供医疗保健服务，而私营部门提供的医疗保健服务主要由慈善机构完成。正如罗斯玛丽·史蒂文斯（Rosemary Stevens）描述20世纪的美国医院时着重强调了以下内容：

> 传统私人慈善的一个特征……是慈善医院的受托人和合作者假设地方政府是适宜且必要的残余看护者（residual caregiver），而不是他们自己。政府承担了给"不值得"和无人照顾的人群提供医疗服务的职责，即为穷困潦倒者、患不治之症者和慢性病人等弱势群体提供医疗服务……人们认为大城市的政府医院理应支持慈善医院（偶尔包括私立医院）发挥的作用，接收这些医院不打算接收的病人……鉴于政府医院为私营慈善团队在大城市充分救助民众提供了必要支持，所以其他医院开业以后，地方政府管理的医院的数量也不会像人们本能预测的那样减少，同时政府的作用反而显得更重

要……这两类机构共生互助。①

政府和私营机构分别拥有的病床数量在20世纪初同步增长。纽约的经历清晰地展现了这种共生关系。在1910年至1934年间，纽约的普通病床总数增长了76%（从20 437张上升至36 056张），而政府医院的病床占比保持不变，维持在41%的水平。②

人们常常认为政府医院提供的服务质量不高（这种看法在很多情况下是正确的），特别是在20世纪初，当时它们刚刚从公立救济院升级成医院。大萧条可以作为一个有趣的案例来研究政府如何充当医疗服务的最后供给者。它表明私营供给者（特别是投资者投资建设的医院）在盈利状况不佳时极易倒闭。在大萧条爆发前夕，1928年美国的6 852家医院中有2 435家为私立医院，而且多半规模较小（其中三分之二的医院病床不足25张）。③ 在1928年至1935年间，43%的业主医院停止营业，而倒闭的教会医院只占总量的11%，倒闭的企业医院只占总量的17%。④ 同年，对业主医院的投资总额直线下滑了46%，而对非营利医院和综合性政府医院的投资分别上升了12%和51%。⑤

在20世纪的最后30余年，美国的老年人医疗保险制度扩展了"雇主和雇员交费，政府提供服务"的特点，而这个特点是美国通

---

① Stevens, Rosemary, *In Sickness and in Wealth: American Hospitals in the Twentieth Century.* New York: Basic Books, 1989, 27-28.
② Boychuk, Terry, *The Making and Meaning of Hospital Policy in the United States and Canada.* Ann Arbor, Michigan: The University of Michigan Press, 1999, 75, Table 3.3.
③ Rorem, 1930.
④ Stevens, 1989: 147, table 6.2.
⑤ Stevens, 1989: 152, table 6.4.

过协作提供医疗服务的典型特征。不过政府在支付医疗体系支出方面发挥的作用可以追溯到很久以前，而且其适用范围愈发宽泛。它以零敲碎打的方式缓慢推进医疗体系建设，而不是从"政府应该如何支持医疗保健"这个重大问题的远见卓识出发一蹴而就。时至今日，公共部门除了在提供医疗服务时直接或间接给予补贴，还补贴了包括医师在内的人员培训，资助相关研究，允许用免税债券建设医疗设施。1946年美国推出"希尔-伯顿计划"（Hill-Burton program）后开始大兴土木修建医院。这个计划：

> 激励公共部门向商业转型。"希尔-伯顿计划"修建的地方政府下属医院常常服务于周围社区的全体居民，而不是只接受贫困患者……到了1961年，公共医院的收入中超过一半来源于支付医疗费用的病人，与战前的情况形成鲜明对比。[1]

尽管"希尔-伯顿计划"取得令人瞩目的成果，成功地激励人们兴建医院，但它告诫大家不要忽略协同治理可能带来的风险。在19世纪，美国大手笔地为铁路扩张提供了高额补贴（第三章讨论了这个问题），公共部门和私营部门的利益完美地融合在一起。不断延长的铁路轨道确实在给铁路公司带来丰厚利润的同时创造出大量公共利益。"希尔-伯顿计划"的合理性不仅在于修建医院的社会效益四处传播，而且由此交换到以下回报：用政府资金兴建的医院背负起为无力支付治疗费用的贫困患者提供医疗服务的

---

[1] Boychuk, 1999: 152.

特殊职责。① 不过，这项法案缺乏有力的监控和执行体系，也没有惩罚未能履行职责的医院。事实上，美国直至1972年才明确由政府医院提供免费医疗。因此政府提供的公共财政资源并没有获得公共性回报。20世纪70年代的审计结果表明政府医院没有履行这些职责的行为比比皆是，"希尔-伯顿计划"兴建的医院中约70%没有提供免费医疗，而且国家机关几乎没有能力要求它们合规。② 近期，部分州竭力要求医院落实与非营利性机构享受赋税优惠的政策挂钩的免费医疗，而不是早先与建设资金挂钩的免费医疗服务要求。州政府坚持要求这类医院提供详细记录来展示免费医疗的成本是否等同于非营利性医院享受的房地产税减免。③《平价医疗法案》推出后，免费医疗的重要性远远逊于过去。

20世纪前半叶见证了私营非营利性医院的兴起。它们拥有的床位数在全国床位总量中的占比从略高于50%上升至70%，随后大体保持在这个水平。随着营利性医院的比重不断攀升，政府医院的占比平缓下降。两者的占比在2000年逐渐趋同至15%左右。尽管归政府所有的社区医院比重下滑，但公有制机构在服务脆弱群体的设施中仍占较大份额（脆弱群体指精神长期严重不正常的

---

① 人们可能会揣测为什么美国在推广医疗保健和高等教育时分别选择了不同的支持方式，即它们为私立医院提供补贴，但给公立大学赠与土地。维克托·福克斯（Victor Fuchs）认为政府这么做的一个重要原因可能是与大学教授比起来，医师产生的影响更大，而且反对政府管控。另外可能存在的一个重要原因是，偏好裁量权出现在医疗保健领域的概率小于出现在教育领域的概率。
② 请参见 Dowell, Michael A., 1987, "Hill-Burton: The Unfulfilled Promise," *Journal of Health Politics, Policy and Law*, 12(1), 153 - 176; and Rose, Marilyn G., 1975, "Federal Regulation of Services to the Poor Under the Hill-Burton Act: Realities and Pitfalls," *Nw. UL Rev.* 70, 168.
③ 由于医疗体系得到不少补贴，而且交叉补贴的情况非常普遍，其物价水平很少反映它动用的资源，所以非营利性医院可以游刃有余地调高成本数据。

第七章　让我来保障你的健康　　261

病患等人群）。①

由于政府被视为医疗服务的供给者，所以它经常作为"金主"大胆站出来。美国的公私协作医疗体系大体成形于20世纪最后30年。公共财政支持的医保项目在全国医疗支出中的占比越来越高，帮助政府完成多项公共任务，这类保险项目主要指适用于65岁及以上老人的"联邦医疗保险制度"及适用于贫困人群和残障人士的"联邦医疗补助制度"。譬如，有证据表明采用联邦医疗保险制度提高了老年人的医疗服务使用率，提升他们的风险保障程度（即降低他们自掏腰包的医疗支出），但同时激励了医疗体系采用科技手段，推高人均医疗支出。② 没有证据显示它提高了生存效益或推动医药创新。③ 长期以来，以上社会医保项目表现出的一个特点是政府监管私营部门提供的补充性保险项目［如"补充性医疗保险"（Medigap）］，并将"联邦医疗保险优势计划"（Medicare Advantage）和医疗补助管理式医疗（Medicaid managed care）等部分项目的保健服务外包给私营机构。后来美国决定扩大联邦医疗保险的覆盖范围，将处方药也包括在内。它选择在"医疗保险医药承保计划"（Medicare Part D）中通过私营保险项目将这些工作

---

① Frank and McGuire（2000：第936页）强调，尽管美国采用了迥然不同的方法为不同人群提供医疗服务，"但为（精神）极其不健康的人群直接提供公共服务是医疗体系的通用特征之一"。

② A. Finkelstein, 2007, "The Aggregate Effects of Health Insurance: Evidence from the Introduction of Medicare," *The Quarterly Journal of Economics*, 122(1), 1–37.

③ Finkelstein, Amy, and Robin McKnight, 2008, "What did Medicare do? The Initial Impact of Medicare on Mortality and Out of Pocket Medical Spending," *Journal of Public Economics*, 92 (7), 1644–1668; D. Acemoglu, D. Cutler, A. Finkelstein, and J. Linn, 2006, "Did Medicare Induce Pharmaceutical Innovation?" *American Economic Review*, 96(2), 103–107.

全部承包出去。① 虽然关于私营医保项目是否提升了效率或消费者能否有效选择医疗服务的辩论始终没有停歇②，但越来越多的证据显示，私营医保项目确实与公共医保项目相去甚远（譬如对于需求弹性较高的药物，私营医保项目系统性地调高了消费者分担的成本）。③

这些社会保险项目购买服务的交付体系已经发生彻底转变。该体系的特点是私营供应商的占比极高，还包含了残余的体制内供应商，后者为了争取更广泛的患者群体，很容易拒绝承担自己的传统职责，即作为最后供给者为最脆弱的患者群体提供医疗服务。

如果对美国医疗体系进行全面评价，那么会发现其定价过高，而结果并不尽如人意。不过综合评估没有反映各个组成部分的具体表现。这些组成部分极其多元，展现了公共元素和私营元素以精细复杂的方式掺杂在一起的现实情况。有些部分的表现极其糟糕，有些部分的表现差强人意。医疗服务的质量和组织形式之间不存在简单的对应关系。政府在一个领域的表现尤为突出，即退役军人事务部运营的退伍军人医院组成的庞大网络。政府不仅为这些医院支付费用，而且直接提供医疗服务。近年来，这些医院因为提供的服务质量低劣而受到猛烈抨击。病人常常要等待很长

---

① J. Gruber, 2017, "Delivering Public Health Insurance through Private Plan Choice in the United States," *Journal of Economic Perspectives*, 31(4), 3–22.

② L. Einav, A. Finkelstein, and M. Polyakova, 2018, "Private Provision of Social Insurance: Drug-specific Price Elasticities and Cost Sharing in Medicare Part D," *American Economic Journal: Economic Policy*, 10(3), 122–53.

③ 譬如，请参见J. Abaluck, and J. Gruber, 2011, "Choice Inconsistencies among the Elderly: Evidence from Plan Choice in the Medicare Part D Program," *American Economic Review*, 101 (4), 1180–1210。

时间才有机会就医。①

不过我们不能用简单的三言两语归纳总结复杂的医疗业，如把它视为政府执政能力拙劣的表现之一。举例来说，美国医疗研究的表现与医疗体系的表现大相径庭。美国国立卫生研究院开展的内部研究广受好评。它本身是由联邦政府资助和运营的，而它的职责是为市场失灵寻找解决方案，资助创新发展。② 此外，人们公认美国公司在全球范围内资助设备、制药、生物科技和医用人工智能科技等领域的创新活动也卓有成效。政府已经与这些私营公司合作，利用后者的优势实现特定的公共目标，如食品药品监督管理局通过"哨兵行动"监控药品安全，或者利用大数据分析的威力强化"信息交换和数据转换"倡议中"协作式肿瘤调控科

---

① 请参见2014年4月揭露的丑闻。Bloche, M. Gregg, 2016, "Scandal as a Sentinel Event-Recognizing Hidden Cost-Quality Trade-offs," *New England Journal of Medicine*, 374(11), 1001–1003; Kizer, Kenneth W., and Ashish K. Jha, 2014, "Restoring Trust in VA Health Care," *New England Journal of Medicine*, 371(4), 295–297.

② "围绕未经验证的观点开展研究风险很大，极易失败，因此这类研究难以找到资金支持，而且不容易吸引大量科学家共同形成成熟的观点。美国国立卫生研究院对于纠正科学研究方面的市场失灵发挥了重要作用。它每年的预算高达370亿美元，是全球最大的生物医学研究资助者……（而且）美国国立卫生研究院对边缘科学的资助比例超过对创新性较低的研究的资助率"，不过这种趋势在最近十年有所削弱。Jay Bhattacharya and Mikko Packalen, "Encouraging Edge Science through NIH Funding Practices," Stanford Institute for Economic Policy Research Policy Brief, November 2018, https://siepr.stanford.edu/research/publications/encouraging-edge-science-through-nih-funding-practices（访问时间：2018年12月30日）。另请参见Collins, Francis, MD, PhD. "NIH in the 21st Century: The Director's Perspective." ASL. U.S. Department of Health and Human Services, June 15, 2010. Web. September 3, 2016。美国国立卫生研究院成立于1887年，此后不断发展壮大，已经资助全美50个州和全球近100个国家的研究者。它资助的研究人员中有130位获得诺贝尔奖。

学孵化器"的监管。① 在服务交付方面，美国的社区医疗中心网络是另外一个亮点。它不仅规模庞大，而且淋漓尽致地展现出经典的协作性。

美国社区医疗中心

社区医疗中心构成美国最大的基层医疗体系，每年为9 000余个经济不发达地区的2 300万病人提供医疗服务。为社区、流动人口、无家可归者等服务的公共卫生中心属于非营利性且由社区指导的服务提供者。它们又被称作"联邦合格医疗中心"（FQHCs），往往处于医疗需求极高的地区（衡量需求水平高的指标包括高贫困率、婴儿死亡率超过平均水平、私人医生极少）。相关法律规定，医生至少要占到联邦合格医疗中心管理委员会的51%，而且无论病人是否有保险或支付能力，联邦合格医疗中心都需要对其进行救治。

社区医疗中心体系是在20世纪60年代美国"向贫困开战"和民权运动风起云涌的背景下建立的。尽管最初被污名化为"社会化医疗"，但大部分社区医疗中心属于非营利性私营机构，而不是归政府所有的医疗机构。相关法案要求社区医疗中心的大部分董事会成员来自病患和社区成员等"活跃用户"群体，进一步

---

① www.hhs.gov/idealab/projects-item/information-exchange-and-data-transformation-informed-initiative; Khozin, Sean, Geoffrey Kim, and Richard Pazdur. 2017, "Regulatory Watch: From Big Data to Smart Data: FDA's INFORMED Initiative," *Nature Reviews Drug Discovery*, 16, 306; Sentinel Initiative: http://www.fda.gov/Safety/FDAsSentinelInitiative/ucm2007250.htm; Steven Findlay, "The FDA's Sentinel Initiative," Health Affairs Health Policy Brief, June 4, 2015. DOI:10.1377/hpb20150604.936915.

强化了社区医疗中心的地位。① 法律条款还明确表示，部分董事会成员的目标与社区医疗中心的目标相左时，董事会可以限制他们的代表能力。这个策略遏制了潜在的回报裁量权和偏好裁量权。②

多个联邦机构为社区医疗中心提供了资金支持，如联邦医疗保险、联邦医疗补助和公共卫生服务补助金。③ 社区医疗中心依据"量入为出"（pay-as-you-can）的浮动计算方法对提供的服务和药物治疗收费（医院内售卖的药品享受补贴价格）。此外，它们还提供出诊服务和就诊交通。④ 政府推出《平价医疗法案》后，保险项目得到扩张，多多少少充实了医保资金，不过民众对医疗服

---

① 联邦合格医疗中心指公立或私立的非营利性慈善免税机构。它们依据《公共卫生服务法》（Public Health Service Act）第330节接受资助，或者被美国卫生与公众服务部（DHHS）确定为满足接受资助的要求而不是实际接受捐赠的机构（即"类似"联邦合格医疗中心的机构）。请参见Section 1861(aa)(4) of the Social Security Act. National Association of Community Health Centers, "Partnerships between Federally Qualified Health Centers and Local Health Departments for Engaging in the Development of a Community-Based System of Care," 2010（www.nachc.com/client/PartnershipsBetweenFederallyQualifiedHealthCentersAndLocalHealthDepartmentsforEngagingInTheDevelopmentOfACommunityBasedSystemOfCareNACHCOctober2010.pdf）（访问于2015年11月20日）。

② 在非医疗服务使用者的少数董事会成员中，"从医疗保健业获得的收入超过10%年收入"的成员不能超过他们的一半。National Association of Community Health Centers, "Partnerships between Federally Qualified Health Centers and Local Health Departments for Engaging in the Development of a Community-Based System of Care," 2010, p. 18.

③ www.nachc.com/client/documents/12.14%20NACHC%20Comments%20on%20OIG%20Safe%20Harbors1.pdf.

④ Bailey, Martha J., and Andrew Goodman-Bacon, 2015, "The War on Poverty's Experiment in Public Medicine: Community Health Centers and the Mortality of Older Americans," *American Economic Review*, 105(3), 1067–1104.

务的需求随之激增,导致社区医疗中心和有限的人力背上更加沉重的负担。由于社区医疗中心体系力求提高服务质量,而且它们服务的弱势群体难以遵守相关规定,所以其背负的压力进一步加重。已经有报告反映社区医疗中心工作人员对自身工作的满意度下降[1],社区医疗中心努力提升医疗服务质量,打造"以患者为中心的医疗之家",取得的结果也喜忧参半。[2]

美国全国社区医疗中心协会引用的研究成果表明,如果社区医疗中心的工作由急诊、传统医院或专业机构承担,那么成本会大幅上升。社区医疗中心每年共节约240亿美元。[3] 诚然,有多种因素可以解释为何社区医疗中心相对来说较为成功。一个考量因素可能是任何初级护理网络相较于医院服务,总体上效率都比较高。此外,社区医疗中心管理层常常会提供翻译和交通等关键的支持性服务,辅助基础医疗服务充分发挥作用。

随着时间推移,人们持续评估和完善联邦合格医疗中心采用的承包模式,而且这些模式与本书第二章提出的方案基本吻合。社区医疗中心模式的价值同时得到民主党和共和党的支持,在最

---

[1] M. W. Friedberg, R. O. Reid, J. W. Timbie, C. Setodji, A. Kofner, B. Weidmer, and K. Kahn, August 1, 2017, "Federally Qualified Health Center Clinicians and Staff Increasingly Dissatisfied with Workplace Conditions," *Health Affairs*, 36(8), 1469–1475.

[2] J. W. Timbie, C. M. Setodji, A. Kress, T. A. Lavelle, M. W. Friedberg, P. J. Mendel, E. K. Chen, B.A.Weidmer,C.Buttorff,R.Malsberger, and M.Kommareddi,July20, 2017, "Implementation of Medical Homes in Federally Qualified Health Centers," *New England Journal of Medicine*, 377(3), 246–256.

[3] United States Health Center Fact Sheet, National Association of Community Health Centers, available at www.nachc.com/client//United_States_FS_2014.pdf.

新一轮全国性医疗改革中大幅扩张。① 《平价医疗法案》计划在5年时间里为社区医疗中心提供110亿美元，为美国国家卫生服务队提供15亿美元，为医学研究生教育提供2.3亿美元，帮助社区医疗中心补充人手。《平价医疗法案》还要求在医保交易所交易的私营医保方案在其覆盖的县中至少纳入一家社区医疗中心。《平价医疗法案》生效后，社区医疗中心积极救助病患，提升了医疗服务的覆盖率。80%以上的社区医疗中心推行了医疗补助制度。90%的社区医疗中心通过医保交易所，借助私营医保方案帮助自己的服务对象。② 此外，社区医疗中心为了提升医疗卫生水平而与地方合作伙伴积极开展协作，如县政府、本地私营保险公司、综合性保健护理者、代表具体细分人群的公民社会合作伙伴。③

用于指导协同治理的规章制度

前一节曾经强调过，美国医疗体系与大多数高收入市场经济体的医疗体系一样，为了让私营供给者的活动与创造公共价值的目标保持一致而对它们采取了一系列监管限制措施。这些监管条例的调整过程表明只要遵循"分析—指派—设计—评估"四步法

---

① The New York Times editorial, "Help from the Obama Administration for Community Health Centers," www.nytimes.com/2015/08/19/opinion/help-from-the-obama-administration-for-community-health-centers.html.
② Peter Shin, "The Health Safety Net: Community Health Centers' Vital Role." National Institutes of Health Care Management Foundation: Transforming Health Care through Evidence July 2016.
③ 如想了解相关范例，请参见A. Fremont, A. Y. Kim, K. Bailey, H. R. Hanley, C. Thorne, R. J. Dudl, R. M. Kaplan, S. M. Shortell, and A. N. DeMaria, September 1, 2018, "One In Five Fewer Heart Attacks: Impact, Savings, And Sustainability In SanDiego County Collaborative," Health Affairs, 37(9), 1457–1465。

改进协同治理，就可能提升私营供给者的表现。譬如，有一项分析探究了"希尔-伯顿计划"对私立医院提出的慈善医疗要求到期失效后可能产生的后果。① 研究发现一旦营利性机构摆脱《希尔-伯顿法案》的束缚，它们就迅速压缩慈善医疗，将病人分流到公立医院。监管规定被取消后，供给者的行为马上发生变化。这个事实表明监管条例确实发挥了作用。

还有一个领域彰显了如何利用监管来抑制回报裁量权最臭名昭著的表现，即《医师自荐转诊法》。在2004年至2010年间，医师自荐服务在磁共振领域的增长速度是非自荐服务的7倍，医师自荐服务在计算机断层扫描领域的增长速度是非自荐服务的3.5倍。② 尽管造成这种分化的部分原因可能是医疗机构选择买入使用率较高的诊断设备，而不是医师自荐服务使用过度，超出常理，但这两种服务的增长率出现分化，仍然凸显公私协作的协调者必须面对的挑战。他们必须平衡可以提升协调水平、服务质量和病患便利程度且合规合法的自由裁量权，遏制具有自私自利、唯利是图性质的自由裁量权。

《平价医疗法案》

2010年推出的《平价医疗法案》常常被称为"奥巴马医改法案"，是美国近几十年里最重要的医疗法案。它的大部分条款都采用了美国现有的模式，包含公共财政、私营部门交付和私营医

---

① Almond, Douglas, Janet Currie, and Emilia Simeonova, 2011, "Public vs. Private Provision of Charity Care? Evidence from the Expiration of Hill‐Burton Requirements in Florida," *Journal of Health Economics*, 30(1), 189‐199.

② Adashi, Eli Y., and Robert P. Kocher, 2015,"Physician Self-referral: Regulation by Exceptions," *JAMA*, 313(5), 457‐458; www.gao.gov/assets/660/655443.pdf.

疗保险公司等各个元素，从根本上说采取了公私协作模式，而且需要不断完善该模式。① 《平价医疗法案》采用了多种策略提升医保的承保范围，这是它最显著的目标之一。它要求没有参保的人群在公开市场上购买保险服务（这类公开市场的正式名称是"保险交易所"），并对那些不购买保险的人施以惩戒。它为低收入人群购买医保提供高额补贴，扩大医疗补助体系的规模，允许26岁以下的青年人纳入父母的医疗保险计划，继续通过雇主组织参保或直接在保险商处注册等方式扩大团队保险的覆盖范围。美国新近推出的全国标准禁止保险公司以先存条件为理由拒绝病人参保。

《平价医疗法案》将政府补贴、强制购买保险（否则施以惩戒）结合起来，有力地支撑了现有体系的私营保险覆盖率。2014年，14个州和哥伦比亚特区决定自行开设保险交易所。其他州则将这个任务甩给联邦政府。《平价医疗法案》还显著扩大了医疗补助体系的资格范围，不过2012年最高法院裁决各州可自行决定是否参与《平价医疗法案》。② 在选择参与这项法案的州里，收入处于联邦贫困线水平或低于贫困线的人群在市面上购买保险时可以申请补贴，不过据测算，有500万生活在贫困线以下的人无法申请补贴（因此律师假定他们会享受联邦医疗补助）。由于政界对于利用协同治理提高保险覆盖率的做法意见不一，所以低收入成年人的参保率能否提高，取决于他们所在的州是否决定扩大联邦

---

① D. M. Cutler, 2015, "From the Affordable Care Act to Affordable Care," *JAMA*, 314(4), 337–338. DOI:10.1001/jama.2015.7683; and Wilensky GR, 2015, "Improving and Refining the Affordable Care Act," *JAMA*, 314(4), 339–340. DOI:10.1001/jama.2015.5468.

② Blumenthal, David, and Sara R. Collins, 2014, "Health Care coverage under the Affordable Care Act—a Progress Report," *New England Journal of Medicine*, 371(3), 275–281.

医疗补助系统的规模。[1] 参保率上升能够帮助美国人规避支出灾难性增长的风险，或许还改善了疾病预防的效果。[2] 不过，医疗支出持续上升完全在意料之中，关于如何提高支出价值的辩论也愈发热烈。

由于民主党掌控了总统席位和国会，所以《平价医疗法案》的力度可以很大。然而，就像美国司空见惯的情况一样，主要参与者的利益制约了该法案的激进程度。譬如，该法案明确指出：政府的保险公司不能在交易所与私营保险公司直接开展竞争；指导政府出台政策的可能是比较效应，而不是成本收益分析的结果。联邦医疗保险不能以折扣价购买药物。《平价医疗法案》改革以现行体系为基础，而这个体系涵盖了多种保险方案，而且它允许参与者开展竞争，只是层层增加管理成本[3]，还在保险市场上制造出应对逆向选择和道德风险的治理挑战。看起来可行的方案可能远远不是最优选择。有些人认为《平价医疗法案》是在复杂的政治环境中能够实现的最佳方案，但其他人认为和过去保持一致的方案更容易赢得共识。

---

[1] B. D. Sommers, M. Z. Gunja, K. Finegold, and T. Musco, 2015, "Changes in Self-reported Insurance Coverage, Access to Care, and Health Under the Affordable Care Act," *JAMA*, 314 (4), 366–374. DOI:10.1001/jama.2015.8421.

[2] Kaufman, Harvey W., Zhen Chen, Vivian A. Fonseca, and Michael J. McPhaul, 2015, "Surge in Newly Identified Diabetes among Medicaid Patients in 2014 within Medicaid Expansion States under the Affordable Care Act," *Diabetes Care*, 38(5), 833–837.

[3] Cutler, David, Elizabeth Wikler, and Peter Basch. 2012, "Reducing Administrative Costs and Improving the Health Care System," *New England Journal of Medicine*, 367(20), 1875–1878.

责任医疗组织（accountable care organization）和薪酬改革

大力倡导薪酬和交付体系创新是美国医疗改革的里程碑之一。譬如，责任医疗组织力求开展组织创新，如让综合保障计划按人头收费，对美国医疗体系的质量和成本提高问责要求。责任医疗组织吸纳了一批勇于承担责任让民众受益的医疗机构。责任医疗组织能否克服健康维护组织（Health Maintenance Organization）等综合性医疗组织在20世纪90年代面临的障碍，仍然有待观望。[①]责任医疗组织表现出的异质性与教育界的特许学校有些相似。迄今为止，各个机构的成效差别极大，有的表现一塌糊涂，有的表现极其抢眼。[②] 如果决策者可以扩大成功案例的规模或者复制这些案例，淘汰表现最差的医疗机构，那么美国原本可以建立起一个卓尔不群的协作系统。[③] 不过知易行难，要想有所突破绝非易事。

协同设计的一个重要工具是系统化评估激励措施，重新设计它们，使私营采购者和供给者的行为与创造公共价值的目标保持一致。责任医疗组织和两党支持的医生薪酬改革（即2015年颁布的《医疗保险可及性和儿童健康保险项目延续法案》）表明，秉承不同意识形态的决策者看到了利用不同薪酬模式鼓励提高医疗质量并限制成本的可能性。政府的服务采购机构可以精心设计有意义的监控手

[①] Burns, Lawton R., and Mark V. Pauly, 2012, "Accountable Care Organizations may have Difficulty Avoiding the Failures of Integrated Delivery Networks of the 1990s," *Health Affairs*, 31(11), 2407–2416.

[②] McWilliams J. M., Hatfield L. A., Landon B. E., Hamed P, and Chernew M.E., "Medicare Spending after 3 Years of the Medicare Shared Savings Program," *New England Journal of Medicine*, 379(12), 1139–1149, September 5, 2018.

[③] Jacob J. A., 2015, "Medicare at 50: Reflections From Former CMS Administrator Donald M. Berwick," *JAMA*, 314(4), 324–326. DOI:10.1001/jama.2015.7842.

段，"量身定制"激励措施，从而鼓励成效显著的行为，抑制效果不佳的行为。回报裁量权是不断攫取医疗资源的"吸血鬼"。奖励优质、成本收益突出的薪酬体系是吓退这些"吸血鬼"的大蒜。

责任医疗组织的行动和《医疗保险可及性和儿童健康保险项目延续法案》等创新举措明确地表示，政府不吝以牺牲私营部门的利益为代价，奖励努力满足公共需求的举动，这是完备的协同治理模式所具备的特征。不过，只有时间能够证明这些举措是否能充分发挥潜力。由于"公共价值"要随着时间推移逐步明确自己的多重目标（如质量、可行性和成本），而且人们在衡量这些目标的结果时遇到重重挑战，所以要想评估"公共价值"难度极大。

总体来说，美国在医疗业（以及应对新冠疫情）的表现发人深省。然而，尽管政界抑制了医疗这个庞大经济部门的改革活力，但美国医疗体系仍在努力自我完善，有时还会耐心地坚持AADA周期中的分析和管理工作，足以让它引以为豪。中国的医疗体系受到的政治制约较少，不过在新冠疫情中也受到严重冲击。此外，各种利益在中国的医疗体系内盘根错节，而且它们的影响力随着医疗业的扩张不断膨胀。下面将深入探讨中国的医疗体系。

中国的医疗体系

中国医疗体系表现出的大多数特点与其他突飞猛进的发展中国家一样，在近几十年的演进速度远远超过美国的情况。2009年春天，中国宣布在全国范围内推行医疗改革，或许造就了2003年以来全球最大的医保扩张规模。随后中国采取的行动使人们回想起其他全民医疗运动的发展轨迹。中国首先通过加大公共医疗支出来扩大保险覆盖范围，但没有显著改变交付体系。公共部门和私营部门混杂在一起，与美国医疗体系的发展方向背道而驰。美国的医疗体系倾向于由私营部门提供资金（主要指病人自掏腰包支付医疗费用），但由政府体系提供服务；而中国的医疗改革恰恰相反。它为医疗体系注入大量政府资金，欢迎私营部门提供部分医疗服务。如前文强调的那样，中国通过社会医保体系实现了全民医疗。这个体系建立在两三种截然不同的垄断性保险制度之上：城镇正式职工参与强制性"城镇职工医疗保险"，农村居民和城镇非从业人群分别参与"新型农村合作医疗制度"和"城镇居民基本医疗保险制度"，而不少地方将后两个保险制度合并成规模更大的"居民基本医疗保险"风险池。当前约10亿中国人民参与了"城乡居民基本医疗保险"，这个保险制度提供的保险金约为4亿城镇职工在"城镇职工医疗保险"中享受到的保险金的五分之一。它们的覆盖范围一直存在显著差异，因此持农村户口和没有正式就业的人面临的"因病致贫"和健康状况恶劣的风险更大。[①] 《"健康中国2030"规划纲要》等政策倡议力求缩小这两种保险制度之间的差距，但这种现状已经产生了深远的影响。

中国的全民医疗体系将采购者和供给者分割开。体制内医院和诊所归国家卫生健康委员会（后文简称"卫健委"）管理，卫健委还负责监管宽泛的卫生和老龄化政策。医疗保险（即采购者）的功能由新成立的国家医疗保障局及其在各省各地的分支机构承担。商业保险公司参与医保体系多半是为富裕人群或特定的恶性疫病提供补充性保险，或者为公共健康保险计划提供管理服务。

---

① Eggleston（2019）, Mengetal. and Hu Shanlian [in Chinese]. 2019, "Review and Expectation of New Healthcare Reform in China - Strategies, Role of Government, Market, and Incentives," *Soft Science of Health*, 33(9), 3–6.

医疗保险的支出迅速上升，在经济中的占比也节节攀升，在2016年超过GDP的6%，且持续增长。除了应对新冠疫情成效显著以外，中国的医疗政策还越来越关注急性病和慢性病（而不是传染病）的医疗服务交付体系，努力提升整个卫生体系的质量、效率和可持续性。

中国医疗体系采用混合所有制的历史

中国的医疗保健服务大体上由体制内医院和诊所提供。政府遵循了国企一贯秉承的"抓大放小"政策，私营部门进入医保体系并且政府推行了（有限的）私有化进程，改变诊所、乡村医生和部分医疗中心的所有制结构，但始终让核心供给者归政府所有。[1] 因此，大型机构（特别是占据医疗服务"制高点"的城市二级医院和三级医院）始终在政府的管控中。

表7.2总结了2016年各类医疗服务在体制内机构、私营营利性机构和私营非营利性机构之间的分配情况。政府医院拥有的病床数占总量的78.3%。私营机构的病床数占到总量的21.7%，其中私营非营利性机构拥有的床位增长更快，所以营利性医院和非营利性医院的病床份额平分秋色。私营医疗机构的住院病人和门诊量在总量中的比重较小，反映出政府医院长期人满为患，且使用率极高。城市的社区医疗中心、医疗服务站及农村的乡村诊所等

---

[1] Karen Eggleston, "Demographic Challenges: Healthcare and Elder Care," chapter 6 in Thomas Fingar and Jean C. Oi, eds., *Fateful Decisions: Choices That Will Shape China's Future*, Stanford University Press, 2020, pp. 151–179; and "'*Kan Bing Nan, Kan Bing Gui*': Challenges for China's Healthcare System Thirty Years into Reform," chapter 9 in Jean C. Oi, Scott Rozelle, and Xueguang Zhou, eds., *Growing Pains: Tensions and Opportunities in China's Transformation*. Stanford, CA: Walter H. Shorenstein Asia-Pacific Research Center, 2010, pp. 229–272.

私营部门提供的初级卫生保健服务占比相对略高，几乎接近总量的一半。大多数乡镇的医疗中心仍然由政府运营。

表7.2 2016年中国医疗服务交付体系的所有制类型　　　　（单位：%）

	公有制机构	私营非营利性机构	私营营利性机构
病床	78.3	10.3	11.4
住院病人	84.2	7.9	7.9
门诊病人	87.1	6.5	6.4
初级卫生保健设施[①]	54.3	20.3	25.4

资料来源：根据《中国卫生统计年鉴》的数据计算。

2018年，政府医院的住院病床数在总量中的占比下滑至74%，仍然遥遥领先，尽管政府医院病床的绝对数量几乎翻了一番，但其占比仍然从先前的94%滑落到现在的74%。中国政府出台的一系列政策成功推动私营医疗机构大幅扩张。[②] 事实上，中国和其他后社会主义经济体一样采用了特有的政策举措，明确设定私营部门的发展目标，即它们在医疗服务供给中达到的比重，只是大多数省份都没有达标（即私营医疗机构的病床数和服务供给没有占到总量的20%）。[③] 本节作者曾经采访过深圳市部分官员。他们甚至称由于过去的政策阻碍私营机构在医疗体系的核心发挥作用，所以病人对私营医疗服务不甚了解而有所顾虑，私营医疗机构在中国需要的远远不止公平的竞争环

---

① "初级卫生保健设施"包括乡村诊所、乡镇医疗中心、社区医疗站和社区医疗中心。

② 如请参见http://en.nhfpc.gov.cn/2014-06/10/content_17575287.htm, "Opinions on speeding up non-public investment in health development"（访问时间：2015年11月24日）。

③ 《卫生事业发展"十二五"规划》，2012年，国务院。

境，还有"平权措施"。

哪些因素激励着政府官员推动私营部门发展？看起来部分人支持双方开展"资源性协作"，而其他人则希望鼓励医疗机构争夺病人，激励现有公共体系提升生产率。毫不意外的是，"资源性协作"的模式在贫困地区更为普遍，而后一种模式在富裕地区较为常见。在中国的医疗业及其他领域，人均GDP有限的地区往往会欣然接受与私营部门开展资源协作的模式，这与本书第六章探讨教育时得出的结论有异曲同工之处。富裕地区倡导私营部门发挥更多作用时，倾向于在信息和生产率方面与它们开展协作，并且携手扩大（老年人居家服务等）新型服务的供给。贫困地区和富裕地区在这方面的差异导致私营医疗机构的渗透率出现有趣的双峰模式，即私营部门的市场份额在最贫困和最富裕的省级城市最高。

尽管中国各地在借助私营部门的资源实现卫生目标方面开展了各种实验，但毫无疑问取得的结果喜忧参半。譬如，20世纪90年代和21世纪出现了一系列医疗机构民营化的浪潮，但由于医疗诈骗频发、医疗资源滥用或效果不佳而迫使政府买回这些医疗机构。[1] 部分地区的政府先是允许医疗机构民营化，然后迅速改弦更张，结果导致一些重要问题出现差错。

病人和公众普遍认为除了部分精英医疗机构和天价医疗机构以外，私营供应商的质量不太让人放心。[2] 在中国，公立医疗机

---

[1] Qiulin Chen and Wei Zhang, 2015. *To Privatize or Not to Privatize: The Political Economy of Hospital Ownership Conversion in China*, draft manuscript, Renmin University of China and China Academy of Social Sciences.

[2] 有人采访了病人和那些努力打造口碑的私营医疗机构，采访结果印证了这个观点，不过在全国层面缺少长期数据支撑。

构和私立医疗机构的表现确实参差不齐，而且可以找到部分证据支持这个观点。学者们研究了中国南方的医院，发现公立医疗机构和私立医疗机构的表现不存在系统性差异。[1] 近期还有一项研究重点关注了初级护理，发现政府拥有的社区服务中心和政府管理的社区服务中心"或许有能力从使用和协调医疗护理资源的角度完善社区首诊制，还能作为首诊点来更有效地解决社区服务中心没有得到充分利用的问题，而这是中国医疗改革进程中的一个重要症结"[2]。考虑到中国公立医疗机构和私营医疗机构各自具备的比较优势，这个研究发现完全在意料之中。从美国经验看，即使最保守的政客也认为社区医疗服务中心从情理上应该服务于最脆弱的人群，在法理上也必须如此（前文讨论过这些内容）。

在医保方面，中国官员也充分发挥私营保险的作用来扩大医保范围，尽管在大多数情况下，他们采取的形式是直接将补充医疗保险外包给商业保险公司，但没有分享太多自由裁量权。譬如，为了有效地深化基础保险项目的覆盖面，国务院决定将私营保险公司纳入地方巨灾险的供应商清单。巨灾险的保费不超过基本医保基金的10%，为保险受益人赔付超过基本医保赔付上限的高额医疗费用。中国人力资源和社会保障部或该部委选择的第三方机构可以对这类保险公司进行评估，以绩效为基础支付保

---

[1] Karen Eggleston, Mingshan Lu, Congdong Li, Jian Wang, Zhe Yang, Jing Zhang and Hude Quan, 2010, "Comparing Public and Private Hospitals in China: Evidence from Guangdong," *BMC Health Services Research*, 10, 76. Available at www.biomedcentral.com/1472‐6963/10/76.

[2] Wang, Harry H. X., Samuel Y. S. Wong, Martin C. S. Wong, Xiao Lin Wei, Jia Ji Wang, Donald K. T. Li, Jin Ling Tang, Gemma Y. Gao, and Sian M. Griffiths. 2013, "Patients' Experiences in Different Models of Community Health Centers in Southern China," *The Annals of Family Medicine*, 11(6), 517‐526.

费。^① 部分地区走得更远，以提升保险管理的信息水平和生产率为目标与私营部门开展协作，如与私营企业共同开发系统来审查医疗理赔案件，评估保险公司遵循临床指南和行政指导的情况，避免保险欺诈和服务过度供给，通过审慎监管降低支出的增长率。

尽管私营部门的比重持续攀升，在保险供给和交付领域发挥的作用日益多元化，但中国仍然在这方面处于初级阶段，没有在医疗领域完全拥抱公私协作模式。考虑到中国需要构建适宜的激励结构来引导企业家创造公共价值，同时继续激励创新和投资，因此中国的犹豫（或者说谨慎）或许并无不妥。医疗保健错综复杂，难以缔造可问责的协作模式。鉴于中国仍然在努力为医疗和老人护理领域的公私互动制定基本原则，所以将公共部门与私营部门过于激进地组合在一起会招致巨大风险。

不过，为了实现医疗领域的部分目标，中国推动公私协作的力度超过了美国，特别是提出雄心勃勃的国家计划发展医疗业的生物技术和AI（人工智能）技术。

生物技术和医疗信息科技

美国政府能够像中国政府对待生物科学和AI那样，迅速决定将一定比例的GDP分配给特定行业政策，然后遴选出一个私营企业来共同实现各个细分领域的近期目标吗？这是中国已经在实践的路径。譬如，中国科学技术部指定腾讯加入"AI国家队"，重

---

① Mao, Wenhui, Zhang, Luying and Chen, Wen, 2017, "Progress and Policy Implication of the Insurance Programs for Catastrophic Diseases in China," *The International Journal of Health Planning and Management*, 32(3). 10.1002/hpm.2431. www.researchgate.net/publication/317849402_Progress_and_policy_implication_of_the_Insurance_Programs_for_Catastrophic_Diseases_in_China.

点研发用于医疗诊断的计算机视觉技术。

随着中国将越来越多的GDP投入生物技术和其他前沿技术，地方政府投资兴建了众多"科技园"。它们希望像经济特区在改革初期推动经济发展那样大力倡导生物技术发展。政府通过"国家高技术研究发展计划"和"国家重点基础研究发展计划"等重大基金来支持私营创新。因此，"政府付费，民企交付"的模式可能在中国的医疗护理领域不太流行，但在生物技术领域不断发展壮大。

疫苗企业是政府投资的重要受益者。如同新冠疫情中彰显的那样，几乎没有哪个领域能够像抵御流行病那样属于政府的典型职责。不过生物技术的发展同样鲜明地浓缩了私营部门的比较优势。疫苗研发既展现了在医疗领域围绕信息和生产率开展公私协作的潜力，也凸显了它所蕴含的风险。

我们可以研究一下世界卫生组织批准中国生产的第一支疫苗。这是政府推动私营企业利用本国的生产技能和科学专业知识解决低收入国家面临的健康挑战，从而实现地方和全球公共健康目标的传奇故事吗？并非如此。日本脑炎疫苗由成都生物制品研究所生产，同时从国外的非营利性私人机构PATH和比尔及梅琳达·盖茨基金会获得大量支持，成都生物制品研究所是大型国企中国生物技术集团公司的分公司。另一个成功的协作案例是中国初创公司康希诺生物成功与军队研究所协作开发了埃博拉疫苗。2017年，中国国家食品药品监督管理总局批准在紧急情况下使用该疫苗，并在全国范围内大量储备。天津民企康希诺的王靖博士解释称：

> 2014年部队的医学团队找到我们之前，我们并没有专注于这个领域。部队早在埃博拉暴发之前就已经花费多年时间研究这个病毒，需要一个平台将研究出来的原型疫苗加工成最终

可以面市的疫苗产品……在两年左右的时间里，在政府优惠政策的支持下，我们取得了成功。我们坚信这不仅表明康希诺有能力开展科技创新，而且展示了中国的生物医学创新能力……（世界卫生组织）多次联系过我们，我们也做好了充分准备，一旦埃博拉病毒卷土重来，我们就可以大量生产疫苗。①

不过中国屡次爆出疫苗丑闻，其中2018年夏天的疫苗丑闻引起了习近平总书记的关注，他亲自指示彻查此事，多位官员因此落马。7月中旬，中国政府宣布完成公司化改制的国企长生生物科技有限公司生产冻干人用狂犬病疫苗时严重违反《药品生产质量管理规范》。②该公司在2017年生产了355万支狂犬病疫苗，在中国排名第二，而在此之前，它就曾经因为卖出约25万支不合规的百白破联合疫苗被处以罚款。一系列新闻报道点燃了民众的怒火，不仅因为在长生生物科技有限公司背后操纵它的家庭积累起庞大的个人财富，而且因为一篇同名文章描述了其他"疫苗之王"的行径。这次丑闻动摇了民众对中国监管机构的信心，认为其责任心和能力有待观察。③习近平总书记要求迅速查清这起"骇人听闻"的丑闻，40余位官员被免职，其中还包括一位副省长。④

同样，在2020年新冠疫情暴发初期，很多地方官员因为抗疫

---

① Pearl Liu, "China approves Ebola vaccine co-developed by CanSino Biologics and the military," www.bioworld.com/content/china-approves-ebola-vaccine-co-developed-cansino-biologics-and-military（访问于2018年9月20日）.

② http://cnda.cfda.gov.cn/WS04/CL2050/329592.html.

③ http://news.21so.com/2018/ifeng_0722/170410.html; http://finance.ifeng.com/a/20180723/16397718_0.shtml; https://mp.weixin.qq.com/s/4ReAmWLW0CiKY2C1H5vkPQ.

④ www.bloomberg.com/news/articles/2018-08-16/china-s-xi-oversees-purge-of-40-cadres-as-vaccine-fallout-widens.

不力而被免职。从积极面看，中国及全球范围内的科学家、其他公共和私营参与者齐心协力寻找候选疫苗，并且为新出现的冠状病毒SARS-CoV-2寻找适宜的治疗方法。同时，数千万民众按照政府的要求居家生活，阻断病毒传播。因此，传染病控制和疫苗研发充分展示出不透明的私有化过程可能带来的风险，以及监管机制不健全时出现不当回报裁量权的可能性，同时也反映出利用公私协作辅助中国遵循其本能打造政府主导模式的潜力（特别是在危机爆发的背景下）。

鉴于病患数据的所有权可能引发很多问题，而且基础科学为利润可观的医疗创新夯实了根基，所以在医疗领域引导公私协作就像在雷区穿行般危机四伏。在美国，世界知名的非营利性研究机构和供应组织也被卷入原本针对营利性企业的法律麻烦，导致自己的口碑受到影响。[1]

激励、融合和问责制

和美国一样，中国面对的核心挑战之一是从"按服务收费"转向"按价值收费"。迄今为止，中美两国的医疗改革都未能有效解决激励扭曲而驱使支出过度增长，导致医疗资源错配的问题。中国一直被难以解决的深层矛盾困扰：一方面，人们期望公立医院为所有人提供物美价廉的医疗护理；另一方面，这些医院有强烈的财务动机吸引经济条件更富足的病人来院就诊，消费利润更丰厚的服务，如高科技诊断和处方药。

2009年，中国的医改方案强调了"扭转公立医疗机构趋利行

---

[1] www.bloomberg.com/news/articles/2018-08-16/china-s-xi-oversees-purge-of-40-cadres-as-vaccine-fallout-widens.

为，使其真正回归公益性"①。随后，除了鼓励私营部门进入这个市场并参与竞争以外，政府推出不少政策来推动医药费支付改革，将开药和配药分开，重新建构政府医院以提升其效率、质量和响应情况。很多地区的社会医保方案采用"按病例付费"的模式和总额预付制。

近期中国推出的一系列政策实验引人注目，如地方政府下属的医院和初级护理供应商正式合并后结成医联体，或者组建本地的综合性医疗护理机构。这方面的典型案例是深圳罗湖区自2015年开始推行的改革。这种医联体倡议可以在改善医疗体系的同时降低医疗费用的增长率，只是需要开展严格的评估来确定实际情况是否如此。这类综合性护理机构常常统一各级供应商的药品目录，因此病患不需要去三级医院就可以开出药方或按之前的处方开药（部分地区推行的基本药物目录政策没有产生积极影响）。

人们担忧的一个问题是，一旦管理不当，这类医联体就会攫取强大的市场力量，将私营供应商挤出市场。将特定地区和县里（归政府所有）的供应商全部整合在一起，制造出事实上的地方垄断。如果对竞争或反垄断监管较少，那么这种组织结构带来的消极影响可能会超过其产生的收益。在这种情况下，允许病人选择本地区或本县以外的医疗机构就诊是剩下为数不多的可以激励竞争的举措，持续创造公共价值。综合性供应商可能在以下领域表现突出，如简化服务、提升护理协调水平、加大投资来提升效率（如通过集中管理采购、物流、人力资源和其他运营来提升效率）、寻找适宜的场地开展医疗护理。不过，需要建立新的监控和评估体系来确保这些地方垄断组织不会辜负社会对它们的预期。

---

① 请见《医药卫生体制改革近期重点实施方案（2009—2011年）》。

严格但透明的监管机制至关重要。它不仅能够维护预算约束和医患权利，而且能够威慑官员避免渎职。不过从另一方面来说，制度创新需要灵活度和自主权，而且只要这些机构对创新的最终结果负责，那么就有合理的理由开展制度创新。中国整合医疗网络的努力能否成功，取决于决策者如何在监管和灵活度之间达成平衡。

向预付制过渡（如采取总额预付制和/或按人头付费的制度）确实激励医疗体系开展疾病防治并且投资于具有成本收益的医疗管理（如初级护理）。然而，中国需要注重平衡，密切监控医疗体系的演进过程，因为用强有力的举措激励医疗机构管控医疗费用也会产生预期外的重大效应，譬如风险选择（如谢绝治疗费用过高的病人）和/或服务供给不足（吝于提供护理或在适于开展创新时有所保留）。医疗体系提供牙科和眼科保健等简单的服务时可以开展增值评估。迄今为止，事实证明几乎无法对癌症和心理治疗等医疗服务开展增值评估。单纯的结果测量指标虽然更易记录，但不足以展现全貌，因为必须考虑患者在生病初期的严重性。政府在改革进程中推行其他支付体系和组织形式时，应该严格监控和评估医疗护理和就医质量受到的影响，特别是最脆弱的病人受到的影响。

医疗服务方面的下一个前沿领域或许是提升医疗服务的协调性，为老年人和残疾人提供长期护理。在不少国家，私营部门在长期护理领域发挥的作用往往超过在医疗护理领域发挥的作用。长期护理指私人疗养院和家庭护理等协助身体孱弱的人群和残疾人正常生活的护理服务。目前长期护理的资源和运营能力都力不从心，因此中国政府能否创造出有利的条件吸引私营部门参与这个领域的发展至关重要。中国的人口结构对其提出特殊挑战。目前，老年人和即将迈入老龄人口的群体所生育的后代在数量上远远低于过去的水平，因此抚养老年人的人群规模缩水，同时人类寿命大幅延长。美国和欧洲国家的年龄结构变化跨越了几代人。相形之下，中国的年龄结构变化在很短的时间内就完成了。中国的地方政府开展了不少实验，提供各种方案引导私营机构投资能够服务数千万老年人的长期护理事业。除了提供财政补贴和其他支持性政策以外，部分地方政府还与民企合作，为失去自理能力的老人和阿尔茨海默病患者修建价格公道的养老院[①]；其他类似协作模式的规模也将扩大。

具有中国特色的协同治理

中国的医疗改革者一直在探索协同治理模式，而且常常行事大胆。这些改革举措包括提高社会保险的政府补贴水平，直接为供应商支付费用。医疗保险的规模急剧扩张，总体上实现了预期目标，不过除了城镇职工享受的保险（即"城镇职工基本医疗保险"）以外，其他保险赔偿的水平较低。中国既没有强制要求人们参保（如农村地区的"新型农村合作医疗制度"和城市地区的"城镇居民基本医疗保险"都不要求符合条件的人必须参保），也没有为保险业的竞争留出太多空间（这两个问题是美国对医疗体系提出的两个检验标准），但仍然实现了全民医疗。相反，中央政府和省政府提供了补贴，再加上地方政府承受着行政管理的压力，所以中国民众的自愿参保率非常抢眼。与美国一样，中国政府必须与形形色色在医疗体系里拥有既得利益的公私实体机构讨价还价。

中国在提供医疗服务方面取得了巨大进步，向私营部门开放

[①] 请参见"恭和老年公寓——北京老年人试点"，柯尔斯顿·伦德伯格（Kirsten Lundberg）为"PPP倡议"主任兼清华大学PPP中心首席专家艾伦·特雷格（Alan M. Trager）撰写的案例。

了不少政策空间，同时持续推进改革，继续升级现有强大的公共医院体系。部分私营机构确实抱怨社会医保计划将它们区别对待，而且因为自己难以获得人力资本而怨声载道。这些问题在中国的不少地区已经得到解决。当相关方共享自由裁量权，但问责体系表现疲软时，医疗丑闻和政策反转表明回报自由裁量权和其他操纵手段会带来危害。或许具有讽刺意味的是，在中国强化私营部门的角色时，成本收益最高的路径是强化地方政府监控和监管公立及私营供应商的能力。

在中国的医疗领域，资金支持和服务交付所面对的严峻挑战与美国及其他国家维持全民医保体系时面对的困难遥相呼应。特别是为了使协作者的激励措施与公共价值保持一致，他们都必须长期遵循评估和调整周期中的步骤要求。在动员私有部门提供医疗护理以外的产品和服务方面，中国拥有广泛、丰富的经验。应该充分利用这些经验，并根据医疗护理业的特点适当调整，最终利用承包和协作提高本国医疗体系的价值。

治病救人

本书对中美两国的医疗体系宽泛地总结出如下结论。

1. "公共"、"私营"和"非营利"等标签本身对医疗供应商的行为方式提供的信息少得惊人。无论在中国还是美国，历史、背景和治理体系对各类供应商的表现都至关重要。[1]

---

[1] P. J. Dimaggio, and W. W. Powell, 1983, "The Iron Cage Revisited: Institutional Isomorphism and Collective Rationality in Organizational Fields," *American Sociological Review*, 48(2), 147–160.

2.所有制形式影响了某些行为的可能性。在其他条件相同的情况下，营利性机构更可能抓住机遇来"控制"病人。政府机构开拓创新的可能性较小。不过各类机构内部的差异极大，很难总结出将机构类型与任务相互匹配的硬性规定。

3.对中美两国医疗体系而言，它们的常态是不同任务和不同地区涉及的医疗护理供应商共同组成多元化的生态系统。营利性急救诊所在圣迭哥和上海的表现非常突出，但在塔尔萨和天津的表现却乏善可陈。

4.可以预见在任何国家或医疗体系的任何一个时间点上，医疗机构的形式都丰富多样，因此可以想象对于任何既定任务而言，适合它的所有制模式都会随着时间推移不断发生变化。曾经非常合理的安排可能会因为受到一系列内外压力而失控。这类压力可能指新技术、新兴政治力量，也可能仅仅是因为某个地区的机制经过长期运行自然而然地变得迟钝。

5.出于以上所有原因，胸怀坦荡且技术熟稔的公务员坚持分析和调整治理体系，强化了医疗体系治理的有效性。医疗体系展现出的协作模式越复杂，它承担的功能越重要。

6.由于美国拥有精密的分权制衡体系，而且政府常常处于分治状态，所以国内政策通常会发生渐进式变化。在过去的数十年里，医疗保健是美国推行协同治理的主要领域，政府为大规模医疗项目支付费用，而私营部门负责提供服务。《平价医疗法案》代表了联邦医疗保险和联邦医疗补助制度问世以来最重要的政策进展，只是影响深远的2016年大选在一定程度上扭转了它的发展路径。

7.近年来，中国领导人向医疗领域引入不少新政策，实现全民医疗，努力提高医疗系统的质量和效率。驱动中国取得这些进展的主要动力是翻天覆地的经济发展和人口结构变化导致其无法继续维持现状。不少医疗政策都是以开展协同治理实验为目的推出的。

对中美两国来说，医疗保健或许是过去10年里变革最迅猛的政策领域。当然，本书反复强调，美国的政策创新受到多种因素的影响而进展缓慢，如经济增长放缓压缩了政策操作空间，强大的政治力量维持了政策惯性。中美两国在技术进步和人口老龄化的推动下大幅拓展医疗保健服务的范围，提升服务质量，所以都经历了医疗保健支出急速攀升的情形。因此，目前两国都在迫切寻找既不牺牲医疗质量，又能控制成本的解决方案。

对于本书探讨的核心问题来说，最重要的是中美两国采用了无意间创造出来但错综复杂的协作网络提供医疗保健服务。中国和美国面临着类似的问题，即必须把协作网络上乱糟糟的打结部分解开理顺，缓解医疗资源紧张的局面以提升本国民众的健康水平和财务状况。

第三部分　　前进的方向

第八章　势在必行的透明度要求

　　本书前几章描述了想要达成卓有成效的协作时需要遵循的周期，即"分析—指派—设计—评估"周期，随后深入分析了中国和美国在正确或错误使用协同治理，或者在广泛的政策领域里没能采用协同治理的经验教训。这些内容展现了两国取得的成果和诸多失败。它们采用的协同治理具备以下条件时易于取得成果，即参与各方创造性地设计协作模式或者"摸着石头过河"，公共部门和私营部门以周全稳妥的方式分担职责并分享自由裁量权。让人们感到安慰的是，在很多情况下，最初的失败为后来的胜利拉开了序幕；如果某一系列协作安排效果不佳，协作者会尝试其他的模式。

　　不过笔者担心无论在协作中，还是在各类公共政策中，通过逐步修正协作安排最终取得成功的模式并非可靠的常态。无论一个国家采取何种政治体系，物竞天择的流程都会引导它采用能够创造社会价值的合理政策。事实上，如果政治体系脱离既定线路（就像中国在"文化大革命"时那样），那么社会价值会遭受重创。不少人认为当下的美国也是如此，人们参与选举的情况并不平衡，意识形态两极分化毒害了整个社会。

前几章已经表明笔者深信无论是纯粹的公共模式、私营模式、合同模式、慈善模式还是公私协作模式，任何一种单一的方式都不会一劳永逸地适用于任何时候或者放之四海而皆准。适宜的服务交付模式总是需要满足一些条件。不过任何一种服务交付模式都有忠诚的拥护者，愿意淡化或忽视这些模式所需的条件、复杂程度或可能带来的意外情况。有时拥护者的热忱来源于自己在意识形态层面对是非对错等抽象观点做出的承诺。不过几乎总有一些人为了牟取私利而做出自私自利的观察评论，而不是因为他们误以为自己倡导的模式总体上有利于公众。

不过，鉴于各项政策的竞争环境向现职官员倾斜，现状的优势根深蒂固，所以改革之路充满荆棘。美国已经有大量案例证明这种情况。教师工会为保护传统的公立学校构建起政治堡垒，反对私立学校教育券（他们也反对特许学校，只是反对力度较小）。医疗保险业的私营参与者（既包括营利性机构，也包括非营利性机构[①]）强烈抵制向单一付款人全民医保体系转型。如果目前没有采用协同治理安排（无论是政府全权负责的模式、私营机构主导模式还是传统的合同模式），"现状偏好"都会阻碍人们提出理想的协作倡议。

在任何政治体系中，既得利益都会保护自己的领地。中国的经历提供了不少可比较的范例，即强有力的建制派代理倡导现状偏好。不少国企反对公司化，也反感与私营企业开展竞争。1988

---

① 有意思的是，没有多少人知道蓝十字保险公司（Blue Cross）在部分州是营利性公司，而在部分州是非营利性机构。

年，中国引进村庄选举，县级官员曾竭力抵制村庄自治。[1] 私营企业通过对地方政府施压来推动地方经济发展进程，地方政府通过支持特定私营公司来推动经济增长，为地方官员的仕途铺平道路。部分观察者称当代中国彰显了"一事一议"制的特色，既得利益集团不断阻挠人们继续推进改革。[2] 中央政府认为有必要制定明确的目标来提升私营部门提供的医疗服务占比，连根拔起那些努力保护体制内医院和诊所市场份额的既得利益集团（请参见第六章）。笔者在最后一章证明了"透明"是一剂猛药，尽管它不完美，但校正了协同治理中部分最严重的缺陷，无论在中国还是在美国都是如此。随后笔者简要总结了本书主题。

人们经常观察到，知识就是力量。无论在中国还是美国，提供广泛的信息帮助人们了解政府正在做的工作、机构与政府合作的内容以及代表政府开展的工作，有助于挫败为了寻求特殊利益而牺牲公众福祉的利益集团或个人。本章借用"透明度"这个术语描述前文所说的信息供给。笔者并不是暗示透明度能够解决所有问题。如果信息易于获得、便于理解，而且获得信息的民众有能力采取行动，那么信息只能提升人们的表现。信息本身不足以帮助人们落实问责制，不过它几乎总是不可或缺的。

---

[1] 请参见 Li, Lianjiang, and Kevin J. O'Brien, "The Struggle Over Village Elections," in Goldman, Merle, and Roderick MacFarquhar, eds., *The Paradox of China's Post-Mao Reforms*, Vol. 12, Harvard University Press, 1999; and in R.A. Pastor, and Q. Tan, 2000, "The Meaning of China's Village Elections," *The China Quarterly*, 162, 490-512。

[2] 本书既不打算裁定这种观点的可靠性，也缺乏这么做的专业技能。譬如，请参见 Bai Chong-En, Chang-Tai Hsieh, and Zheng Michael Song, 2019. "Special Deals with Chinese Characteristics." NBER Working Paper 25839, National Bureau of Economic Research, Cambridge, MA。

就像笔者在本书开篇处承诺的那样，笔者将避免踏上意识形态的荆棘之路，不会探讨中国和（不完善的）美国制度的相对优缺点。不过本书已经以某些形式强调了政治基础对协同治理的影响。[1] 如果要对此进行宽泛的总结，那么可以说一党制国家志在长远，而且几乎不需要为了维持权力地位而对短期公众情绪做出回应。在倡导竞争的国家（譬如美国整个国家都崇尚竞争），百家争鸣更可能碰撞出富有成效的政策举措。美国特许学校或医疗保险的发展进程充分证明了这一点。当最适用的政策解决方案在诞生初期没有充分展现其效力时，美国式的摸索方式就拥有了重要优势（笔者相信在很多情况下都是如此）。

不过一旦找到正确的路径，中国就相对于美国占据两个优势。首先，中国出台的新政策在政治审核流程中面临的挑战小得多。美国立法机构中的政治力量并不是时时保持平衡，但也算是常态，因此任何方向的重大举动都会受到阻挠。即使一党在立法方面拥有明显优势，但只要另一党控制了政府或者法院根据前一任政府的主张确定工作的优先顺序，那么双方就会僵持不下。那些注定

---

[1] 如果想了解民众信息及它们在公共部门和私营部门扮演的角色，请参见 Hirschman, Albert, 1970, *Exit, Voice, and Loyalty: Responses to Decline in Firms, Organizations, and States*, Cambridge, MA: Harvard University Press; and Fukuyama, Francis, *Political Order and Political Decay: From the Industrial Revolution to the Globalization of Democracy*, New York: Farrar, Straus and Giroux, 2014. For perspectives on the role in China, see Perry, Elizabeth, 2002, *Challenging the Mandate of Heaven: Social Protest and State Power in China*, Armonk, NY, M. E. Sharpe, and J. Fewsmith, *The Logic and Limits of Political Participation in China*, New York: Cambridge University Press, 2013; Chen, Xi, *Social Protest and Contentious Authoritarianism in China*, Cambridge: Cambridge University Press, 2012; Truex, Rory, 2014, "Representation within Bounds," Doctoral dissertation, Yale University; and Tsai, Lily, 2015, "Constructive Noncompliance in Rural China," *Comparative Politics*, 47 (3), 253‐279。

会因为变化蒙受损失的人往往更加看重自己的潜在损失，而且重视程度超过潜在赢家对自己收益的重视。因此，地位受到威胁的人会更加激烈地抗争。此外，失败者易于从外部观察者那里收获更多同情。潜在失败者早已就位，而且往往与现任立法者保持密切联系。比起潜在获利者，潜在失败者早已在政治斗争中建立起严密的组织。

中国相较于美国的第二个优势是它的经济飞速增长。当投资热情高涨，各种倡议得到积极响应，而不是推进缓慢时，变革更容易付诸实施。尽管中国的增长速度在放缓，但其建立相关机制的机会窗口并没有关闭，未来数十年中国仍然可能在增长放缓、处境日益艰难的情况下引导协同治理取得卓越成果。它不需要逐步消除已经存在的担忧情绪，所以更容易尝试全新的举措。中国克服了重重挑战来全盘改造从古代文明继承的治理体系，使其适应现代社会，而且从计划经济体制转变成社会主义市场经济体制，成为全球经济增长引擎。考虑到中国在破除计划经济体制、创建市场分配和宏观经济调控的监管架构时，竭力解决纯粹的经济和管理问题，它在政策上出现转弯也就完全在意料之中。

中国仍将继续应对各种挑战来彻底清除过去的遗留问题，避免这些问题阻碍社会经济发展。比起中国，美国要年轻得多，但变革速度逊色不少。中国的发展步伐几乎为政策实验打造出一个完全空白的白板，这与美国形成鲜明对比。我们可以研究一下两国分别承担的不同任务：中国普遍面对的任务是在拥有几千年文明的背景下建设全新的城市，而美国城市需要重新开发部分人满为患的老旧社区。尽管一两百年前美国大地还遍布原始森林，中国的人类居住史已经有数千年，但毫无疑问，现在中国在灵活性方面更胜一筹。

因此，中国在协作政策方面的举措比美国更大胆。中国吸收了美国最有趣的总统之一罗斯福的观点。罗斯福参加总统竞选时，美国正在深重的大萧条中苦苦挣扎。1932年他在亚特兰大奥格尔索普大学的毕业典礼上发表的演讲影响深远，以下是被人们引用最多的内容：

> 一个国家需要开展大胆的试验并坚持下去，除非我弄错了这个国家的秉性。从常识来看，我们应该先找到一种方法，然后将它们付诸实施：如果它失败了，那么坦白地承认这一点，再去尝试其他方法。不过首先是勇于尝试……我们需要保有热情、想象力和直面现实的能力，即使现实相当惨淡也要勇敢面对。①

罗斯福的演讲提醒我们只有在智力层面保持坦诚，勇气才是一种优点。只有分析成功和失败的实践，并对得出的结果坦诚相待，才能使政策试验取得进展。以上观察结果支持了本书最后一章的核心主题，即目标、安排、协作安排、成本和成果等领域的透明度是确保协同治理取得成功的关键要素。对中国和美国来说都是如此，其他国家也不例外。本书前几章讨论了协作安排的两项内在风险：偏好裁量权和收益裁量权。在这两种情况下，私营合作者为了满足私利扭曲公共事业。政府协作者和普通民众发现在他们有能力评估绩效并衡量结果之前很难

---

① 1932年5月22日，罗斯福在奥格尔索普大学发表的演讲，来源于The American Presidency Project website, www.presidency.ucsb.edu/ws/?pid=88410，访问时间：2018年8月2日。

推行问责制。笔者引用了另外一段在美国妇孺皆知的内容，即1913年知名法官路易斯·布兰代斯（Louis Brandeis）在《哈珀周刊》上发表的文章："宣传是纠正社会和工业弊端的手段。阳光是最好的消毒剂，灯光是最有效的警察。"[1] 布兰代斯原本可以指出不法行为在阴影中发酵得最快（本书所说的"不法行为"指滥用自由裁量权）。

透明度一直被视为弥补直接政府行为缺陷的主要措施。它可以暴露公共部门特有的不足之处（如效率低下、拒绝创新、过于僵化、向权威屈服、贪腐案频发等），从而引发政治干预。绩效监控、结果指标、新闻监督、财务审计等一系列宽泛的透明度工具可以有效地遏制以上趋势。以下列出了美国的部分范例：

- K–12教育：里程碑式的《不让一个孩子掉队法案》以测试为基础来衡量学校的教育质量，这样就可以鼓励父母为孩子选择学校时参考这些标准。尽管它们绝非完美无缺（本书第六章已经讨论过这个问题），但相关法律和它产生的效果都在帮助人们充分使用数据，坚持对公立学校推行问责制，而且在一定程度上实现了预期目标。
- 政府补偿：为了弥补市场压力不足而导致学费过高的缺陷，美国的大多数地方政府都宣布为不少公务员提供补偿。
- 警局行为：警局采用了"内部事务"调查和执法记录仪等一系列用于提高透明度的设备来竭力避免警察滥用权力，提升民众对警察的信任，而且成果显著（只是不可能尽善

---

[1] "What Publicity Can Do," *Harper's Weekly* (December 20, 1913).

尽美)。①

- 政治选举：对于美国联邦选举和大多数重要选举的捐赠者来说，他们在很多情况下都必须公开自己的身份和职业。②2010年，高等法院对具有里程碑意义的"联合公民诉联邦选举委员会案"做出裁决时，法官们对于"是否应该限制公司和工会影响选举"的问题分歧极大。但9位法官中有8位法官赞同透明度要求，即政治行动委员会（PAC）的捐赠者必须公开自己的身份。③

"透明度"一直是美国及其他国家在政府改革运动中提出的口号。在20世纪下半叶，华盛顿发布的一系列法案都要求提高透明度，其中部分重要法案包括《联邦行政程序法案》《信息自由法案》《阳光政府法案》《检察长法案》《政府绩效与结果法案》。④奥巴马宣誓就职后的第一个工作日就签发了"开放政府"备忘录

---

① Mason, David, et al., 2014, "Are Informed Citizens More Trusting? Transparency of Performance Data and Trust Towards a British Police Force," *Journal of Business Ethics*, 122 (2), 321–341.

② La Raja, Raymond J., 2014, "Political Participation and Civic Courage: The Negative Effect of Transparency on Making Small Campaign Contributions," *Political Behavior*, 36(4), 753–776. 政治行动委员会的捐赠者不需要表明自己的身份。他们经常组织起来支持特定的候选人。政治行动委员会及其享有的匿名特权受到的主要制约是不能直接协调竞选活动。

③ Newbold, *Public Administration Review*, p. 49.

④ Stephanie P. Newbold, "Federalist No. 27: Is Transparency Essential for Public Confidence in Government?" *Public Administration Review*, Supplement to Volume 71: The Federalist Papers Revised for Twenty-First-Century Reality (December 2011), pp. S47–S52, at 49. 另请参见 Bernardino Benito and Francisco Bastida, 2009, "Budget Transparency, Fiscal Performance, and Political Turnout: An International Approach," *Public Administration Review*, 69(3), 403–417。

（Open Government Memorandum），要求"将政府的开放程度提高到前所未有的程度"。[1] 2000年，英国发布的法律要求地方政府对大部分政务发布详细的绩效信息。[2]

这些举措不仅适用于高收入民主国家。事实上，在缺乏政府开放传统的国家，透明度带来的增量收益可能最为显著。相关研究表明在印度尼西亚等国家，要求政府提高透明度的倡议提升了政府项目的效果。[3] 中国提出的很多倡议（特别是地方政府提出的倡议）都是为了向民众展示政府在积极响应他们的建议，如倡导政府"开放日"、成立公众咨询委员会、为政府官员开设"邮箱"平台。2000年中国颁布法律称公民有权利"通过多种渠道参与立法"（《中华人民共和国立法法》第五条）。政府高层要求推行"民主集中制"，指示共产党官员制定政策时应考虑群众的意见。部分非政府组织通过行政复议和行政诉讼等渠道参与政策制定和政策倡导。[4]

无论政府是否采用协同治理模式，透明度都能够以多种相互关联但有所不同的方式改善治理。

赋予民众选择权：如果使民众享受一定选择权可以凸显透明

---

[1] Jennifer Shkabatur, Fall 2012, "Transparency With(out) Accountability: Open Government in the United States," *Yale Law and Policy Review*, 31(1), 79–140 at 79.

[2] Alessandro Gavazza and Alessandro Lizzeri, 2007, "The Perils of Transparency in Bureaucracies," *The American Economic Review*, 97(2), 300–305.

[3] A. Banerjee, R. Hanna, J. C. Kyle, B. A. Olken, and S. Sumarto, 2015, *The Power of Transparency: Information, Identification Cards and Food Subsidy Programs in Indonesia* (No. w20923), National Bureau of Economic Research.

[4] 请参见Dai, Jingyun, and Anthony J. Spires, 2018, "Advocacy in an Authoritarian State: How Grassroots Environmental NGOs Influence Local Governments in China," *The China Journal*, 79(1), 62–83。

度带来的效益，那么在这种情况下，政府本身会表现出正常运转的市场所具备的部分特征。信息真实可靠是推行问责制和提高效率的前提条件之一。了解供应者的实际表现及其背景的民众越多（无论这里所说的供应者是指学校、医院、收费公路还是养老院），他们选择有效方案，摈弃低效方案的能力就越强。这些选择会产生立竿见影的效果，如他们服务的对象会比自己没有其他选择时享受到更好的服务。不过或许更重要的是，民众的选择会创造出更广泛的效益，而被民众拒绝的供应者则产生改善自身服务质量的动力，否则会亏损，甚至倒闭。受欢迎的供应者会扩大产能。当然，这种观点假设资源会跟随服务对象流动，或者受欢迎的事物会以某种方式得到回报。

在一种极端情况下，人们掌握相关信息后会受到驱动从而做出选择，鼓励政府内部推行问责制。有一个思想流派努力利用这个逻辑将"治理"解释为市场经济的特殊情况。[①] 在一定程度上，当人们可以在不同地区之间移动时，他们会移居到能够高效提供适宜的公共服务的地区，远离不能提供他们最看重的服务或无法高效提供此类服务的地区。[②] 各州的乡镇可以相互竞争，努力以更低的成本提供更优质的服务。各国的州或省可以努力用优惠的政策机制吸引人才或它们渴望的商业落户本地。中国和美国竭力吸引企业到本国金融市场上市。很多国家努力搭建起完善的法律流

[①] 这段产生重大影响的文字来源于 Charles M. Tiebout, October 1956, "A Pure Theory of Local Expenditures," *Journal of Political Economy*, 64(5), 416‐424。Tiebout 还认为不同辖区会为自己的特定用户提供不同的服务组合。

[②] 中国有数百万人口迅速移居城镇。在此期间，劳动力市场萎缩，适龄劳动人口减少，以及不同城市之间的竞争会展现出这种趋势。尽管中国目前的户籍制度和各地的城市户口发放政策并没有积极鼓励各地努力吸引人口落户本地。

程，这样就会被其他国家选为商业合同的仲裁地。在实践中，用市场来比喻政府存在很多局限之处。^① 不过对于受到限制但至关重要的公共服务领域，用透明度帮助民众进行选择显然展现出巨大的优势。

拥有知情权时的行为：即使在迷恋市场的美国，民众有能力从利用财政资金提供服务的多个供应商中做出明智的选择也是个例，而非常态。美国只有一个国务院或社会保障局。一座城市常常只有一支警察队伍或一个消防部门，即使大城市也是如此。不过丰富、可靠的数据蕴含的宝贵价值仍然难以估量。它们对于民众与政府机构的互动情况提供了大量信息。选择何时开始享受社会保障金决定了人们能够安度晚年，还是拮据度日。因此，国家保障局利用大量工具帮助人们理解在不同时机做出决定所产生的不同影响确实值得褒奖。同样，国务院发出的安全警告为旅游者带来益处。当民众可以查阅不同地区的犯罪记录时，生活更加便利舒适。

允许发表负责任的批评意见：提高政府绩效的透明度，使人们有能力表扬成效显著的政策，对没有实现预期目标的举措提出抗议。无论在哪种政治体系下，从创造开明政府的角度看，这都并非坏事。所有政府官员都应该欢迎民众在了解前因后果的情况下，以负责任的方式对他们的政策做出反馈。在整个人类发展史上反复出现的一个教训是，民众总是会发牢骚。他们抱怨的焦点可能被模糊，可能被转移方向，可能被驳斥或者在短期内被忽

---

① John D. Donahue, Autumn, 1997, "Tiebout? Or Not Tiebout? The Market Metaphor and America's Devolution Debate," *The Journal of Economic Perspectives*, 11(4), 73–81.

视。不过任何一种类型的领导人都不可能压制住所有批评意见。如今我们已经进入可以瞬间实现电子连接的时代，很难让人们的怨言不被听到。无论在哪种体制的国家，只要人们在充分了解信息的情况下提出批评意见，就有助于改善政府绩效。民众是否会怀疑自己缴纳的税收没有用于服务全体人民，而是用来支撑政府高官的奢靡生活？如果用可靠的数据证明官员的薪酬福利水平以及用于重要公共服务的政府资源在总体支出中的比重，那么可以平息怀疑者的疑虑。只要公开当前的数据和历史趋势，关于犯罪率和物价上升的谣言就会不攻自破。让民众处于一无所知的状态不会使他们停止批评政府，反而会导致民众的批评意见不严密、漏洞百出，对努力实现政策目标的官员有百害而无一利。

在中国，部分地方政府已经在尝试将"参与式预算"试验纳入"阳光工程"或"阳光政府"倡议[1]，允许本地居民参与社区项目的政府资金分配安排。在2011—2012年，中央政府要求各省选择部分县进行试点以提高政务的透明度，使本地选民了解政务信息，为他们提供政府的联络信息，方便他们表达自己对政府事务的看法。根据《全国政务公开领导小组关于开展依托电子政务平台加强县级政府政务公开和政务服务试点工作意见》和其他官方文件，各省会指定并要求2~4个县在官网上公开众多行政事务的数据和文件（从公共财政、土地资源到教育、警务和环境等，不一而足），同时搭建沟通平台以方便本县居民发表评论，提出要求，

---

[1] 如请参见Wu, Yan, and Wen Wang, 2011, "The Rationalization of Public Budgeting in China: A Reflection on Participatory Budgeting in Wuxi," *Public Finance & Management*, 11 (3), 262–283; and Cabannes, Yves and Zhuang Ming, 2014, "Participatory Budgeting at Scale and Bridging the Rural-Urban Divide in Chengdu," *Environment and Urbanization*, 26(1), 257–275。

举报投诉政务服务。分析人员认为相对于没有开展这项试点的县，提高透明度降低了试点县的腐败程度，提高了它们的公共投资水平。[1]

毫无疑问，要求提高透明度的倡议通常针对政府，但也适用于营利性和非营利性私营参与者。美国已经有不少范例可循：

- 慈善：美国等国家常常要求慈善机构每年公开机构管理者的信息以及财务和支出情况。[2]
- 危险化学品：《有毒物质控制法案》规定对于环境保护署列出的危险物质，生产、储存、使用、处理这些危险物质的机构须提供库存情况，这样民众暴露在危险物质之下时会了解相关情况，并且在充分知晓信息后采取措施保护自己，规避风险。[3]
- 养老院：美国的养老院必须公开员工情况、安全记录和在其他绩效指标上的表现。[4] 不幸的是，它们提交的报告长期失真，在引导消费者的有效性方面喜忧参半，严重损害了

---

[1] Daniel Berkowitz, Yi Lu, and Mingqin Wu, 2019 working paper, "What Makes Local Governments More Accountable? Evidence from a Website Reform." August 25, 2019.

[2] Carolyn Cordery, 2013, "Regulating Small and Medium Charities: Does It Improve Transparency and Accountability?" *Voluntas: International Journal of Voluntary and Nonprofit Organizations*, 24(3), 831–851.

[3] www.epa.gov/tsca-inventory（访问于2018年8月3日）。

[4] 可以在 www.medicare.gov/nursinghomecompare/search.html 查到"养老院对比"数据（访问于2019年9月19日）。若想了解关于有关争议的新闻报道，请参见"Medicare Slashes Star Ratings at 1 out of 11 Nursing Homes," *The New York Times*, July 27, 2018。

透明度要求产生的效果。①

- 医院：政府强制私营机构满足透明度要求。一家名为联合委员会的机构为近 21 000 家医疗保健机构颁发授权证书。此外，美国有不少项目收集和传播关于医院和其他医疗机构的口碑信息。② 人们在了解信息的情况下提出的批评意见表明，病患掌握更加广泛并且可对比的现成数据时，能够更加理性地选择医疗保健服务。③

- 金融机构：2008 年全球金融危机爆发后，不少国家采纳了报告制度或加强了原有的报告制度，希望推动企业和消费者采取措施来防止银行和其他金融机构过度冒险。引发

---

① R. M. Werner, E. C. Norton, R. T. Konetzka, and D. Polsky, 2012, "Do Consumers Respond to Publicly Reported Quality Information? Evidence from Nursing Homes," *Journal of Health Economics*, 31(1), 50–61; and Johari, Kayla, et al., 2018, "Ratings Game: An Analysis of Nursing Home Compare and Yelp ratings," *BMJ Qual Saf*, 27(8), 619–624.

② 如想对医院医疗保险的案例进行对比，请参见 www.medicare.gov/hospitalcompare。如果想了解国民医院评级体系的概况和对比情况，请参见 J. M. Austin, A. K. Jha, P. S. Romano, S. J. Singer, T. J. Vogus, R. M. Wachter, and P. J. Pronovost, 2015, "National Hospital Ratings Systems Share Few Common Scores and May Generate Confusion Instead of Clarity," *Health Affairs*, 34(3), 423–430。越来越多文献记录了医疗方案和医师个人等非医院提供者的绩效数据产生的影响，请参见 J. T. Kolstad, and M. E. Chernew, 2009, "Quality and Consumer Decision Making in the Market for Health Insurance and Health Care Services," *Medical Care Research and Review*, 66 (1_suppl), 28S–52S; and J. T. Kolstad, 2013, "Information and Quality When Motivation Is Intrinsic: Evidence from Surgeon Report Cards," *American Economic Review*, 103(7), 2875–2910.

③ 尽管难以理解的医院数据可能没有什么价值，但美国卫生与公众服务部要求医院公开价目信息。虽然医院遵守了这些规定，但它们采用的形式对大多数病人来说没有任何意义。请参见 Robert Pear, "Hospitals Must Now Post Prices, But It May Take A Brain Surgeon To Decipher Them," *The New York Times*, January 13, 2019。

2008年全球金融危机的主要原因是投资者不了解情况或对当时的情况感到迷惑。①
- 虐待劳工：克林顿政府时期的劳工部曾竭力制止虐待劳工的现象（即"血汗工厂"），但徒劳无功，他们失望地转而采用透明度政策。劳工部发起"无血汗"运动，督促知名品牌监管自己的供应链，引导消费者抵制那些没有满足"无血汗"要求的品牌。同样，2010年出台的法案要求"冲突钻石"在标签中说明自己来自交战地带，有可能会加剧这些地区的混乱局面（"冲突钻石"指来自有战争冲突地区，被地方军事武装利用来维持作战费用的钻石。——译者注）。②

私人代理机构参与政府项目时，透明度的重要性和它面对的挑战远远超出政府独立完成项目时的情况。其重要性提升是因为私营实体（特别是营利性机构）受到强大的激励偏离宽泛的公共利益。用本书的术语来说，私营实体有动力滥用收益裁量权和偏好裁量权。然而，在协同式生产中，政府官员普遍掌握更多机会非法为私人利益或狭隘的利益"开绿灯"。一旦出现政府通融，私利可能会变成"毒酒"：轻则形成官方偏袒，重则酿成腐败。

鉴于私营参与者有强烈的动机与问责机制斗智斗勇，而且协同治理表现出特有的复杂性，所以透明度面临的挑战愈发严峻。

---

① J. C. Sharman, 2011, "Testing the Global Financial Transparency Regime," *International Studies Quarterly*, 55(4), 981–1001.

② John R. Crook, 2010, "New U.S. Legislation Requires Transparency in Conflict Minerals Trade," *The American Journal of International Law*, 104(4), 668–672.

从定义看，协同治理涉及多位参与者，而且它们采用的机构设计和目标都不尽相同。私营部门的自由裁量权是公私协作关系中一个需要谨慎对待的特点，而不是要被彻底消除的缺陷。相反，正如本书其他章节强调的那样，我们几乎不太可能完全规避自由裁量权带来的所有不利影响。相反，我们的目标是在政府和私营部门之间分配裁量权，实现更理想的成本收益比。我们可以通过以下方式提升成本收益比，如限制任务指派方式，避免各方滥用裁量权；选择不太可能滥用自由裁量权的机构；或者与私人代理构建协作关系时采用更多技巧，引入更多纪律要求。

我们可以把推动公私协作提高透明度作为一个辅助性工具，卓有成效地管控指派任务时几乎不可能完全消除的残余风险。在一定程度上，私人代理承担公共任务时，他们的绩效信息包括及时性、可靠性、可得性和精细程度：

- 政府调整公私协作项目的能力会加强，即终结表现不佳的协作项目，拓展成效显著的协作项目。
- 如果民众可以像在教育、医疗等领域里那样选择供应者，那么他们可以做出更明智的选择。
- 公私协作模式将更加迅速地进阶到另一个高度，不断复制成功案例，淘汰失败项目。

本书各章的内容表明中美两国在某些方面表现出高度相似性，但在其他方面的差异也根深蒂固。尽管笔者建议用透明度来辅助公私协作达成目标，但也认识到它在中国的表现形式会与在美国的表现形式截然不同，而且理应如此。随着公私协作在中国日益广泛且逐日成熟，它可以从现有实践中汲取一些宝贵的经验。

中国的不少透明度倡议在动机、范畴和有效性上不尽相同。

部分提高透明度的举措是为了遏制可能出现的收益裁量权和偏好裁量权，在监管私营社会参与者的同时引导消费者科学选择。譬如，本书第六章指出地方政府常常要求民办学校公示费用标准，明确投诉举报路径，避免私立学校收费过高。[1] 中国的"社会管理"举措也包含了透明度的元素。2016年颁布的《中华人民共和国慈善法》要求慈善机构每年提交年报和财务会计报告并对外公开。

此外，透明度举措使上级政府有能力监管下属机构的绩效，同时允许民众反馈政策执行情况，使政策的落地过程更加平稳，鼓励民众揭发腐败或滥用权力的行径。"协商式权威主义"或其他术语描述了如何用收集民众反馈的方式提升治理结果。[2] 中国在这方面的倡议至少可以追溯到20世纪80年代末，当时引入了农村选举。近年来也有不少典型的透明化举措，如听证会、协商会和社区自我治理实验。看起来，政府搭建线上参与平台提高了民众对政府工作效果的感知程度，对边缘化群体和教育程度较低的群体产生的影响最为显著，只是分布不太均衡而已。[3]

2007年国务院颁布了《中华人民共和国政府信息公开条例》，要求地方政府提高工作透明度，如公开预算信息、通过政府网站

---

[1] Xiaojiong Ding, 2008, "Policy Metamorphosis in China: A Case Study of Minban Education in Shanghai," *The China Quarterly*, 195, 656–674.

[2] 请参见A. J. Nathan, 2003, "Authoritarian Resilience," *Journal of Democracy*, 14, 6–17; J. Teets, 2013, "Let Many Civil Societies Bloom: Regional Ideational Variation in China," *The China Quarterly*, 213, 19–28; and J. M. Mbaku, and Z. Yu, 2013, "Information Communication Technologies, Transparency and Governance in China," *International Journal on World Peace*, 30(1), 9–59。

[3] R. Truex, 2017, "Consultative Authoritarianism and Its Limits," *Comparative Political Studies*, 50(3), 329–361.

收集民意、搭建网上平台以方便民众提问和评论。各地政府在具体落实的细节上不尽一致，对民众意见的响应程度差别也很大。大部分县级及以上政府都建立了这类群众意见反馈网站。有研究（Chen, Pan, and Xu, 2016）发现约85%县政府的线上论坛/讨论区都发布了公众可见的帖子和回复，只是帖子要经过审核才能发出来。官员是否对这些帖子做出回应，取决于网民如何表述自己的问题。譬如，有一项随机实验表明地方政府对群众投诉反应积极，特别是群众的投诉暗示可能出现集体抗议时。[1]

中国地方政府会通过收集群众对政务的反馈来监督公务员，努力将腐败风险降至最低。部分社会支持项目（如针对贫困人口的低保项目）必须公示享受社会支持的低保人员名单。不过无论在中国还是美国，让人们感到遗憾的是，这种透明度机制往往被某些人玩弄于股掌之中。有一项研究探索了监管机构与高层官员之间的内部沟通情况，发现"如果民众在网上发布的帖子投诉腐败行为，涉及官员或受到他们庇护的同事，那么这些帖子会被系统性地删掉而不会被涉事官员的上级看到"。[2] 部分地区引入了群众监督组织，譬如温州市在2010年成立了"市民监督团"，作为其发起的"民主监督"温州模式的组成部分，于2015年被北京大学授予"中国政府创新最佳实践奖"。不过这类透明度机制的普适

---

[1] Chen, Pan, and Xu（2016）发现"从中国的基线水平看，群众向政府申请政府福利时，三分之一左右的县政府会对这些请求做出响应。如果群众提出要求时隐晦地威胁会采取集体行动或向上级政府反映，那么县级政府的响应程度会提高30%~35%"。

[2] J. Pan, and K. Chen, 2018, "Concealing Corruption: How Chinese Officials Distort Upward Reporting of Online Grievances," *American Political Science Review*, 112(3), 602–620.

性和有效性受到以下限制：群众意见与媒体之间的冲突。① 相关调查研究表明中国有15%的城市居民向本地政府举报或投诉，37%的农村受访者称曾经向村镇管理机构举报或投诉。② 相关研究表明如果人们认识政府内部的工作人员，那么向政府表达不满情绪的意愿会更强烈。这表明人们充分了解政府流程时会对政府产生信任。③

在未来几十年里，中国能否在协同治理方面取得成功，取决于其分析政策挑战和政策机遇时所具备的技巧、纪律性和诚信；取决于其能否将协作任务指派给合格的协作者；取决于其如何设计协作关系来制约收益裁量权和偏好裁量权，同时充分利用协同治理提升生产效率。2018年夏天的疫苗造假丑闻（详情请参见第七章）展现了私营部门令人发指的收益裁量权威胁到民众的健康安全时，中国监管机构如何以雷霆万钧之势将它们暴露于光天化日之下。该丑闻还表明涉事公司过去受到的监管处罚不为人所知，而且收效甚微。要想享受协同治理的益处并且规避它的缺陷，就必须大幅提高透明度。

此外，美国有不少让人不安的教训提醒人们留意其在透明度方面遭受的挫败。特朗普政府试图将任何有悖于其工作重心的消息都称为"假新闻"，因此猛烈攻击透明度。有时其他政治参与者

---

① Zhuang, Meixi, Xiaoling Zhang, and Stephen L. Morgan, 2018. "Citizen‐Media Interaction in China's Local Participatory Reform: A Contingent Participation Model," *Journal of Contemporary China*, 27(109), 120–136.

② P. 638–9, Lily L. Tsai and Yiqing Xu, September 2018, "Outspoken Insiders: Political Connections and Citizen Participation in Authoritarian China," *Political Behavior*, 40(3), 629–657.

③ Tsai and Xu (2018).

会与这类"假新闻"产生共鸣。即使真相受到的攻击不大，也会严重损害问责制。

我们不可能不承受任何重负就轻而易举地享受到透明度带来的益处，其中最显著的负担是收集、核实和传播信息直接产生的费用。不过这些显而易见的成本往往赶不上透明度不足造成的隐性成本和间接成本。调查工具常常与混淆视听的工具针锋相对。因此，私人代理或许会花大价钱蒙蔽、规避或操纵透明度政策。[①] 他们或许会建议采用听起来合理但具有误导性的标准来评估自己的表现。

即使评判私人代理的标准公正合理，民众也可能对它们理解或使用不当。譬如，人们刚刚发现一些排废场存在骇人听闻的化学物质就惊慌失措地举家迁离，但事实上这些化学物质造成的风险极小；人们对某个优质学区趋之若鹜，但它的学业表现很大程度上来源于学生的构成而不是它自身的教育质量；人们高度认可"通过食品和药物管理局审批"这几个字眼，但并不了解其中的真实含义。如此这般完全在意料之外的结果比比皆是。要求人们公开政治献金信息的规定或许可以吓退看重隐私的人，迫使他们远离政治。事实确实如此。[②] 如果机构负责人发现本机构的绩效表现提升后不会带来更多资源，那么他们不希望因为表现更优秀而导致对自己的需求井喷式爆发。[③]

[①] George Loewenstein et al., 2011, "The Limits of Transparency: Pitfalls and Potential of Disclosing Conflicts of Interest," *The American Economic Review*, 101(3), 423–428.

[②] 请参见 La Raja。

[③] Gavazza and Lizzeri. 另请参见 Andrea Prat, 2005, "The Wrong Kind of Transparency," *The American Economic Review*, 95(3), 862–877. For a brief and only partly tongue-in-cheek commentary. 请参见 John D. Donahue, "Seeing through Transparency," *Governing the States and Localities*, February 3, 2010, www.governing.com/columns/mgmt-insights/Seeing-Through-Transparency.html。

即使绩效指标容易确定且相当准确，仍然有一些活动在提高透明度后蒙受的损失超过它们可能获得的收益。高层人事决策往往就属于这类活动。举例来说，州立大学选拔领导者时，候选人常常来源于其他大学或政府机构，但进入最终遴选阶段的候选人通常不希望公开自己的身份。如果他们没有被选中，那么公开身份会给他们及他们所在的机构带来伤害。因此，对于那些会公开宣布候选人的大选，即使实力强劲的候选人也不愿参与选拔。此外，如果在打击黑客等犯罪行为的活动中暴露公私协作关系，那么这种关系的效果会大打折扣。不过透明度产生不利影响的大多数情景都很容易识别。透明度"过度"的情况有可能发生，但相对少见；透明度"过少"的情况则极其常见。因此，笔者希望中美两国官员注重提高透明度，而不是反其道而行之。

中国式协同治理

本书已经接近尾声，需要强化的一个观点是，就像中国的政治体系、经济和文化一样，中国采用的协同治理模式也独具特色。[①] 至少在一定程度上，中国有别于美国的一个关键特征是地方政府的重要性及它们的异质性。从整个中国的情况看，地方政府的领导者无论在执政技巧还是在经验方面都参差不齐，就像他们管辖的区域在经济社会发展水平和承受的财政约束上相去甚远一

---

① 如本书第一章强调的那样，"中国式"或"中国特色"这种表述在中国很多重要政策文件和社会科学演讲中极其常见，展现出一组对应关系，即美国和中国都认为自己独具一格。

样。这种显著的异质性导致各地采取的发展方法千差万别，取得的政绩也喜忧参半。这种现实情况对治理实践意义深远，即地方官员直接面对的宽泛的激励体系决定了应该选择哪种服务交付模式。即使在规模相对较大的城市，地方公务员也同时担任多位委托人的代理，必须直面中国官僚体系的"多重逻辑"。[①] 回到前文提到的比喻，这些地方官员就像在高空钢索上慢慢移动的杂技演员，被不同方向的力量拉扯着，如居民期望、中央政府下达的没有财政支持的任务、有时中央部委与省政府发布的自相矛盾的指令等，所以他们不得不在"杂技表演"中蒙混过关，有些人称此为"平衡之术"。[②]

譬如，潘婕（Jennifer Pan, 2020）表明中国的低保福利制度以家庭收入的调查结果为基础，属于没有限制条件的现金转移项目。它在本质上有悖于透明度要求。地方官员会努力完成上级交办的两个截然相反的任务：一方面是为了实现扶贫目标而公平地分配现金；另一方面是维持社会稳定。低保户的名单必须公示，这种透明度要求的目的是避免腐败滋生，提升项目的针对性。不过，这项研究表明低保资格也会分配给"不太够格"的人（如地方官员需要收买反对者的时候），人们因此认为政府执行政策的过程不公正。潘婕用大量定性和定量证据表明"维稳这个目标本身破坏了政府的纲领性承诺，引发抗议和上访，导致人们对政府的不满情绪慢慢发酵，公众对政府绩效和执政合法性做出负面评价"。[③]

[①] Zhou, Xueguang, Hong Lian, Leonard Ortolano, and Yinyu Ye. 2013, "A Behavioral Model of 'Muddling through' in the Chinese Bureaucracy: The Case of Environmental Protection," *China Journal*, 70, 120‑147.

[②] 同上。

[③] Pan, Jennifer, 2020. *Welfare for Autocrats: How Social Assistance in China Cares for its Rulers*. Oxford University Press p. 24.

在中国，各地政府推行协同治理的动机不尽相同。随着社会经济持续发展，即使同一座城市受到的激励也会发生转变。城乡生活水平之间的巨大差距[①]深刻地影响了中国指派任务时使用的方法。在相对贫困的地区，合同承包或其他任务指派方法或许会采用事实上的资源协作模式，即使有时看起来签署传统服务合同更为稳妥。在原则上，如果赋予私营部门自由裁量权不会产生太多积极效果，那么政府应该坚持把控制权掌握在自己手里。在实践中，地方官员在细化和落实细致入微的服务合同时，既没有资金也不掌握专业技能。与此形成鲜明对比的是，最发达的城市往往会为了提升公共价值，审慎周密地设计出共享自由裁量权的方案。政府还会有动力从资源性协作转向信息性协作和生产率协作。

中国借助私营部门实现公共目标的方法还表现出一个关键特征，即它们在过去20年里发生了翻天覆地的变化，这与本书讨论的透明度问题高度相关。我们可以参考将早期铁路系统与当前的高铁系统进行对比得出的结果（详情请见本书第三章）；2008年夏季奥运会和2022年冬季奥运会采用了不同的公私协作模式（详情请见第五章）；近年来中国官员应对禽流感或疫苗丑闻时采用的方法与过去处理2003年非典等公共卫生危机的方法有所区别（详情请见第七章）。中国住房政策（详情请见第四章）的发展轨迹涉及形形色色的交付模式。从国家直接供给的模式不断演进至工作单位间接供给的模式（工作单位间接供给通常指国有企业获得广泛的授权为其员工提供福利，而且其特有的软预算约束也支撑它们完成这些工作）。鉴于政府在努力管控房地产的飞速发展，避免房

[①] Kanbur, Ravi, Yue Wang, and Xiaobo Zhang. *The Great Chinese Inequality Turnaround*. Vol. 1637. Intl Food Policy Res Inst, 2017.

地产泡沫破裂对国内外产生长远的负面影响，所以公私协作性极强的模式必然与政府的目标不谋而合。①

出于很多显而易见的原因，美国没有办法经历这么剧烈的转变。美国从未从计划经济转型为市场经济，也没有在百余年的时间里从农业经济转变为以服务为基础的城市经济。此外，即使对于众望所归的政策调整，美国混乱而复杂的民主安排对政治流程的掣肘以及既得利益的干预也常常严重拖延它的推进速度。

在中美两国，透明度都以特有的方式对协同治理模式的健康、合理发展产生关键作用。它帮助政府躲开协同治理的恶性循环，即竭力破坏集体目标、将公共资源揣进自己腰包的参与者反而受到奖励，同时避免政府与这类参与者建立协作关系。美国常常高度认可透明性，有时几近尊崇。或许透明度的价值在美国有所夸大，但毫无疑问它为中国决策进程赋能的潜力极大，帮助中国政府在获得充足信息的情况下采取行动，促使人们提出负责任的批评意见②，并且防止腐败滋生，即使在面对严峻的挑战时依然如此。③

---

① E. Glaeser, W. Huang, Y. Ma, and A. Shleifer, 2017, "A Real Estate Boom with Chinese Characteristics," *The Journal of Economic Perspectives*, 31(1), 93‑116; Chang Liu and Wei Xiong, 2018, "China's Real Estate Market," NBER working paper 25297, November 2018, prepared for *The Handbook of China's Financial System*, edited by M. Amstad, G. Sun, and W. Xiong.

② 对于中国人来说，有家人在政府工作时，他们更愿意向政府投诉并提供反馈，可以说他们这么做是因为很放心自己的投诉不会被看作不负责任的批评意见。因此 Tsai and Xu（2018）将政治联系概念化，将它称作公民参与的资源。

③ 第四章提到了一个有意思的案例，即中国土地市场腐败滋生，反腐卓有成效地减少了在政治层面有关系的公司以折扣价购地的内部交易。请参见 T. Chen, and J. K. S. Kung, 2018, "Busting the 'Princelings': The Campaign against Corruption in China's Primary Land Market," *The Quarterly Journal of Economics*, 134(1), 185‑226。

展望未来

每天的新闻头条都在尽力勾勒历史的大致走向，只是表现得极不可靠。当下的新闻头条给人们留下的印象是，中美两国的关系从根本上表现出对抗共生性。它们无法离开对方而独自存活，两国经济密不可分。然而，它们也不能轻松自在地与对方和平共处。两国没完没了地互相指责，因为贸易和关税问题、知识产权、军备建设、偶发冲突等在国际论坛上争论不休，它们之间的对抗关系愈发突出。有可能很快某天的新闻头条就会刺眼地宣布，中美之间缓慢发酵的紧张关系或者意外消除了（这种可能性很低，但的确是我们的愿望），或者突然灾难性地爆发了，甚至有可能本书尚未付梓就出现这种情况。

笔者力求按照时间顺序，翔实完整地记录中美关系的各个维度。这些维度不仅涉及每日新闻头条发布的内容，而且超越了它们本身，从历史的长河来看意义深远。对于两国最重要的工作（即从提供医疗保健、教育服务到建设交通基础设施和住房等一系列工作），无论双方是共生关系还是对抗关系都无关紧要。在这些领域里，中国和美国既没有相互依存，也不会激烈竞争。它们更像参加平行游戏但差别较大的兄弟，没有多少机会分享玩具，偷走对方玩具的可能性也不大。美国不会担心中国是否接管自己的公立学校。中国既不希望美国解决其工作人口与老年人口之间隐隐浮现的失衡状况，也不担心它能否真正解决问题。

不过中国和美国都会借鉴对方引入私营部门来推进公共目标的实践。本书着力从双方的工作中汲取经验教训。这些结论性观察结果不打算把所有教训都总结出来，因为这么做的风险是要么过于浓缩，得出的经验教训晦涩难懂；要么总结内容冗长乏味。

不过笔者发现主张提高透明度的倡议有助于确定部分反复出现的问题，以免它们迷失在很多案例描述的纷繁复杂的真实世界中：

- 协同治理是集体行动的重要分类之一。它们区别于简单的合同承包、志愿主义或纯粹的政府职责的典型特征是参与各方分享自由裁量权。
- 中国和美国在历史、文化、体制、价值观和政府结构方面的差异极为显著，但这不应该模糊两个全球领袖所处历史阶段表现出的根本性相似点。两国都心怀宏图，而且都要应对严峻的挑战。
- 古老的东方国家和相对年轻的西方国家都处于动荡的时代。它们采用了正确的途径组织和管理自己的公共职责。我们在观察到它们的领导人表现出重新反思基本面的意愿时，感到既激动人心，又发人深省。
- 在一定程度上，很多集体性任务都邀请私营部门参与其中或需要它们的加盟（在错综复杂的现代经济中，集体性任务的比重不断攀升）；在一定程度上，实事求是的精神深深地融入中国人民和美国人民的血液中，因此跨部门协作是两国政府的特色之一，而且几乎毫无疑问会始终如此。
- 长久以来，非营利机构一直是美国采取集体行动的中流砥柱。它们刚刚开始在中国萌芽，迟疑不前且发展失衡。因此笔者相信10年或20年后，带有中国特色的非营利性机构必将成为中国的主要社会力量。
- 中美两国的私营部门参与度表现出一定梯度，而且影响其斜度的因素涉及两国分别承担的公共任务的本质、两国政治体系和意识形态的基本面、偶发性历史事件。

- 中美两国承担公共任务的方式灵活而不拘一格。毫无疑问，中国更倾向于由政府承担公共任务，美国在意识形态层面主张由市场承担公共任务。然而，自从邓小平在20世纪80年代末发起经济改革，尽管中国政府仍由共产党领导，将社会主义作为官方意识形态，但它已经远离中央计划体系。如今，中国将大部分经济部门交给私营部门发展。中国现在提出的口号强调建设以"社会主义市场经济"为基础的"小康社会"，将"社会主义市场经济"作为"习近平新时代中国特色社会主义"的组成部分。
- 两国领导人坚称要服务人民的利益。笔者深信，无论在哪个国家，如果不在一定程度上认可政府的这种说法，就无法真实地了解它们的公共生活。

尽管中美两国的主流意识形态迥然不同，但它们的表现都显示了其高度务实。两国持续升级协作模式，为民众提供广泛的产品和服务。不过协作本身从来就不应该成为政府的根本目标。政府和公共政策的核心目标应该是创造公共价值。无论何时，只要政府将私营部门发挥的作用纳入其架构，就需要竭力服务民众的利益。无论是通过征收税费的方式，还是政府（直接或间接）出让权力，它们都应该从实现这些利益需要的资源中发掘出宝贵的价值。和美国一样，理智并富有爱国情怀的中国公务员正在尝试各种方式让私营部门参与政府项目，并且使这种协作项目的成效超过政府独力完成时的结果。美国也是如此。本书提到的概念、原则、工具和范例都是为了实现同一个目标：帮助有识之士和不可或缺的任务创造出更多的公共价值。

致　谢

我们衷心感谢 Alain Enthoven、Victor Fuchs、Yijia Jing、Elizabeth Linos、Prashant Loyalka、Barry Naughton、Michael O'Hare、Fengqiao Yan 和 Lei Zhang 就不同章节与我们开展了极其热烈的讨论，提出颇有见地的建议或做出精彩评论。其他不少专家学者也非正式地提供了见解。此外，我们感谢 Annie Chang、Helen Chen、Karissa Xinyue Dong、Xiaochen Fu、Yingtian He、Lynn Huanmin Hu、Karry Jiao、Lily Zimeng Liu、Yanghe Sha、Rebecca Spencer、Yuzhou Wang、Nancy Hanzhuo Zhang、Shirley Zhao 和 Sen Zhou 为本书提供的出色研究支持。在实地考察和研究支持方面，我们极其诚挚地感谢哈佛大学肯尼迪政府学院阿什民主治理与创新中心（Ash Center for Democratic Governance and Innovation）、哈佛大学中国基金和斯坦福大学亚洲研究中心（APARC）对本研究的资助。我们还要感谢 Robert Dreesen 和另外两位匿名评论者对本书具有建设性的反馈。